图书在版编目（CIP）数据

多源数据视角下的市级国土空间总体规划人口与用地
规模研究：以广西柳州为例/毛蒋兴等著．—北京：
经济科学出版社，2020.11
ISBN 978 - 7 - 5218 - 2134 - 5

Ⅰ．①多… Ⅱ．①毛… Ⅲ．①国土规划 - 研究 - 柳州
Ⅳ．①F129.967.3

中国版本图书馆 CIP 数据核字（2020）第 242886 号

责任编辑：李　雪
责任校对：蒋子明
责任印制：王世伟

多源数据视角下的市级国土空间总体规划人口与用地规模研究
——以广西柳州为例

DUOYUAN SHUJU SHIJIAOXIA DE SHIJI GUOTU KONGJIAN ZONGTI GUIHUA RENKOU YU YONGDI GUIMO YANJIU
——YIGUANGXI LIUZHOU WEILI

毛蒋兴　等著
经济科学出版社出版、发行　新华书店经销
社址：北京市海淀区阜成路甲 28 号　邮编：100142
总编部电话：010 - 88191217　发行部电话：010 - 88191522
网址：www.esp.com.cn
电子邮箱：esp@ esp.com.cn
天猫网店：经济科学出版社旗舰店
网址：http：//jjkxcbs.tmall.com
北京季蜂印刷有限公司印装
787×1092　16 开　21.5 印张　420000 字
2020 年 12 月第 1 版　2020 年 12 月第 1 次印刷
ISBN 978 - 7 - 5218 - 2134 - 5　定价：86.00 元
（图书出现印装问题，本社负责调换。电话：010 - 88191510）
（版权所有　侵权必究　打击盗版　举报热线：010 - 88191661
QQ：2242791300　营销中心电话：010 - 88191537
电子邮箱：dbts@ esp.com.cn）

前　言

改革开放以来，我国城镇化进程进入全面加速阶段，城镇人口和城镇建设用地也呈现快速增长的趋势。党的十九大报告指出，中国特色社会主义进入新时代，我国社会主要矛盾已经转化为人民日益增长的美好生活需要和不平衡不充分的发展之间的矛盾。我国的空间发展和空间治理也已进入了生态文明新时代，规划体制改革进入了建立空间规划体系的新时期，国土空间规划体系建立进入了落地实施的新阶段，新时代国土空间规划要注重破解新时期发展不平衡、不充分的矛盾，需要发展模式的重大转变。

人既是生产者又是消费者，亦是区域经济发展核心要素，"区域人口总规模"研究是国土空间规划编制过程中最基础的内容。多年来，各地区主要是通过预测人口规模来确定用地规模、基础设施和公共设施的配置，以引导城市化和城市的健康发展。可见，人口规模与用地规模是国土空间规划的重要研究内容。

空间的本质是为人服务，在国土空间规划体制改革前，国家住建部、国家统计局要求以常住人口为依据统计相关规划指标；城市规划相关规范也要求以城市常住人口为数据基础，依据常住人口的结构和规模确定城市的用地规模、布局结构。但在当前人口流动复杂的环境下，一个区域或城市的人口，每时每刻都处在变动之中，具有很大的不确定性，常规的常住人口显然不能满足新时代国土空间总体规划实现可持续发展、高质量发展、包容性发展的要求，鉴于此，本书在分析区域常住人口规模的基础上，引入了实有人口的概念，研究柳州市实际服务人口的规模。得益于大数据时代的技术进步，当今数据来源愈益丰富，数据获取方式愈加多样。在人口数据方面，基于手机信令检测的人口迁徙数据及区域实际停留人口为研究区域的实际人口提供了新的数据源。

国土空间规划按层级和内容划分为五级三类，其中，市级国土空间总体规划侧重协调性，是对上级国土空间规划要求的细化落实。广西壮族自治区柳州市是全国唯一"三规"同时开展的试点城市，在广西率先启动国土空间规划编制工作。近十年来柳州市常住人口均大于户籍人口，是一个人口净流入的地级市。常规的常住人口规模在一定程度上不能完全体现柳州市实际人口发展情况，因此从人口对服务设施需求的角度考虑，增加了对柳州市实有人口的研究，具体包括常住人口、户籍人口、流动人口、流量人口、旅游人口、基于手机信令监测数据的迁徙大数据人口和实际停留人口。

本书以柳州市全域国土空间为研究对象，在明确柳州市发展现状及城乡建设用地管控的基础上，运用 GIS 空间分析、大数据分析方法与统计分析方法等预测柳州的未来人口发展及用地需求。研究单元由柳州市市域至市辖区、县域、市辖区内一主三新①构成。一主三新是指市辖区内的主城区、柳江区（拉堡新兴组团）、柳东新区和北部生态新区。其中主城区又包含城中区、柳南、鱼峰区和柳北区的大部分区域。柳江区（拉堡新兴组团）是柳州市未来人口和产业转移承接区，以发展物流、商贸为主；柳东新区位于柳州市东北部，与柳州市老城区仅一江之隔，是广西重点发展的三个城市新区之一，也是柳州市实施"再造一个新柳州"发展战略主战场；北部生态新区位于柳州市市辖区"上风上水"处，未来发展将紧紧围绕"生态、智能"两大核心，产业布局重点锁定智能电网、工业设计、机器人和无人机、通用航空、节能环保、大健康等。由此可见一主三新是柳州市城市集聚发展的主要区域，因此本书将一主三新纳入研究单元，力图为一主三新未来的规划发展提供有利参考。研究内容涉及常住人口规模、实有人口规模、城镇化发展水平、人地协调关系、建设用地管控及空间布局引导、工业发展及预测等，以期为柳州市优化人口转移与城镇化用地需求，统筹城乡建设用地，提升土地利用效率；为促进城镇人地关系的协调发展提供有益参考；为市县国土空间规划人口规模、建设用地规模预测提供方法借鉴。

全书按空间层次分为五大篇章，共十九章。第一章为概述部分，包括人口与用地基本概念的界定，评述中外相关研究文献，阐明研究背景、研究意义与研究目的，理清研究思路，框定研究内容并拟定研究方法。重点在于阐明本书的研究背景、研究目的及意义，理清研究思路，框定研究内容并拟定研究方法。第一篇（第二章~第五章）为柳州人口发展现状②，包括常住人口规模及城镇化现状分析、户籍人口规模及城镇化现状分析、实有人口规模现状分析、实际服务人口规模现状分析四个方面。第二篇（第六章~第九章）为柳州市人口规模发展预测，其一，

---

① 一主三新范围由柳州市相关部门提供。
② 书中数据由于保留两位小数计算，产生系统误差，但并不影响内容的分析与预测。

主要使用综合增长率法、回归分析法、灰色预测法的方法对柳州市常住人口规模和户籍人口规模进行预测；其二，采用增长率法、联合国法、农村劳动力转移法三类方法，对常住人口城镇化水平以及户籍人口城镇化水平进行测定；其三，实有人口中流动人口、流量人口、旅游人口、迁徙大数据人口以及实际服务人口规模主要通过设定方案进行预测，最后实有人口根据不同方案概念由流动人口、流量人口等数据相加而得。第三篇（第十章～第十二章）为基于人口规模的用地预测，对柳州市用地发展现状展开分析并预测，同时基于常住人口规模与实有人口规模进行用地规模预测。第四篇（第十三章～第十六章）为基于产业发展的用地预测分析，对柳州市的工业发展现状展开分析，预测产业发展，再通过"以产定地"的方法对柳州市城镇建设用地规模进行预测。同时，采用年均增量法作为用地规模预测的补充，纳入本篇介绍。第五篇（第十七章～第十九章）为柳州市人产地布局引导建议，以柳州市人口、城镇化、用地规模和产业发展情况及发展历程为基础，针对柳州市人地现状矛盾，在科学解读相关政策及规划的背景下，坚持集约节约、绿色发展的原则，协调优化人口转移与城镇化用地需求，统筹城乡建设用地，提升土地利用效率，促进生态文明建设，不断推进柳州市城镇化进程并提升城镇化的质量等要求，提出相应的空间布局引导和发展建议。

在本书的写作过程中，得到了广西国土资源规划院农宵宵总工程师、规划二分院宁琦院长、黄玉莉副院长、秦钦兰副主任工程师、文燕婷工程师等领导的大力指导和支持！课题研究期间还得到了众多专家、学者的支持和帮助。在此，谨向他们表示衷心的感谢！衷心感谢参与课题研究的全体成员，他们为本书的出版奠定了良好的基础，并作出了巨大的贡献。各章分工执笔如下：

第一章：毛蒋兴、蒋丽娟、陆西茜

第二章：蒋丽娟、李青香、黎云莉

第三章：周小玲、黎云莉、毛蒋兴

第四章：毛蒋兴、陆西茜、徐明姣

第五章：李青香、蒋丽娟、唐海回

第六章：陆西茜、李青香、周小玲

第七章：李青香、毛蒋兴、黎云莉

第八章：毛蒋兴、韦　钰、李青香

第九章：周小玲、蒋玉欣、韦　钰

第十章：蒋丽娟、陆西茜、卢　璐

第十一章：毛蒋兴、黎云莉、周小玲

第十二章：毛蒋兴、卢　璐、蒋丽娟

第十三章：蒋丽娟、毛蒋兴、陆西茜

第十四章：李青香、唐海回、黎云莉

第十五章：陆西茜、李青香、蒋丽娟

第十六章：周小玲、覃　晶、陆西茜

第十七章：黎云莉、徐明姣、蒋玉欣

第十八章：周小玲、毛蒋兴、韦　钰

第十九章：黎云莉、周小玲、覃　晶

由于作者专业视野和学术水平有限，书中难免有不足之处，敬请读者批评指正。

本书由南宁师范大学一流学科（地理学）、"广西壮族自治区八桂学者"工程专项经费资助项目与广西科学研究与技术开发项目计划（桂科合 14125008 - 2 - 27）资助出版。另外，本书能顺利出版，得到了经济科学出版社李雪老师的大力支持和真诚帮助，在此一并感谢！

CONTENTS

目　录

第四篇　基于产业发展的柳州市用地规模预测

第五篇　柳州市人产地布局引导建议

第一章

概　述

■ 第一节　相关概念

　　城市规模包括城市人口规模和城市用地规模，人口规模与用地规模是相互联系的。城市规模的目标涉及人口与用地规模，城市用地规模随着城市人口规模而变化，准确预测城市人口规模对城市发展具有非常重要的意义，一般采用的方法是由城镇人口规模和人均建设用地指标来确定城镇建设用地规模。

　　城市人口规模是城市最基础、最重要、使用最多的指标，根据《城市规划原理》[①] 第四版中对城市人口的定义可知，城市人口是指城区（镇区）的常住人口，即停留在该城市（镇）半年以上，使用各项城市设施的实际居住人口。但改革开放以来，许多城市抓住机遇，经济发展迅速，且近年来户籍制度改革使得户籍壁垒逐渐消除，城乡人口双向流动愈来愈强，城市中的非该区域的常住人口或非户籍人口即外来人口已经成为城市人口规模的重要组成部分。改革开放后，中国涌现出大规模、高强度的流动人口，对于外来人口多的城市，城市的户籍总人口已不能反映城市规模（周一星等，2004；戚伟等，2015）。目前流动人口中不仅包括跨区域流动的农民工，还有大量在城镇间流动的人口，他们都已成为城镇人口增长的主要贡献者，因此，使用市区和城区户籍人口统计数字替代城市人口数据，就忽视了流动人口在当前人口流动方向上的大趋势，会使得人口数据存在失真的问题（范毅，2015）。

　　我国的建设用地规划标准有《城市用地分类与规划建设用地标准》（GBJ137 - 90）和《村镇规划标准》（GB50188 - 07）两种，传统的城市用地规模预测方法概括起来讲，就是用人均用地标准乘城市人口规模，有其自身的优点，但忽视了城市的生

[①] 吴志强，李德华. 城市规划原理（第四版）[M]. 北京：中国建筑工业出版社，2010.

产特性以及城市间的职能性差异，因此适时地依据经济发展的结果对用地分类标准进行细化，有助于把握产业变化用地特点之间的关系，尤其为产业用地规模的预测提供科学依据（厉伟，2004；范毅，2015）。多年以来主要是通过预测人口规模来确定用地规模，在市场经济体制改革不断深入的情况下，城市人口规模预测的不确定性越来越强。但经济体制变革使我国城市化机制中的市场因素越来越强，原来确定城市用地规模的逻辑发生了变化。通过对城市用地的合理预测，达到促进城市经济增长，控制城市人口规模的目的（黎云等，2006）。

人口规模和用地规模都是城市规模的主要组成部分，它们的变化均对城市规模有一定的影响。由于人口规模与用地规模两者间有密不可分的联系，为此，本书将以两者为主要研究对象，对其进行研究分析。

第二节 研究进展

一、人口规模

城市人口是城市性质和城市功能的载体。城市人口规模预测是国土空间规划的基础研究内容之一，其重要性不言而喻。人口规模关系到城市的用地规模、布局结构和各类设施的数量以及交通方式的选择等内容，准确预测人口规模能够保证空间资源的合理配置、城市各项建设的有序进行。国内学者在前人研究的基础上，开展了基于我国社会发展现状的人口预测研究，相关研究主要按两条主线开展：不同人口类型的发展规律及规模预测研究；人口规模预测的研究方法及模型构建。

（一）各类人口规模预测研究

1. 常住人口

城市规模体系是城市地理学和城市规划学的基本概念，是编制城市规划的基础分析内容，而城市人口规模是描述城市规模体系的基础（戚伟等，2017），是城市用地规模和基础设施配置的基本依据。近年来，各学者对全国各地进行了总人口预测的研究，针对不同地区的人口特点提出人口预测的思路及管控原则。

国内学者对城市总人口的预测进行了大量的研究，研究覆盖全国、区域、市域以及街道等各个尺度。

（1）全国人口规模预测研究

一些学者选取我国国民经济与社会发展远景目标等指标，通过设定不同方案预测我国的适度人口规模（王颖等，2011）。一些学者利用考虑种群年龄结构的 Leslie 模型，对中国人口增长趋势做出预测与分析（赵丽棉等，2010）。还有一些学者依据 2010 年人口普查数据，采用孩次递进生育预测方法对未来中国人口发展过程进行情景模拟（王广州，2018）。

（2）市域人口规模预测研究

人口规模预测是城市研究中必须考虑的重要因素之一，因此，对市域的人口规模预测是城市与区域规划中首先要考虑的基本问题。我国的市域人口规模预测研究中，一些学者采用情景分析方法，以趋势推断为主，通过设定不同增长情景下的人口增长率参数，预判武汉市人口未来的各种可能规模（王德等，2017）。一些学者分别构建一元线性回归模型、马尔萨斯模型、logistic 模型及 GM（1，1）模型对西宁市人口规模进行预测，深入、准确地得到西宁市人口预测的最终结果。部分学者以上海市和北京市为研究对象，探讨我国一线城市的基础设施完善程度对城市人口规模增长带来的影响（张力和李萌，2020）；还有部分学者将多种因素纳入城市人口规模预测，例如产业发展带来的就业人口规模（童玉芬等，2019）、城镇化发展中农业人口转非农业人口（王蓓等，2015），自然增长的人口（清华大学社会学系课题组，2012）等因素。

（3）街区尺度下人口规模预测研究

目前，国内已有的人口预测方法大多针对城市尺度进行研究，而小区域也同样需要制定适合自己情况的发展策略，以更好地促进总体发展规划的完成。一些学者在人口预测动态模型的基础上，加入了人户分离因素，以上海市青浦区为例对小区域人口预测模型进行研究。随着人口统计数据逐渐实现空间化，精细化尺度下的人口估算逐渐成为研究热点。另一些学者基于腾讯位置大数据，结合人口统计数据、建筑物空间属性数据和住宅小区边界数据，提出了基于腾讯位置大数据的人口空间化方法和住宅小区级别的精细尺度人口估算方法（吴中元等，2019）。还有一些学者尝试使用包含手机信令数据在内的多源时空数据，对北京市朝阳区街乡尺度居住人口进行预测，期望可以建立起手机信令数据与实际人口数据的关联关系，实现基于手机信令数据的真实人口推算（林文棋等，2018）。

2. 流动人口

伴随着我国改革开放进程的不断加速，大规模人口流动现象受到社会的广泛关注。庞大的流动人口的产生和存在，既推动了我国经济的高速发展，又引发了最为深刻的社会变迁，人口的城乡分布、劳动力的行业和职业构成、社会的阶层结构、人们的生活方式和价值观念等都随之发生了巨大的变化（段成荣等，2011）。认识并合理预测流动人口的重要途径就是要在不同的区域中运用不同的方法进行研究。近年来，国内学者从典型区域入手，运用多种预测方法对流动人口的预测进行了大量研究，取得了一定的研究成果。国内学者对流动人口规模预测的研究可以概括为两个方面：①全国尺度下流动人口规模预测方法研究；②特大城市流动人口规模预测的分析总结。

（1）全国流动人口规模预测研究

国内学者大多从流动人口的定义和变动的因素出发，探讨了我国流动人口未来的发展趋势，提供人口规模预测思路。一些学者运用 2005 年全国 1% 人口抽样调查中迁移人口数据的收集方式，提出对流动人口的研究应当从时间和空间两个维度上关注"半年"以上的流动人口、"半年以下"的流动人口、跨区或者省际迁移人口以及省内跨市或者市内跨县的流动人口（马忠东等，2010）。一些学者借鉴适度人口（俞宪忠，2005），和城市位序—规模理论（戚伟等，2015）对中国流动人口规模进行探讨，构建流动人口与相关因素的空间曲线，并认为中国流动人口存在着极大的区域差异，极化特征不断增强，与地区间的经济发展、就业机会等因素有着密切关联。一些学者从流动人口规模变动方面进行结构分解，认为人口的变动是由出生、死亡和迁移变动共同作用的结果，流动人口的变动可以从自然变动、机械变动两个方面来考察（吕利丹等，2018）。

（2）特大城市流动人口规模预测研究

早在 19 世纪就有学者指出：区域间的经济差异是影响人口迁移的主要动力（莱温斯坦，1889）。因此，无论是经济发展水平，还是人口规模处于顶层位置的特大城市，都成为研究流动人口规模的热点地区。一些学者选择北京为研究对象，从以人口规模与经济社会、资源环境的和谐关系制定调控目标（张真理，2009），就业弹性系数（朱富言和李东，2008），减少待疏解产业资本存量（王若丞等，2018），流动人口比例及其年龄结构（任强和陆杰华，2006）等方面探讨流动人口的规模，并提出对流动人口的调控思路。还有一些学者则以上海为例，从流动人口在上海的生存状态与社会融合（张得志，2006），流动人口的结构特征、地理分布（高向东和李琪，2007），流动人口"带眷迁移"特征（张玮等，2009）等方面对上海市流动人口的特征进行分析，并提出规模预测的思路及推进社会融合政策的思路。

（二）人口规模预测的方法研究

长期以来，城市人口规模一直是规划成果中审核的核心内容之一，但在规划编制过程中，人口规模预测遇到种种困境，城市化进程不断加快，我国人口结构愈发复杂，准确预测人口规模的难度也在不断增大。随着经济新常态下国土空间规划探索创新路径的出现，城市人口规模预测的方法不断丰富。我国学者在借鉴国外研究成果和长期以来的研究经验的基础上，从不同的角度构造了多种预测方法，有关研究成果颇多，不同类型的规划以及不同的城市发展条件可对应不同的预测方法，主要可以概括为趋势推导型、相关分析型、约束分析型等类型。

1. 趋势推导型

趋势推导型主要是通过历年人口规模的增长率情况，总结出人口规模变化的规律，再综合考虑规划期内人口发展的影响因素，设定影响人口增长的各项参数，如自然增长率、机械增长率等，以预测未来人口规模。该类型的预测方法主要包括综合增长法、时间序列法、增长曲线法、灰色模型法、回归分析法等。趋势推导法对人口历史数据有较严格的要求，精准的自然增长率、机械增长率、城镇化率等数据方可确保预测结果的合理可靠。趋势推导型的预测方法是我国学者运用较多的预测方法，一些学者通过设定不同可能下的增长率参数，分为高、中、低三个方案，预测2030年武汉常住人口（王德等，2017）。另一些学者利用 Excel 和 MATLAB 软件平台，基于两种灰色模型对乌鲁木齐市的户籍人口、分年龄段人口和人口性别比进行长期预测。还有一些学者选用自然增长模型、灰色预测模型以及马尔萨斯人口模型进行建模，综合三种模型预测结果，给出了西安市未来人口规模预测范围值，并针对西安市的人口形势提出对策与建议。

2. 相关分析型

相关分析型主要是通过对研究区域人口规模与 GDP 总量、就业人口规模、区域协同发展之间的关系进行分析，总结过去人口规模与各项指标之间的相关性，充分考虑未来人口增长的影响因素并对相关参数进行调整，从而预测未来人口规模。该类型的预测方法主要包括经济相关性分析法、职工带眷系数法、劳动力平衡法等，主要适用于区域经济发展指标数据较为明确的城市。目前，我国学者大多将经济因素作为影响人口增长的主要因素对人口规模进行预测。一些学者将就业驱动、发展机会驱动、公共服务（主要是医疗和教育优势）驱动、社会关系驱动等方面作为影响因子预测北京市常住人口（丁成日等，2018）。一些学者通过对北京市城市基础部门和非基础部门的辨识及确定各部门间就业人口的合理比例关系，测算出北京市疏解非首都功能后所必须保留的最低人口规模（童玉芬，2019）。另一些学者从区域协同发展的角度出发，基于京津冀协同发展战略，根据对人口的生育率、死亡率和迁移率进行系统的估计和预测，对全面放开二孩政策前后的人口规模结构变迁进行预测（魏丽莹，2018）；或依据空间结构紧凑度模型和空间网络均衡度模型，探讨雄安新区的最优人口规模（杨震等，2019）。还有一些学者认为，人口大量流入城市，是城市大气环境污染问题日趋严重的重要原因，通过人口规模与空气污染物的相关性分析，研究在实现北京市空气质量改善目标的情况下适合的人口规模。

3. 约束分析型

约束分析型即综合考虑城市发展条件后，选取制约城市发展的关键因素，如可建设用地规模、水资源总量、环境容量等，分析在关键制约因素限制下人口所能达到的最大规模。该类型的预测方法包括生态足迹法、土地资源承载力法、水资源环境容量法等，主要适用于发展具有明显制约因素的城市。生态足迹即是在一定的人口和经济条件下，维持资源消费和吸纳产生的废弃物所需要的生物生产性土地面积（瓦克纳格尔，1997），一些学者考虑区域生态承载力的"可能度"和人们对生态产品和服务消费的"满意度"，提出结合生态足迹法和"可能—满意度"法的适度人口规模预测方法，并以此预测重庆市适度人口规模（代富强等，2012）。还有一些学者利用生态足迹理论的城市人口规模预测模型，以杭州市为例，对杭州市2000~2004年的生态足迹进行计算分析（王纪武和韦亚平，2008）。土地资源人口承载力反映了在一定土地生产力条件下能够供养在一定生活水平下的人口数量，是长期以来国内外学者研究的热点。一些学者从基本农产品需求保障和碳氧平衡能力来反映资源环境总体承载力，以口粮供应和叶菜供应为约束条件，揭示农业用地与人口规模的关系，预测无锡市区可承载人口的上限规模（李平星，2014）。水资源环境容量法是为了维持生态系统平衡稳定状态，根据水资源环境容量来确定合理的人口规模。一些学者针对北京市城市总体规划目标，结合人口发展与水资源利用的研究成果，对北京市人口发展与水资源供需状况进行了预测和分析，根据北京市实际可利用水资源量，预测未来水资源可以满足的人口规模（刘鹏飞等，2012）。还有一些学者根据黑河流域水资源系统的特征，在对其结构和因果关系分析的基础上，构建水资源承载力模型，预测20年中黑河流域水资源所能承载的人口规模（高新才等，2009）。

二、用 地 规 模

随着城市化和城市的快速发展，我国正从"乡村中国"走向"城镇中国"，城市的人口和用地规模不断扩张，但目前中国的城市化进程正面临着滞后与低效并存的局面。部分地区罔顾现实环境容量和实际发展需求，在规划中盲目扩大建设用地的规模，造成土地的浪费和地方财政的压力，"城市病""空间错配"等问题日益严峻。土地作为城市经济社会发展的载体及基本要素（王德起，2010），确定其合理利用规模成为研究焦点。我国学者依照我国城市发展的典型特征对城市建设用地规模进行了大量的研究，主要可以概括为两个方面：对建设用地规模的预测研究、建设用地规模预测模型构建研究。

（一）建设用地规模预测研究

科学合理的预测城市建设用地规模对于城市经济、社会的快速发展和土地资源的可持续利用起着至关重要的作用。近年来，我国学者针对各个城市进行建设用地规模预测研究，针对不同地区的发展提出用地预测的思路。一些学者选取灰色 GM（1，1）模型和双因素模型，通过人口增长、经济增长对拉动建设用地规模增长的作用，对兰州市未来建设用地规模进行了预测与结果分析（董晓峰等，2009）；根据关联度综合分析各因素（人口和固定资产投资）对九江市建设用地的影响，进而加权修正预测模型，并对预测结果进行分析与评价（祝明霞等，2015）。另一些学者基于国家土地宏观调控需要，考虑经济发展、粮食安全、生态安全三类基本用地需求，构建建设用地总量控制的多情景分析框架，运用多元回归分析、碳平衡分析等方法构建土地基本需求模型，并结合国家发展战略与目标设定模型参数，分析预测不同情景下中国建设用地总量的变化数量及影响（姜海等，2014）。还有一些学者以建设用地和社会经济发展数据为基础，运用岭回归分析对建设用地规模预测方程进行参数校正，并结合 GM（1，1）模型，预测出"十二五"末的焦作市建设用地规模（余长坤等，2015）。

（二）建设用地规模预测模型构建研究

土地作为三大生产要素之一，对经济社会的发展起着基础性作用，尤其是作为二、三产业发展的建设用地，直接关系到高质量发展目标的顺利实现（沈国明等，2019）。近年来我国学者主要从直接预测和间接预测两类方法对城市建设用地规模进行预测，取得了一定的研究成果。

1. 直接预测

直接预测的基本思路是运用以往的土地利用数据和变化特征，假定其符合类似的时间趋势或转换规则，通过拟合模型中的各种参数对未来土地利用情况进行预测，如指数增长模型、MGM - Markov 模型、灰色 GM（1，1）模型等（刘云刚和王丰龙，2011）。一些学者将 GM（1，1）和马尔柯夫链有机结合，对张掖市 1996 ~ 2006 年间城乡建设用地规模进行回归模拟和预测（邴广路和石培基，2010）。另一些学者以焦作市 2002 ~ 2010 年建设用地和社会经济发展数据为基础，运用岭回归分析对建设用地规模预测方程进行参数校正，并结合 GM（1，1）模型对相应驱动因子 2011 ~ 2015 年的数值预测，得出"十二五"末的焦作市建设用地规模（余长坤等，2015）。还有一些学者运用分类回归法和反推法两种具体方法，定量估算和比较分析未来上海建设用地的极限规模，结合"保障发展、保护资源和保全生态"的多重目标，预测上海市 2015 年和 2020 年的建设用地极限规模（石忆邵和吴婕，2013）。

2. 间接预测

间接预测的思路主要是运用城市建设用地扩张的驱动因素来预测未来的用地规模，如通过预测人口再结合各种用地法规和标准的人均用地指标得到总的用地规模，如多元统计回归模型、神经网络模型和遗传支持向量机等（刘云刚和王丰龙，

2011)。一些学者利用 2009～2016 年 31 个省级行政区的面板数据，探讨 GDP 增长、研发投入两个因素与建设用地面积之间的关系，并以此为依据推算浙江省 2020～2035 年建设用地总规模和开发强度（沈国明等，2019）。一些学者从经济发展、粮食安全、生态安全 3 类基本的用地需求出发，构建建设用地总量控制多情景分析框架，整合土地需求预测方法，分析 2020 年可能出现的土地利用格局、冲突及影响，解析中国建设用地总量控制目标与相应的管理政策需求（王博等，2014）。另一些学者选定总人口和全社会固定资产投资两个主要因素来预测晋城市建设用地规模（荣联伟等，2014）。还有一些学者以济南市为例，以二、三产业产值与城市建成区面积之比作为衡量用地效益的指标，建立城市用地规模与用地效益关系分析模型，分析济南市建成区用地规模与用地效益的关系及城市扩张的可行性，并对未来城市建成区用地合理规模进行预测（王筱明和郑新奇，2010）。

三、国内相关研究简评及展望

综合以上研究进展可看出，国内学者在借鉴国外经验的基础上积极探索人口与用地规模的预测方法，开展了基于我国特有国情的研究。综合而言，我国现有研究呈现出两个特征：①国内研究在人口与用地的类型上不断丰富，基于我国人口构成日益复杂和土地利用结构不断调整的基本特征，对不同类型的人口和用地进行研究。②国内研究提出了多样化的人口与用地预测模型，但一般是基于一种模型进行预测，缺乏对各个模型之间的比较分析。

（一）国内相关研究简评

1. 人口与用地预测类型日益丰富

我国近年来的快速城镇化过程中，人口规模增长包含的内容复杂，影响因素众多，人口的机械增长是影响城市人口规模的核心因素。随着改革开放的发展，人口限制政策的取消，人口迁移越来越多，各种流动人口成为城镇化的主体。同时，我国正处于经济发展转型升级的关键阶段，转型升级的本质是产业结构优化，而产业结构的优化和升级必然涉及土地利用结构的调整。近年来，针对人口与用地规模的预测，人口与用地预测类型不断拓展，愈发重视流动人口、城市产业用地等内容的研究，研究成果比较丰富。

2. 人口与用地预测模型研究成果丰富，但缺乏多模型比较分析

国内学者提出了多样化的人口与用地预测模型，但一般是基于一种模型或同类型模型进行预测，缺乏对各个模型之间的比较分析。一方面，我国学者总结历史数据的发展特征，运用未来发展趋势推测人口与用地规模。另一方面，我国学者通过

影响因子对人口与用地的影响程度推测人口与用地规模。但影响城市人口和建设用地规模的因子涉及社会、经济、环境、政策等各方面，是一个十分复杂的系统，而每一种方法选取的影响人口与用地的因子只是决定人口与用地规模的其中一个或几个因子，并不能涵盖全部的因子，加之有些因子具有不可预知性，所以，从一定程度上讲，任何预测方法都不能准确预测城市规划目标年的人口规模与建设用地规模。

（二）国内相关研究展望

1. 从城市人口构成出发，进一步丰富人口类型预测

目前我国学者对城市人口规模预测的研究大多数还聚焦在城市的常住人口或流动人口的规模上，而忽略了短期内在城市中停留的人口，如乘坐交通工具产生的过境人口，外来旅游、商务出行等人口，这部分人口同样使用着城市的基础公共服务设施。从细化城市人口构成出发，进一步丰富人口类型预测，构建更为精确的人口预测方案，为城市用地规模预测、基础设施配置、人口调控等政策提供理论基础，这对我国实现社会融合、推进实现新型城镇化都具有重要的意义。

2. 利用多源数据与多模型分析结合的综合性研究

目前我国学者对城市人口规模预测的研究数据大多数来源于人口普查数据、统计年鉴中的数据，由于人口流动和土地构成不断变化的复杂性，传统的统计数据已经不能精确地表示出城市的人口变化。为了实现我国对人口变化的准确判断，研究人口大数据具有重大的理论意义和实际应用价值，人口信息资源和可供使用的人口大数据资源也必将越来越成为今后研究的重要领域，应注重利用多源数据和多种模型分析结合的综合性研究。

第三节　研 究 背 景

一、国土空间规划的浪潮兴起

（一）全国层面

随着我国社会经济的发展进入了新阶段，由于缺少权威统领性的空间规划，多规冲突成了制约经济高质量发展的重要因素之一。在此背景下，国家进行了机构改革，于 2018 年成立自然资源部。它是统一行使全民所有自然资源资产所有者职责、统一行使所有国土空间用途管制和生态保护修复职责的国务院组成部门。

2019 年 5 月 23 日，中共中央国务院印发了《关于建立国土空间规划体系并监督实施的若干意见》，对国土空间规划进行了定位，将国土空间规划分为五级三类四体系。强调："建立国土空间规划体系并监督实施，将主体功能区规划、土地利用规划、城乡规划等空间规划融合为统一的国土空间规划，实现'多规合一'，强化国土空间规划对各专项规划的指导约束作用。"5 月 28 日，自然资源部发布了《关于全面开展国土空间规划工作的通知》，对各省、自治区、直辖市全面开展和编制国土空间规划，实现"多规合一"的工作进行了全方位的部署。

因此，国土空间规划对柳州市国土空间总体规划提出了新要求：树立生态文明理念，按照建设环境友好型社会与资源节约型社会的要求，以资源环境承载能力为基础，坚持人口与资源环境相协调的发展模式，以科学合理的方法预测柳州市人口发展及产业发展规模，确定柳州市国土空间开发利用的规模、结构、布局和时序，优化城市内部空间结构，引导人口和产业向资源环境承载能力较强的区域集聚，促进城市紧凑发展，提高国土空间利用效率，构建人口、经济、资源环境均衡发展的国土空间开发格局，促进城镇化和新农村建设协调发展。

（二）广西层面

2019 年 8 月，中共广西壮族自治区委员会、广西壮族自治区人民政府印发《广西建立国土空间规划体系并监督实施的实施方案》，对全区各级国土空间规划作出安排。强调："坚持新发展理念，坚持以人民为中心，坚持一切从实际出发，按照高质量发展要求，发挥国土空间规划在自治区规划体系中的基础性作用，强化国土空间规划对各专项规划的指导约束作用，加快转变国土空间开发保护利用方式，提升国土空间开发保护质量和效率，提高国土空间治理能力和水平。"在编制方式上，自治区级国土空间规划由自治区人民政府组织编制，侧重协调性。各市县乡人民政府组织编制本级国土空间规划，侧重实施性。这表明柳州市国土空间总体规划是对上级国土空间规划要求的细化落实，是对柳州市开发保护做出的具体安排。

（三）市级层面

2019 年 6 月，为贯彻落实《中共中央国务院关于建立国土空间规划体系并监督实施的若干意见》，柳州市人民政府办公室印发《柳州市国土空间总体规划编制工作方案》的通知，主要任务要求是基于规划实施评估，以及未来发展需要，开展系列专题研究，为空间规划编制提供基础支撑，其中城乡人口与建设用地的协调是空间规划编制的重点。主要研究内容如下：通过梳理以往柳州市人口、城镇化和产业发展情况，分析柳州市城镇化发展历程，判断其人口城镇化和土地城镇化、产业经济与用地规模的协调性，优化人口转移与城镇化用地需求，统筹城乡建设用地，并提出相应的空间布局引导和建议来解决人地关系的矛盾，促进城镇人地关系的协调发展。

二、人口与用地规模的研究成为国土空间规划热点

党的十九大报告中指出要统筹推进新时代"五位一体"总体布局，加快生态文明体制改革。2019 年 5 月 28 日，自然资源部发布了《关于全面开展国土空间规划工作的通知》，对各省、自治区、直辖市全面开展和编制国土空间规划，实现"多规合一"的工作进行了全方位的部署。这标志着我国空间发展和空间治理进入了生态文明新时代，规划体制改革进入了建立空间规划体系的新时期，国土空间规划体系建立进入了落地实施的新阶段。柳州市是广西最大的工业基地，同时也拥有独特的自然资源、文化资源，柳州的土地利用开发模式应由粗放型向集约型转变，要充分考虑生态环境，将"生态优势金不换"的重要理念贯穿于发展的始终，将保护好、利用好、开发好三方面相结合，深入推进生态文明建设，坚持"人地协调"，优化柳州市土地利用结构，走出一条产业强、生态美的发展之路，为柳州市创造良好的生产与生活环境，谋求人与地、人与自然的高度和谐与统一。研判城市规模作为各级国土空间总体规划的核心内容，牵涉城市目标调控和用地指标。按照人口的结构和规模来确定用地规模，是解决城市发展最根本的人、地需求及相互关系，促进城市高质量发展的关键。可见，人口与用地规模的研究是国土空间规划的热点。

三、大数据的使用是国土空间规划技术手段的创新

传统的城市规划工作涉及各类专项数据等小样本数据，数据获取方式来源于统计年鉴、现状调查、研究文献等，时间跨度较大，未能体现实时性。2014 年，大数据首次写入政府工作报告，大数据逐渐成为各级政府关注的热点。2015 年 8 月 31 日，国务院印发《促进大数据发展行动纲要》，部署了我国大数据发展工作。党的十八届五中全会正式提出"实施国家大数据战略，推进数据资源开放共享"，表明大数据成为国家层面的战略资源。2018 年中共中央办公厅印发《关于统一规划体系更好发挥国家发展规划战略导向作用的意见》，明确提出"综合运用大数据、云计算等现代信息技术，创新规划编制手段"，为各地探索大数据在"十四五"规划中的应用提供了政策依据。与传统数据相比，大数据具有规模海量、类型多源、属性动态等特点，跟城市规划决策的本质属性具有紧密的耦合性。

在大数据时代的背景下，将大数据引入国土空间规划，并与传统数据结合，以

转变国土空间规划编制方式。这标志着建设基于大数据的空间规划数据库系统，构建多源数据计算模型，将专业的规划分析手段同先进的数据分析方法相结合，实现对城市人口、用地要素发展趋势及要素间相互关系的分析、预测。使用大数据手段，实时地了解城市发展变化，使得其对规划的影响更为显著。

四、柳州是国土空间总体规划研究的优良 "样本"

柳州是广西第二大城市，同时也是广西第一大工业城市。2017 年柳州市常住人口 400 万人，户籍人口 386.6 万人，是一座常住人口多于户籍人口的城市。同期，常住人口城镇化率为 64.01%，高于南宁（61.35%）和桂林（48.91%）。全市地区生产总值为 2755.64 亿元，占广西地区生产总值的 13.51%，人均地区生产总值为 69249 元，三产比重为 6.9∶54∶39.2。①

2019 年 6 月，《柳州市国土空间总体规划编制工作方案》（以下简称《方案》）经印发实施后意味着柳州市国土空间规划（2020 - 2035 年）编制工作全面启动。《方案》中明确提出了此次规划的主要任务，分别为统一规划编制基准、评估规划实施成效、开展重大专题研究、明确规划战略目标、确定全域空间格局、明确规划管控要求、推进国土整治修复、分解落实指标任务、优化规划实施保障、编制其他各类规划。柳州市是全国唯一全域空间规划、城市总体规划、土地利用总体规划 "三规" 同时开展的试点城市，率先探索各类空间性规划的有机融合，可为全区开展国土空间规划提供可参考的依据。

因此，以柳州为例，深入研究人口与用地的时空变化，探讨人口与用地规模变化的内在机制对于协调社会经济发展有重要理论价值。同时对我国国土空间总体规划中的人口与用地规模研究也有着重要的理论和借鉴意义。

第四节　研究意义

一、理论意义

（一）提供市县国土空间规划人口发展与用地规模预测新思路

在当前人口流动愈加复杂的环境下，一个区域或城市的人口，时刻都处在变动

---

① 广西壮族自治区统计局. 广西统计年鉴 [Z]. 广西：中国统计出版社，2008：69 - 74.

之中，具有很大的不确定性。柳州市是人口净流入的城市，人口的流入能为柳州市的经济发展提供强有力的支撑，单纯的预测常住人口显然不能满足柳州市新时代国土空间总体规划实现可持续发展、高质量发展、包容性发展的要求。本书在常住人口的基础上，从人对服务设施的需求的角度考虑，增加了对柳州市实有人口的研究，具体包括流动人口、旅游人口、迁徙大数据人口、区域实际停留人口，并按照常住人口与实有人口的规模预测分别对柳州市的建设用地规模进行预测，细化城市人口构成，进一步丰富人口类型预测。在此基础上构建更为精确的用地预测方案，为市县人口发展及用地规模预测提供新思路与理论基础。

（二）认识柳州市发展现状特征与存在问题

柳州是广西第一大工业城市，西南地区重要工业城市，也是全国性综合交通枢纽、现代商贸物流中心；此外，柳州还是国家历史文化名城、中国人居环境范例奖城市，在发展经济的过程中不断致力于打造生态宜居工业城市。2018年城镇化率在广西处于领先地位，达64.01%，处于城镇化发展的中后期，未来城镇化发展水平和质量有很大提升空间。本书对柳州市常住人口规模、实有人口规模、城镇化发展水平、用地规模、工业发展及人地协调等现状进行深入分析，充分认识柳州市人口、用地及产业发展现状，发现其存在的问题，总结其发展特征，为探索优化人口转移与城镇化用地需求，统筹城乡建设用地，提升土地利用效率，促进城乡人地关系的协调发展提供理论依据。

（三）丰富柳州市城乡人地协调关系研究

随着城镇化的快速推进，不少地区片面、盲目地进行城镇化，使得"土地城镇化"快于"人口城镇化"，二者失调发展加大了人地之间的矛盾，导致城市盲目无序的扩张，生态环境受到极大挑战。新型城镇化相较于传统的城镇化，更注重"人的城镇化"和城镇化"质"的提升。2015年，柳州市被列为国家首批新型城镇化综合试点城市，意味着柳州市走上了新型城镇化的道路。本书以柳州市全域国土空间为研究对象，研究层次由市域、市辖区、县域至柳州市市辖区内一主三新，研究内容涉及常住及实有人口规模与结构、人口城镇化和土地城镇化的协调性，产业经济与用地规模的协调性，自上而下有层次、有重点地推进柳州市人地协调关系研究的深度，以期促进城镇人地关系的协调发展，为解决柳州市城乡协调发展提供理论基础与有益借鉴。

二、实践意义

（一）促进柳州市城乡人地协调发展

通过梳理以往柳州市人口、城镇化和产业发展情况，分析了柳州市城镇化发展历程及城乡人地协调性现状，研判了柳州市人口城镇化和土地城镇化情况，为优化人口转移与城镇化用地需求，统筹城乡建设用地，提升土地利用效率，提出了相应的空间布局引导和建议，以期解决人地关系的矛盾，促进柳州市城乡人地关系的协调发展。

（二）为柳州市市县国土空间规划提供支撑

按照人口的结构和规模来确定用地规模，是解决城市发展最根本的人、地需求及相互关系，促进城市高质量发展的关键。本书以柳州市各县区为研究单元，对全市及其一主三新的常住人口、户籍人口及实有人口的规模进行预测，在此基础上确定柳州市用地规模，为柳州市市县国土空间规划用地规模结构的确定提供支撑。

（三）对柳州市公共服务与基础设施规划提供支撑

从细化城市人口构成出发，进一步丰富人口类型预测，构建人口结构更为精确的实有人口的预测方案，对研究柳州市的人口发展现状及规划预测提供更加科学、全面的研判，进而对柳州市人口调控等政策、城市的公共服务与基础设施规划提供参考依据。

■ 第五节　研究思路

本书的研究思路见图 1 – 5 – 1。

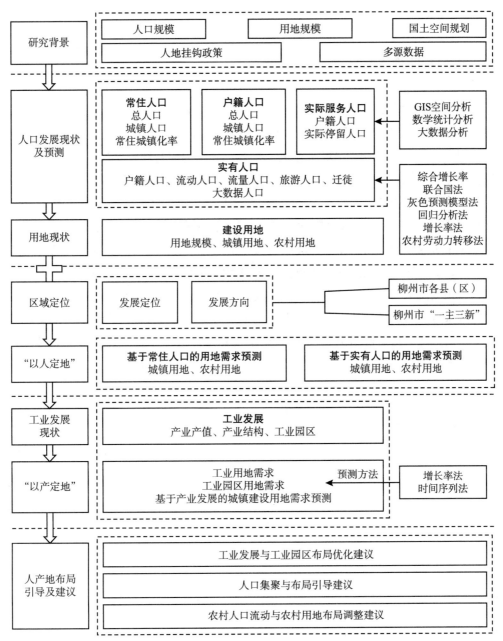

图 1 - 5 - 1　柳州市国土空间总体规划人口与用地规模研究技术路线

第六节　预测方法

一、人口预测方法

本次研究中将基于柳州市人口、用地、产业的现状规模对其分别进行预测，其中对常住人口总规模、户籍人口总规模预测采用的是目前学术界研究人口预测中较为常用的、科学合理的"主观+客观"模式，分别为综合增长率法、回归分析法、灰色预测法（见表1-6-1），对常住城镇人口规模、户籍城镇人口规模预测采用增长率法、联合国法、农村劳动力转移法，其次，通过衔接《柳州市实有人口发展战略研究》[①] 引入实有人口概念，并在此基础上将流动人口、流量人口、旅游人口基于手机信令迁徙大数据与实际服务人口纳入计算。由于这几类人口具有较大的流动性，受地区经济发展的影响较大，在预测中主要采用情景预测方法进行方案设定，以预测流动人口、流量人口、旅游人口、基于手机信令检测的迁徙大数据人口与实际服务人口规模，从而对柳州市近十年来的人口变化特征进行深入的剖析及较为全面的描述，提出柳州市2020～2050年实有人口预测方案，为柳州市配置公共服务资源提供科学依据。

表1-6-1　　　　　　　　　　常住人口预测方法

方法	公式	备注
综合增长率法	$P = P_0(1+a)^n$	P：规划末人口数 P_0：基准年人口数 a：年平均综合增长率 n：规划期年限
回归分析法	$Y = a + bx$	Y：预测期总人口 x：年份 b：常数
灰色预测法	$\hat{x}_t^{(1)} = \left[x_0^{(0)} - \dfrac{u}{a} \right] e^{-at} + \dfrac{u}{a}$	$x_t^{(1)}$：预测值人口数量叠加值 $x_0^{(0)}$：表示起始年份人口数量 t：年份 a、u：常数

---

① 柳州市人民政府在2018年委托柳州市发展和改革委员会单位对柳州市人口发展的预测，未公开发表。

二、城镇化率预测方法

本次研究对常住人口、户籍人口城镇化率的预测方法为增长率法、联合国法、农村劳动力转移法，见表 1-6-2。其中联合国法主要依据两个年份的城镇人口和农村人口，求取城乡人口平均增长率之差。假设柳州市内城乡人口平均增长率之差在预测期内保持不变，通过联合国预测模型外推求得预测期末的城镇人口比重。农村劳动力转移法预测城镇化率，主要根据规划期总人口、现状农村人口、预测规划期减少的农村人口等数据计算得到。

表 1-6-2 　　　　　　　　常住人口和户籍人口城镇化率预测方法

方法	公式	备注
增长率法	$P = P_0(1+a)^n$	P：规划末城镇化率 P_0：基准年城镇化率 a：年平均综合增长率 n：规划期年限
联合国法	$\dfrac{PU_k}{1-PU_k} = \dfrac{PU_2}{1-PU_2} \times e^{URGD \times t}$ $URGD = \ln\left(\dfrac{PU_2 \times (1-PU_1)}{PU_1 \times (1-PU_2)}\right)\Big/n$	PU_K：k 时的城镇人口比重 PU_1、PU_2：分别为前一时间周期初和周期末的城镇人口比重 $URGD$：城乡人口增长率差 t：预测年份距前一周期初年数 n：前一周期时长
农村劳动力转移法	城镇化率 = [规划期总人口 - (现状农村人口 - 预测规划期减少的农村人口)] / 规划期总人口	—

三、工业产值预测方法

对 2012~2017 年柳州市工业园区产值情况预测时采用的是增长率法和时间序列二次指数平滑法，见表 1-6-3。

表 1 - 6 - 3 工业产值预测方法

方法	公式	备注
增长率法	$P = P_0(1+a)^n$	P：规划末工业增加值 P_0：基准年工业增加值 a：年平均综合增长率 n：规划期年限
时间序列二次指数平滑法	①求二次指数平滑值： $X_t^{(1)} = AX_{t-1} + (1-A)X_{t-1}^{(1)}$ $X_t^{(2)} = AX_{t-1}^{(1)} + (1-A)X_{t-2}^{(2)}$ ②利用二次指数平滑值预测： $Y_{t+T} = a_t + b_t T$ $a_t = 2X_t^{(1)} - X_t^{(2)}$ $b_t = \dfrac{A}{1-A}(X_t^{(1)} - X_t^{(2)})$	X_t：第 t 时期工业增加值实际值 $X_t^{(1)}$：第 t 时期工业增加值一次指数平滑值 $X_t^{(2)}$：第 t 时期工业增加值二次指数平滑值 t：时序号 T：预测期与 t 时期间隔的时期 Y_{t+T}：第 $t+T$ 期工业增加值的预测值

四、用地需求预测方法

(一) 工业用地

根据《万亿工业强市行动计划》可知各园区类型，结合《广西壮族自治区建设用地控制指标（修订版）》，确定各园区产出强度指标范围，并根据现状确定产出强度。根据预测得到的工业增加值计算柳州市一主三新工业用地规模，结合柳州市一主三新工业化发展阶段的用地需求特点，得到工业用地需求结果。

(二) 城镇建设用地

城镇建设用地预测方法，见表 1 - 6 - 4。

表 1 - 6 - 4 城镇建设用地预测方法

方法	公式	备注
以人定地	1. 《广西城镇建设用地增加规模同吸纳农业转移人口落户数量挂钩工作实施细则》 2. 《城市用地分类与规划建设用地标准（GB50137 - 2011）》	人口折算： 户籍人口：按 1 个标准单位测算 居住半年以上的流动人口：按照 1 个标准单位城市建设用地测算 居住半年以下的流动人口：按照 0.65 测算 流量人口：按照 0.35 个单位标准测算

方法	公式	备注
以产定地	预测期城市建设用地规模=预测期工业用地预测规模/预测期工业用地占比	—
年均增量法	城镇用地规模=现状城镇建设用地规模+年均城镇建设用地变化量×规划年限	现状城镇建设用地规模：二调数据中城市建设用地规模与镇用地规模之和 规划年限：规划年末与规划年初之间相距的年份数 年均城镇建设用地变化量：根据土地数据，求出柳州市各县（区）2005~2009年历年城镇建设用地变化量

第一篇

柳州市人口发展现状

第二章

柳州市常住人口规模及城镇化现状分析

第一节 柳州市常住人口规模发展现状特征

一、市域常住人口发展现状特征

常住人口总量持续增长，城市承载能力进一步增强。2017 年末，柳州市常住人口总量为 400 万人，较 2010 年增加了 24.13 万人，占全区常住人口数（4885 万人）的 8.19%，排在全区第五位，居于南宁市（715.33 万人）、玉林市（581.08 万人）、桂林市（505.75 万人）和贵港市（437.54 万人）之后。从增长率来看，2011～2017年，增长率略有波动，在 7.9‰～10.4‰区间内变化，其中 2017 年增长率有所回升，与 2011 年相比，2017 年的增长率提高了 1.07 个千分点。经济发展的持续稳定，使得柳州市常住人口总量继续保持平稳的发展态势（见图 2－1－1、见图 2－1－2）。

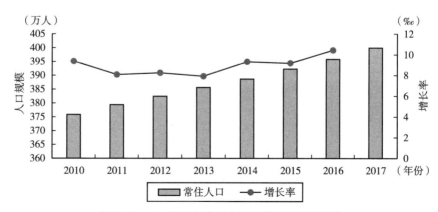

图 2－1－1 柳州市常住人口规模及增长率变化

资料来源：2011～2018 年柳州市统计年鉴。

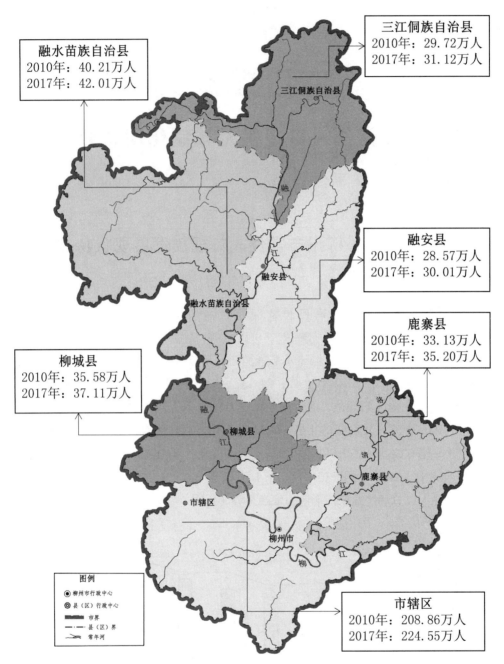

融水苗族自治县
2010年：40.21万人
2017年：42.01万人

三江侗族自治县
2010年：29.72万人
2017年：31.12万人

融安县
2010年：28.57万人
2017年：30.01万人

鹿寨县
2010年：33.13万人
2017年：35.20万人

柳城县
2010年：35.58万人
2017年：37.11万人

市辖区
2010年：208.86万人
2017年：224.55万人

图例
- ◉ 柳州市行政中心
- ◎ 县（区）行政中心
- ▬▬ 市界
- ▬ ▬ 县（区）界
- ⤳ 常年河

图 2 -1 -2 柳州市各县（区）常住人口规模变化

资料来源：2011~2018 年柳州市统计年鉴。

注：本书所有柳州市图件均使用国家标准地图作为底图，未对行政边界做任何修改，仅作为示意。

二、市辖区及各县常住人口发展现状特征

（一）市辖区常住人口发展现状特征

柳州市市辖区常住人口总量基本呈直线增长。2017 年年末，柳州市市辖区常住总人口数为 224.55 万人，相较于 2010 年的 208.86 万人，人口总量增长 15.69 万人，每年平均增长 2.24 万人，人口增长率较为稳定，基本维持在 8.3‰~12‰之间。市辖区常住人口占全市常住总人口 400 万的比重由 55.56% 增加到 56.13%。柳州市市辖区比桂林市市辖区（157.23 万人）总人口数多 67.32 万人，比南宁市市辖区（433.49 万人）少 208.94 万人，在广西传统三大城市中排在第二位（见图 2-1-3）。

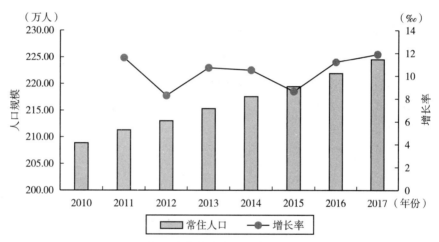

图 2-1-3　柳州市市辖区常住人口规模及增长率变化

资料来源：2011~2018 年柳州市统计年鉴。

（二）柳城县常住人口发展现状特征

柳城县常住人口总量呈上升趋势。2017 年年末柳城县常住总人口为 37.11 万人，比 2010 年增长了 1.73 万人，增长 3.19‰。增长幅度波动较小，其中，2017 年的增长幅度最大，增长率为 10.35‰，其余年份增长率均在 10‰以下（见图 2-1-4）。

（三）鹿寨县常住人口发展现状特征

鹿寨县常住人口总量保持增长态势。鹿寨县与柳东新区相邻，受到汽车城的辐射带动，发展与汽车产业息息相关的汽配产业，大力发展新型颜色材料以及发展茧丝绸产业，建设广西丝绸工业基地等。因为具备一定的产业发展基础，以及其与市

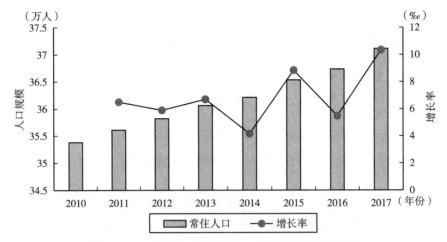

图 2 - 1 - 4　柳州市柳城县常住人口规模及增长率变化

资料来源：2011～2018 年柳州市统计年鉴。

区紧邻的位置优势，鹿寨县对人口的吸引能力相对其余各县较强。2010 年鹿寨县常住人口为 33.13 万人，2017 年常住人口总量为 35.20 万人，7 年间常住人口共增长 2.07 万人，年均增长率为 8.71‰，是各县中人口增加最多的省份。2012～2014 年人口增长率总体呈下降趋势，2015 年人口增长率上升至峰值 21.69‰后下降，2016～2017 年增长率回升（见图 2 - 1 - 5）。

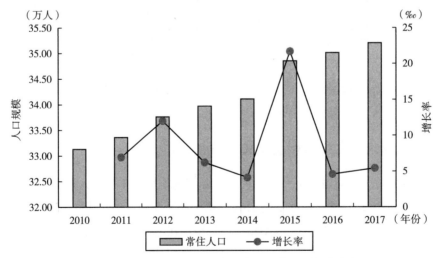

图 2 - 1 - 5　柳州市鹿寨县常住人口规模及增长率变化

资料来源：2011～2018 年柳州市统计年鉴。

（四）融安县常住人口发展现状特征

融安县常住人口总量持续增长。2017 年底常住总人口为 30.01 万人，2010～2017 年，常住总人口共增加了 1.44 万人，在此期间年均增长率最大值与最小值差值为 7.01‰，波动较大；其中在 2012 年、2015 年和 2017 年出现三个人口增长的小高峰，增长率分别为 8.70‰、9.24‰ 和 10.44‰，其余年份增长率均为 5‰ 上下浮动（见图 2-1-6）。

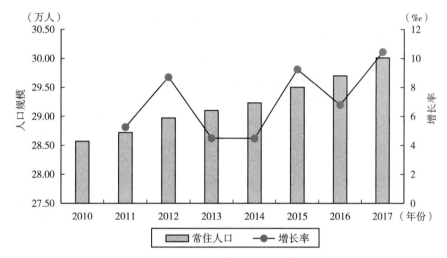

图 2-1-6 柳州市融安县常住人口规模及增长率变化

资料来源：2011～2018 年柳州市统计年鉴。

（五）融水苗族自治县常住人口发展现状特征

融水苗族自治县常住人口总量基本呈直线增长。截至 2017 年，融水苗族自治县常住人口数为 42.01 万人，相较于 2010 年的 40.21 万人，人口总量增长 1.8 万人，且增长幅度较为稳定，除 2013 年增长率较低外，2011～2017 年常住总人口年增长率均维持在 5‰ 以上，且在 2013 年后年增长率总体呈直线增长，7 年间，年均增长率为 6.2‰（见图 2-1-7）。

（六）三江侗族自治县常住人口发展现状特征

三江侗族自治县常住人口总量呈现上升趋势。2010 年三江侗族自治县常住人口为 29.72 万人，至 2017 年常住人口上升至 31.12 万人，7 年内增加 1.40 万人，年平均增长 0.20 万人。2010～2017 年，年均增长率为 6.6‰，且增长率基本维持在 5‰ 以上（见图 2-1-8）。

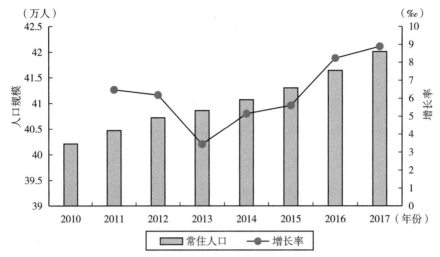

图2-1-7　柳州市融水苗族自治县常住人口规模及增长率变化

资料来源：2011～2018年柳州市统计年鉴。

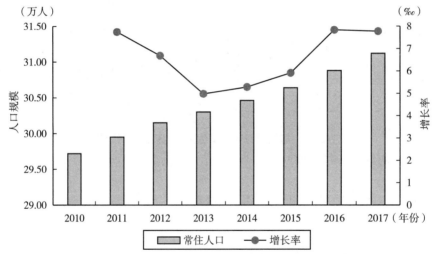

图2-1-8　柳州市三江侗族自治县常住人口规模及增长率变化

资料来源：2011～2018年柳州市统计年鉴。

三、一主三新常住人口发展现状特征（见图2-1-9）

（一）主城区常住人口发展现状特征

主城区常住人口总量呈上升趋势。2016年，《柳州市近期建设规划（2016-2020）》确立"一江两岸、一主三新、多点支撑"的发展布局，其中"一主"为市中心城区，"三新"分别为柳东新区、柳江区（拉堡新兴组团）、北部生态新区，是柳州市未来十年乃至更长时间发展的主战场。主城区交通较为便利，公共服务设

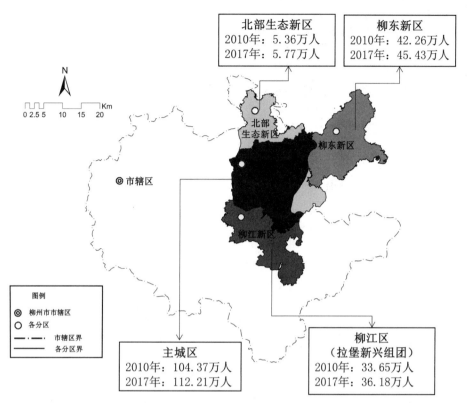

图 2-1-9 柳州市一主三新常住人口规模变化

资料来源：2011~2018 年柳州市统计年鉴及柳州市公安局。

注：图 2-1-9 的底图由广西国土资源规划设计集团有限公司（原广西国土资源规划院）提供。

施、商业服务较为完善，是人口集聚的主要区域，2017 年末主城区常住总人口为 112.21 万人，比 2010 年增长了 7.84 万人，年均增长率为 10.4‰（见图 2-1-10）。

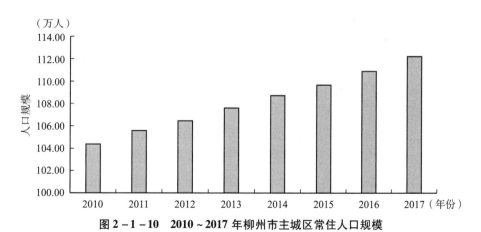

图 2-1-10 2010~2017 年柳州市主城区常住人口规模

资料来源：2011~2018 年柳州市统计年鉴及柳州市公安局。

（二）柳江区（拉堡新兴组团）常住人口发展现状特征

柳江区（拉堡新兴组团）常住人口总量持续增长。柳江区（拉堡新兴组团）是柳州市未来人口和产业转移承接区，其主导产业为物流、居住及商贸，致力于打造优美宜居的新城区，吸引着其他地区和柳州老城区的居民。2010～2017 年，常住总人口共增加了 2.53 万人，2017 年底常住总人口为 36.18 万人。在此期间，常住人口增长率略有波动，2011 年与 2017 年出现两个人口增长高峰，增长率分别为11.59‰和11.90‰（见图 2-1-11）。

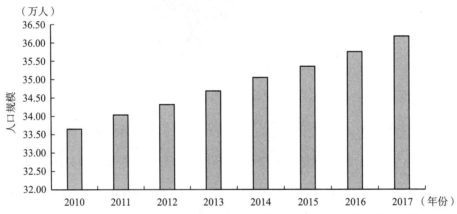

图 2-1-11　2010～2017 年柳州市柳江区（拉堡新兴组团）常住人口规模

资料来源：2011～2018 年柳州市统计年鉴及柳州市公安局。

（三）柳东新区常住人口发展现状特征

柳东新区以"南建北扩，东进西连，中心提升"为近期建设策略，坚持"产城融合"的发展道路，不断提升柳州汽车城的辐射能力和打造三门江门户体育休闲、金融总部、商务会展贸易区。2010～2017 年常住人口总量不断增长，且基本保持直线增长。2017 年柳东新区常住人口为 45.43 万人，比 2010 年增加了 3.17 万人。由增长率来看，其增长速度基本平稳，但在未来的一定时期内，柳东新区在吸引人口就业、支持柳州经济发展方面有着不可轻视的作用，人口增长率会有所上升（见图 2-1-12）。

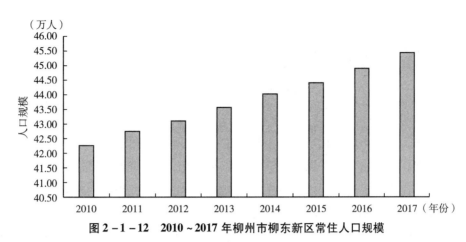

图 2-1-12　2010～2017 年柳州市柳东新区常住人口规模

资料来源：2011～2018 年柳州市统计年鉴及柳东新区管委会。

（四）北部生态新区常住人口发展现状特征

北部生态新区于 2016 年筹建，2017 年正式挂牌成立，是广西首个以"生态"为主题的新区，主要建设目标为广西智能制造产业城、国家级经济技术开发区和国家级生态新区。北部生态新区 2010～2017 年的常住人口处于增长状态，但相对于一主三新其他区域来说，常住人口较少，增长速率较慢。2010 年，常住人口总量为 5.36 万人，截至 2017 年，常住人口总量上升至 5.77 万人，7 年间常住人口总量仅增长 0.41 万人。但北部生态新区是柳州集聚战略性新兴产业和城镇化发展人口集聚的主要区域，又是柳州中心城区和汽车城向北纵深发展的后备地，其后期发展需要有高端科技人才和服务业等行业人才的注入，以支撑新区的产业发展，在实现宜居宜业宜游的生态新区的过程中对人口的吸引有着巨大的潜力（见图 2-1-13）。

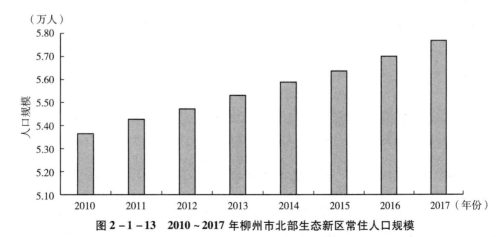

图 2-1-13　2010～2017 年柳州市北部生态新区常住人口规模

资料来源：2011～2018 年柳州市统计年鉴、《柳州市北部生态新区建设总体规划》。

第二节　常住人口视角下柳州市城镇化率与城镇人口发展现状特征

近年来，柳州市城镇化发展以小城镇建设、文明生态村创建、示范小城镇建设为主攻方向，探索出了一条以土地资源整合为龙头，实现资源配置；以产业结构调整为依托，实现经济发展；以人口生活方式转变为主旨，实现人的生活质量提高的城镇化发展路线。柳州目前常住人口城镇化率位于全区第一位，城镇化率不断提升，城镇发展形势良好。柳州市市域、市辖区及各县常住城镇人口数据来自 2011～2018 年《柳州市统计年鉴》，其中一主三新常住城镇人口数据根据全国第六次人口普查数据、柳东新区管委会数据、《柳州市北部生态新区建设总体规划》等统计得出。

一、市域常住人口城镇化率与城镇人口发展现状特征

柳州市市域常住人口城镇化进程呈现上升趋势。2010 年柳州市市域的城镇化率为 55.05%，经过 7 年的发展，2017 年的城镇化率上升至 64.01%，对比城镇化发展的三个阶段可知，柳州市市域的城镇化水平 7 年来一直处于高速增长阶段，未来一段时期柳州市市域内城镇化与工业化将成为地区经济社会增长的重要推动力。2017 年年末，广西常住人口城镇化率为 49.21%，柳州市已超过区内城镇化水平。2017 年柳州市市域城镇化率比 2010 年城镇化率增加了 8.96 个百分点，年均增加 1.28 个百分点，城镇化发展速度较快，2010～2017 年的城镇化率年均增长率为 2.18%。

柳州市市域常住城镇人口总量呈现上升趋势，增幅整体趋于平稳。2010 年柳州市市域城镇人口为 206.92 万人，2017 年柳州市市域的城镇人口已经达 256.03 万人。与 2010 年同期相比，城镇人口增加了 49.11 万人，每年平均增长 7.02 万人，2010～2017 年常住城镇人口年均增长率为 3.09%（见图 2-2-1）。

二、市辖区及各县常住人口城镇化率与城镇人口发展现状特征

（一）市辖区常住人口城镇化率与城镇人口发展现状特征

柳州市市辖区常住人口城镇化进程有一定的波动性，但总体保持上升趋势。随着经济发展水平的提高，2010 年柳州市市辖区的城镇化进程迈入成熟阶段，城镇化率为 78.16%，2017 年柳州市市辖区城镇化率达到 84.23%，城镇人口在常住人口

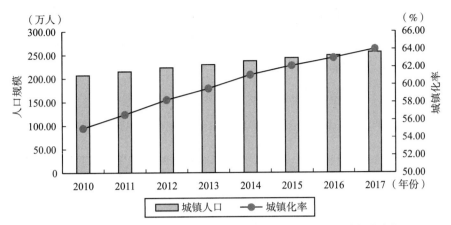

图 2-2-1 2010~2017 年柳州市市域城镇人口规模及城镇化率变化

资料来源：2011~2018 年柳州市统计年鉴。

中的比重越来越高。与 2010 年同期相比，城镇化率增加了 6.07 个百分点，年均增长 0.87 个百分点，2010~2017 年的城镇化率年均增长率为 1.07%。

柳州市市辖区常住城镇人口总量呈现上升趋势。2010 年柳州市市辖区城镇人口为 163.25 万人，2017 年城镇人口上升至 189.14 万人，7 年内增加了 25.89 万人，每年平均增长 3.70 万人，2010~2017 年常住城镇人口年均增长率为 2.13%（见图 2-2-2）。

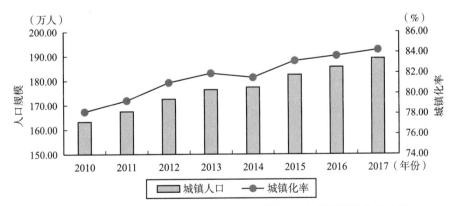

图 2-2-2 2010~2017 年柳州市市辖区城镇人口规模及城镇化率变化

资料来源：2011~2018 年柳州市统计年鉴。

（二）柳城县常住人口城镇化率与城镇人口发展现状特征

柳城县常住人口城镇化进程发展趋于平缓，常住城镇人口总量增幅不大。2010 年柳城县城镇化进程迈入快速发展阶段，城镇人口为 11.17 万人，城镇化率为 31.57%，2017 年柳城县城镇人口上升至 15.90 万人，城镇化率为 42.85%，城镇化水平在全市 5 个县中排名第二, 次于鹿寨县。2010~2017 年, 柳城县城镇人口增加了 4.73 万人, 年均增长 0.68 万人, 常住城镇人口年均增长率为 5.17%; 城镇化率增加了 11.27 个百分点, 年均增长 1.61 个百分点, 7 年间年均增长率为 4.46%, 城镇化发展水平较快 (见图 2-2-3)。

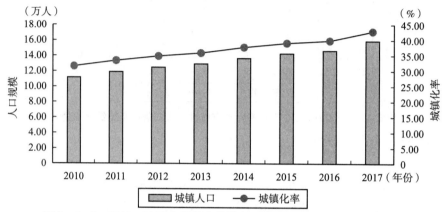

图 2-2-3　2010~2017 年柳州市柳城县城镇人口规模及城镇化率变化

资料来源: 2011~2018 年柳州市统计年鉴。

(三) 鹿寨县常住人口城镇化率与城镇人口发展现状特征

鹿寨县常住人口城镇化进程先快后稳, 常住城镇人口总量整体呈上升趋势。2010~2017 年, 在社会经济发展的带动下, 鹿寨县的城镇化进程明显加速。2010 年鹿寨县城镇人口为 10.29 万人, 城镇化率为 31.06%, 2017 年城镇人口上升至 16.57 万人, 城镇化率为 47.07%, 城镇化水平位居柳州市 5 个县之首。与 2010 年相比, 鹿寨县城镇人口增加了 6.28 万人, 每年平均增长 0.90 万人, 常住城镇人口年均增长率为 7.04%; 城镇化率增加了 16.01 个百分点, 年均增长 2.29 个百分点, 城镇化率年均增长率为 6.12% (见图 2-2-4)。

(四) 融安县常住人口城镇化率与城镇人口发展现状特征

融安县常住人口城镇化率保持稳步增长, 常住城镇人口总量增幅不大。2010 年融安县常住城镇人口为 8.35 万人, 城镇化率为 29.24%。随着城镇化规模的不断扩大, 城镇化水平持续提高, 2011 年融安县城镇化进程迈入快速发展阶段, 2017 年城镇人口上升为 11.41 万人, 城镇化率为 38.02%。7 年内常住城镇人口增加了 3.06 万人, 每年平均增长 0.44 万人, 常住城镇人口年均增长率为 4.56%; 城镇化率提高了 8.78 个百分点, 年均提高 1.25 个百分点, 2010~2017 年的城镇化率年均增长率为 3.82% (见图 2-2-5)。

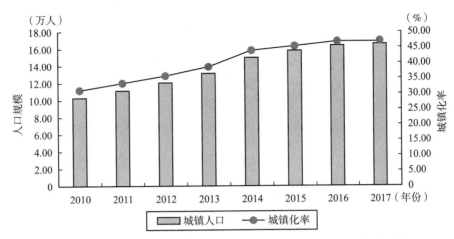

图 2 - 2 - 4　2010～2017 年柳州市鹿寨县城镇人口规模及城镇化率变化

资料来源：2011～2018 年柳州市统计年鉴。

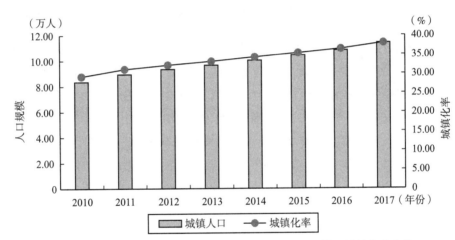

图 2 - 2 - 5　2010～2017 年柳州市融安县城镇人口规模及城镇化率变化

资料来源：2011～2018 年柳州市统计年鉴。

（五）融水苗族自治县常住人口城镇化率与城镇人口发展现状特征

融水苗族自治县常住人口城镇化率持续提高，常住城镇人口总量平稳增长。2010 年融水苗族自治县常住城镇人口为 9.43 万人，城镇化率为 23.46%，处于城镇化进程的低速增长阶段。"十二五"时期，融水苗族自治县经济社会发展取得巨大成就，综合实力显著增强。2015 年进入高速增长阶段，2017 年常住城镇人口达到 14.57 万人，城镇化率 34.68%。2010～2017 年，融水苗族自治县常住城镇人口增加了 5.14 万人，每年平均增长 0.73 万人，年均增长率为 6.41%；城镇化率提高了 11.22 个百分点，年均提高 1.60 个百分点，2010～2017 年的城镇化率年均增长率为 5.74%（见图 2 - 2 - 6）。

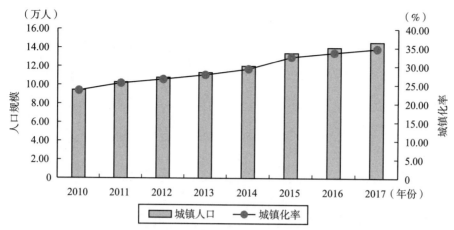

图 2 - 2 - 6　2010 ~ 2017 年柳州市融水苗族自治县城镇人口规模及城镇化率变化

资料来源：2011 ~ 2018 年柳州市统计年鉴。

（六）三江侗族自治县常住人口城镇化率与城镇人口发展现状特征

三江侗族自治县常住人口城镇化率呈直线上升，常住城镇人口总量持续增长。2010 年三江侗族自治县常住城镇人口和城镇化率分别为 4.41 万人和 14.84%，7 年来，经济规模缓慢扩张，至 2017 年，三江侗族自治县城镇人口上升为 8.44 万人，城镇化率提高到 27.12%，增长潜力大。与 2010 年相比，2017 年三江侗族自治县常住城镇人口增加了 4.03 万人，每年平均增长 0.58 万人，常住城镇人口年均增长率为 9.72%；城镇化率提高了 12.28 个百分点，年均提高 1.75 个百分点，城镇化率年均增长率为 9.00%（见图 2 - 2 - 7）。

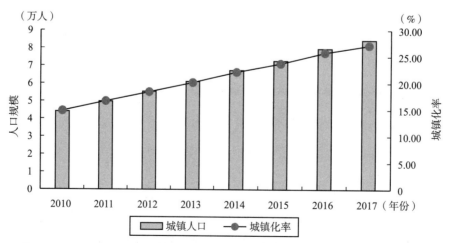

图 2 - 2 - 7　2010 ~ 2017 年柳州市三江侗族自治县城镇人口规模及城镇化率变化

资料来源：2011 ~ 2018 年柳州市统计年鉴。

三、一主三新常住人口城镇化率与城镇人口发展现状特征

(一) 主城区常住人口城镇化率与城镇人口发展现状特征

柳州市主城区常住人口城镇化进程呈缓慢上升趋势,常住城镇人口总量增长较快。2010 年和 2016 年柳州市主城区城镇化率分别为 89.85% 和 98.31%,6 年间增加了 8.46 个百分点,年均增长 1.41 个百分点,年均增长率为 1.51%。2010 年柳州市主城区城镇人口为 93.78 万人,2016 年城镇人口上升至 109.02 万人,6 年内增加了 15.24 万人,每年平均增长 2.54 万人,2010~2016 年常住城镇人口年均增长率为 2.54% (见图 2-2-8)。

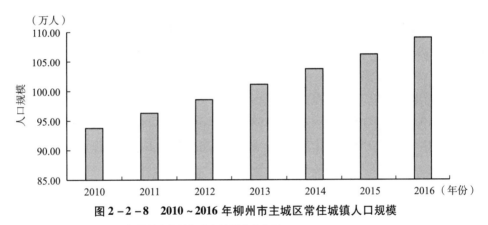

图 2-2-8 2010~2016 年柳州市主城区常住城镇人口规模

资料来源:2010~2017 年柳州市统计年鉴和柳州市公安局。

(二) 柳江区 (拉堡新兴组团) 常住人口城镇化率与城镇人口发展现状特征

柳州市柳江区 (拉堡新兴组团) 常住人口城镇化进程趋于稳定,常住城镇人口总量稳步增长。2010 年和 2016 年柳州市柳江区 (拉堡新兴组团) 城镇化率分别为 65.93% 和 84.55%,6 年间增加了 18.62 个百分点,年均增长 3.10 个百分点,2010~2016 年的城镇化率年均增长率为 4.23%。2010~2016 年柳州市柳江区 (拉堡新兴组团) 城镇人口由 22.18 万人上升至 30.23 万人,6 年内增加了 8.05 万人,每年平均增长 1.34 万人,2010~2016 年常住城镇人口年均增长率为 5.29% (见图 2-2-9)。

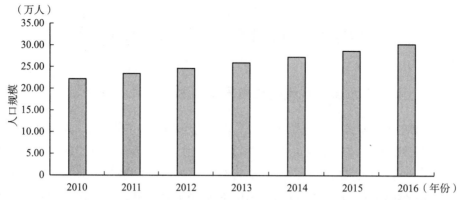

图 2 - 2 - 9 2010 ~ 2016 年柳州市柳江区（拉堡新兴组团）常住城镇人口规模

资料来源：2011 ~ 2017 年柳州市统计年鉴和柳州市公安局。

（三）柳东新区常住人口城镇化率与城镇人口发展现状特征

柳州市柳东新区常住人口城镇化率加速上升，常住城镇人口总量持续增长。2010 年和 2016 年柳州市柳东新区城镇化率分别为 48.31% 和 77.95%，6 年间增加了 29.64 个百分点，年均增长 4.94 个百分点，年均增长率为 8.30%，是年均增长率最高的新区。2010 年柳州市柳东新区城镇人口为 20.42 万人，2016 年城镇人口上升至 35.00 万人，6 年内增加了 14.58 万人，每年平均增长 2.43 万人，2010 ~ 2016 年常住城镇人口年均增长率为 9.40%（见图 2 - 2 - 10）。

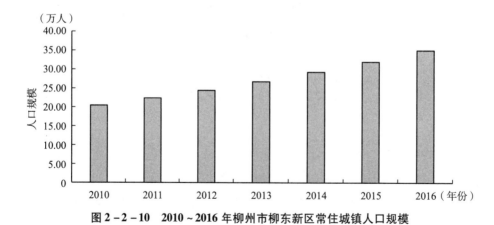

图 2 - 2 - 10 2010 ~ 2016 年柳州市柳东新区常住城镇人口规模

资料来源：2011 ~ 2017 年柳州市统计年鉴和柳东新区管委会统计数据。

（四）北部生态新区常住人口城镇化率与城镇人口发展现状特征

柳州市北部生态新区常住人口城镇化率缓慢下降，常住城镇人口总量持续上升。2010 年和 2016 年柳州市北部生态新区城镇化率分别为 44.40% 和 44.26%，6

年间减少了 0.14 个百分点,年均减少 0.02 个百分点,2010～2016 年的城镇化率年均增长率为 -0.05%。2010 年柳州市北部生态新区城镇人口为 2.38 万人,2016年城镇人口上升至 2.52 万人,6 年内增加了 0.14 万人,每年平均增长 0.02 万人,2010～2016 年常住城镇人口年均增长率为 0.96%(见图 2-2-11)。

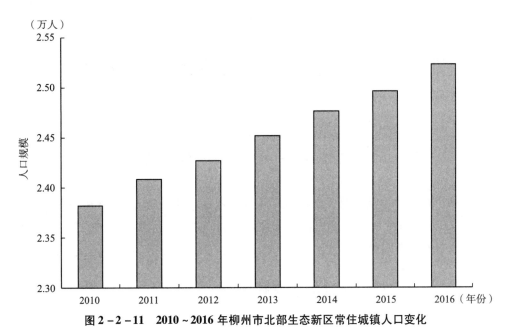

图 2-2-11　2010～2016 年柳州市北部生态新区常住城镇人口变化

资料来源:2011～2017 年柳州市统计年鉴和《柳州市北部生态新区建设总体规划》统计数据。

第三章

柳州市户籍人口规模及城镇化现状分析

■ 第一节 柳州市户籍人口规模发展现状特征

柳州市市域、市辖区及各县户籍人口数据来自2003～2018年《柳州市统计年鉴》，2002～2016年一主三新户籍人口数据依据一主三新行政区域的划分，统计柳州市公安局户籍人口数据得出。

一、柳州市户籍人口发展现状特征

柳州市户籍人口总量增长有一定的波动性，但总体保持上升趋势。从人口规模来看，2002年柳州市户籍总人口为348.51万人，2017年增长到386.60万人，人口共增长了38.09万人，年均增长2.54万人，年均增长率为6.94‰。从增长率来看，柳州市户籍人口增长率波动性极大，其中2012年柳州市户籍人口增长率为－6.67‰，为2002～2017年最低值；2010年和2015年户籍人口增长率出现两个增长小高峰，分别是13.95‰和15.01‰（见图3－1－1、图3－1－2）。

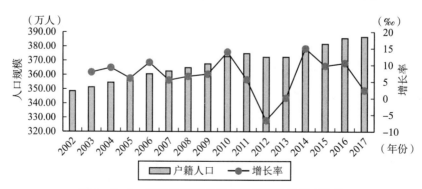

图3－1－1 柳州市市域户籍人口规模及增长率变化

资料来源：2003～2018年柳州市统计年鉴。

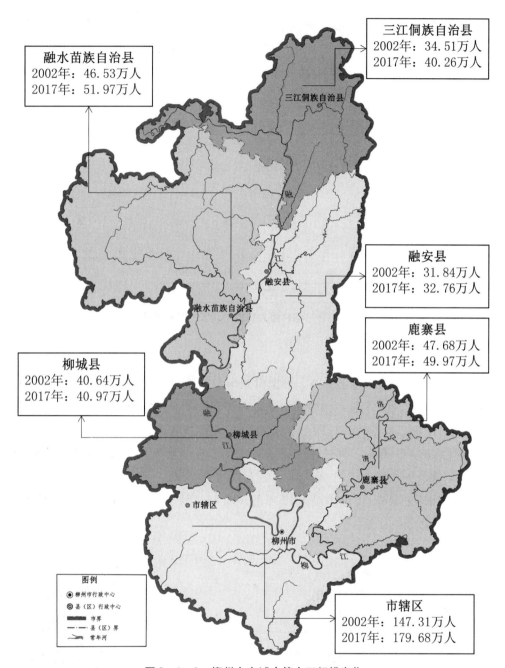

图 3 – 1 – 2 柳州市市域户籍人口规模变化

资料来源：2003 ~ 2018 年柳州市统计年鉴。

自然增长率与机械增长率逐渐提升。柳州市人口自然增长率波动较大，2010 ~ 2017 年自然增长率均值为 7.39‰。2012 年起实行"单独"二孩政策后，人口自然增长率提升，2016 年起实行"全面二孩"政策，虽在统计数据中未能体现"全面二孩"政策对人口发展的积极作用，但由"单独二孩"政策实施后，自然增长率逐渐提高可看出,"全面二孩"政策会为自然增长率带来新的增长。全市机械增长率基本维持稳定,但在2013年后逐渐提速,人口流入速度快(见图3-1-3)。

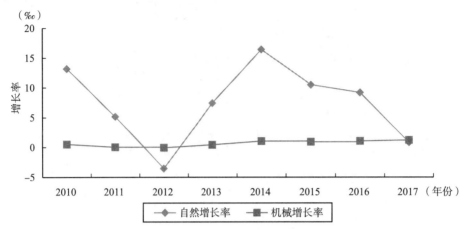

图3-1-3 柳州市市域户籍人口自然增长率与机械增长率变化

资料来源:2011~2018年柳州市统计年鉴。

户籍人口性别结构趋于平衡。根据柳州市户籍人口数据显示,2010年与2017年柳州市男女比例变化不大。2010年全市户籍人口中,男性为193.10万人,占总人口的51.81%;女性为179.59万人,占总人口的48.19%。2017年全市户籍人口中男性为199.70万人,同比增加6.60万人,占户籍人口的51.65%;女性为186.90万人,同比增加7.31万人,占总人口的48.35%。柳州市户籍人口男女性别比由2010年的107.52缩小至2017年的106.85,处于国际公认的人口性别比正常范围(见图3-1-4)。

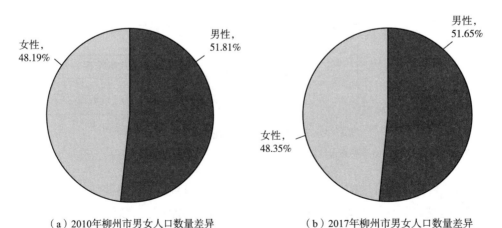

(a)2010年柳州市男女人口数量差异　　(b)2017年柳州市男女人口数量差异

图3-1-4 2010年与2017年柳州市市域男女人口数量对比

资料来源:2011~2018年柳州市统计年鉴。

柳州市人口年龄构成。2012 年"单独二孩"政策实施后，随着出生人口的逐渐增多，18 岁以下的人口比例逐渐回升，2017 年柳州市户籍人口中 18 岁以下人口总量为 78.93 万人，占户籍人口比重为 21.19%，可见"单独二孩"政策对人口结构产生了积极的影响。但由表 3 - 1 - 1 可知，60 岁以上的老龄人口比例逐渐提升，与 2012 年 60 岁以上人口总量 56.74 万人相比，2017 年增加至 64.59 万人，共增加了 7.85 万人，比重提高 2.09 个百分点，人口老龄化的趋势也逐渐开始显现，这会对未来的人口增长产生消极的影响。

表 3 - 1 - 1　　　　　　2012 ~ 2017 年柳州市市域年龄占比变化统计　　　单位：%

年份	18 岁以下占比	18 ~ 34 岁占比	35 ~ 59 岁占比	60 岁以上占比
2012	18.38	27.67	38.71	15.24
2013	18.70	26.88	38.39	16.03
2014	19.65	25.52	38.28	16.56
2015	19.65	24.09	37.87	18.08
2016	20.41	23.71	38.38	17.49
2017	21.19	22.84	38.65	17.33

资料来源：2011 ~ 2018 年柳州市统计年鉴。

二、市辖区及各县户籍人口发展现状特征

（一）市辖区户籍人口规模变化情况

市辖区户籍人口总量稳定增长。从人口规模来看，2002 年柳州市市辖区户籍人口为 147.31 万人，2017 年增长到 179.68 万人，户籍人口年均增长 2.16 万人，年均增长率为 13.33‰。从增长率来看，2011 年户籍人口增长率出现增长高峰，达到 59.86‰，其余年份增长率均在 10‰左右波动（见图 3 - 1 - 5）。

（二）柳城县户籍人口规模变化情况

柳城县户籍人口总量波动性较大。从人口总量来看，2002 年柳城县户籍人口有 40.64 万人，2017 年人口总量为 40.97 万人，近 15 年来，人口共增长 0.33 万人，年均增长 0.02 万人，年均增长率为 0.55‰。从增长率来看，2010 年增长率达到峰值，为 15.89‰，2013 年增长率下降到最低值，为 -11.58‰（见图 3 - 1 - 6）。

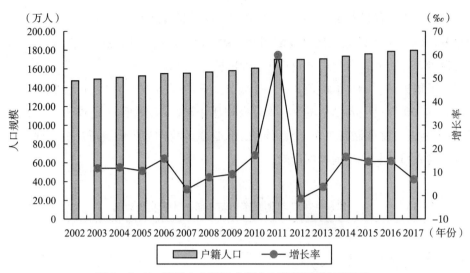

图3-1-5 柳州市市辖区户籍人口规模及增长率变化

资料来源：2003~2018年柳州市统计年鉴。

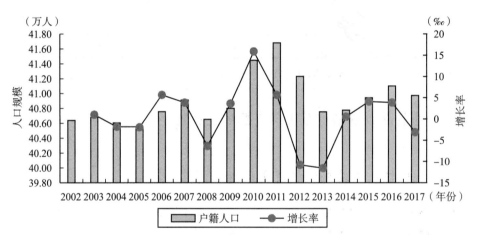

图3-1-6 柳州市柳城县户籍人口规模及增长率变化

资料来源：2003~2018年柳州市统计年鉴。

自然增长率波动较大，机械增长率呈下降趋势。柳城县人口自然增长率最大值为2010年的17.52‰，最小值为2012年的-1.22‰，2010~2017年自然增长率均值为7.42‰。柳城县机械增长率呈下降趋势，并且均小于-1‰，2010年机械增长率为-1.29‰，2016年机械增长率为-3.47‰，2010~2017年机械增长率平均值为-2.10‰，年均机械增长率下降（见图3-1-7）。

柳城县人口年龄占比。2012~2017年，除18~34岁的人口占比逐渐降低外，其余三个年龄段人口占比逐渐增大，其中60岁以上年龄人口占比变化最大。与2012年相比，2017年18岁以下人口增加至8.04万人，占比提高1.82个百分点，

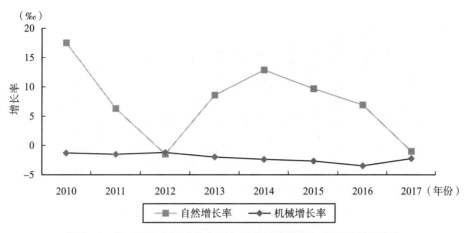

图 3 – 1 – 7   柳州市柳城县户籍人口自然增长率与机械增长率变化

资料来源：2011~2018 年柳州市统计年鉴。

18~34 岁人口下降至 12.25 万人，占比下降 4.32 个百分点，35~59 岁人口增加至 15.66 万人，占比提高 0.6 个百分点，60 岁以上人口增加至 6.87 万人，占比提高 2.1 个百分点（如表 3 – 1 – 2 所示）。

表 3 – 1 – 2 　　　　　　　**2012~2017 年柳州市柳城县年龄占比变化统计**　　　　单位：%

年份	18 岁以下占比	18~34 岁占比	35~59 岁占比	60 岁以上占比
2012	17.80	29.71	37.82	14.67
2013	18.16	29.18	37.30	15.37
2014	18.70	28.02	37.43	15.85
2015	18.70	27.18	37.67	16.45
2016	18.93	26.34	37.77	16.96
2017	19.62	25.39	38.22	16.77

资料来源：2011~2018 年柳州市统计年鉴。

（三）鹿寨县户籍人口规模变化情况

鹿寨县户籍人口规模增长出现断层。从人口规模来看，2002 年鹿寨县户籍人口总量为 47.68 万人，2017 年户籍人口总量为 40.97 万人，在此期间户籍总人口共减少了 6.72 万人，2011 年相对于 2010 年人口开始减少，出现了断层现象，2011~2017 年，户籍人口总量大体保持增长趋势。从增长率来看，2003 年鹿寨县户籍人口增长率为 11.06‰，2017 年增长率为 – 3.77‰。2010 年鹿寨县户籍人口增长率达到峰值，为 15.13‰，2011 年达到最低值，为 – 165.28‰（见图 3 – 1 – 8）。

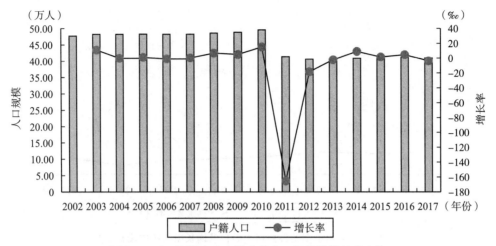

图3-1-8　柳州市鹿寨县户籍人口规模及增长率变化

资料来源：2003~2018年柳州市统计年鉴。

　　自然增长率波动较大，机械增长率呈下降趋势。2010~2017年鹿寨县人口自然增长率波动较大，其中最大值为2010年的16.97‰，最小值为2012年的-20.34‰，2010~2017年自然增长率均值为4.99‰，分时段来看，2010~2012年自然增长率呈下降趋势，2013~2014年呈上升趋势，2014年后又呈下降趋势。鹿寨县机械增长率均为负数，2010年机械增长率为-1.02‰，2017年机械增长率为-2.83‰，2010~2017年年均机械增长率为-2.40‰（见图3-1-9）。

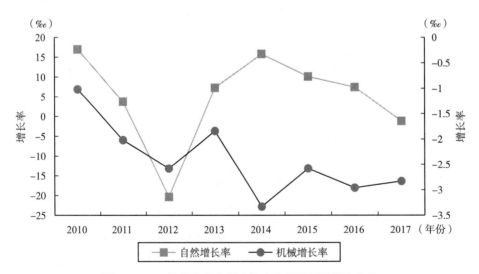

图3-1-9　柳州市鹿寨县户籍人口规模及增长率变化

资料来源：2013~2018年柳州市统计年鉴。

　　鹿寨县户籍人口年龄占比。2012~2017年，鹿寨县18岁以下的人口占比逐渐增大，从 2012 年的 18.65% 提高至 2017 年的 21.12%，占比提高 2.47 个百分点，人口占比明显提升。18~34 岁的人口占比逐渐降低，从 2012 年的 29.49% 降低至 2017 年的 23.69%，占比下降 5.8 个百分点。35~59 岁的人口占比总体逐渐增大，占比提高 0.99 个百分点，60 岁以上的人口逐渐增大，人口占比提高 2.34 个百分点（如表 3-1-3 所示）。

表 3-1-3　　　　　**2012~2017 年柳州市鹿寨县年龄占比变化统计**　　　单位：%

年份	18 岁以下占比	18~34 岁占比	35~59 岁占比	60 岁以上占比
2012	18.65	29.49	37.73	14.13
2013	18.51	28.64	37.87	14.98
2014	19.59	26.88	37.88	15.65
2015	19.91	25.73	38.10	16.26
2016	20.36	24.71	38.32	16.62
2017	21.12	23.69	38.72	16.47

资料来源：2011~2018 年柳州市统计年鉴。

（四）融安县户籍人口规模变化情况

融安县户籍人口总量波动性极大，但总体处于增长趋势。从人口总量来看，2002 年户籍总人口为 31.84 万人，2017 年户籍总人口为 32.76 万人，15 年来户籍人口共增加了 0.91 万人，年均增长 0.06 万人，年均增长率为 1.89‰。从增长率来看，2004 年和 2014 年分别出现人口增长小高峰，年增长率分别为 14.09‰ 和 20.77‰，2012 年出现增长率最低值，为 -27.61‰（见图 3-1-10）。

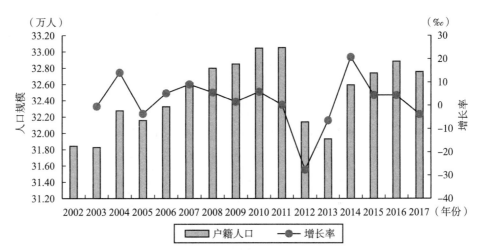

图 3-1-10　柳州市融安县户籍人口规模及增长率变化

资料来源：2003~2018 年柳州市统计年鉴。

　　自然增长率波动较大，机械增长率均为负数。2010～2017 年融安县人口自然增长率波动较大，其中最大值为 2010 年的 16.97‰，最小值为 2012 年的 –20.34‰，2010～2017 年自然增长率均值为 5.14‰。融安县机械增长率先降后增，机械增长率均为负数，2010 年机械增长率为 –3.49‰，2017 年机械增长率为 –4.27‰，2010～2017 年年均机械增长率为 –2.63‰（见图 3 –1 –11）。

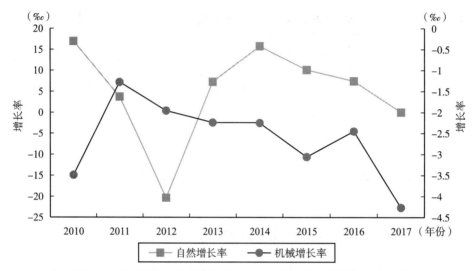

图 3 –1 –11　柳州市融安县户籍人口自然增长率与机械增长率变化

资料来源：2013～2018 年柳州市统计年鉴。

　　融安县户籍人口年龄占比。2012～2017 年，融安县 18 岁以下的人口占比逐渐增大，提高 3.24 个百分点，是人口占比提升明显的年龄段。18～34 岁的人口占比从 2012 年的 28.35% 下降到 2017 年的 24.00%，下降 4.35 个百分点，35～59 岁的人口占比总体逐渐下降，从 2012 年的 38.48% 下降到 2017 年的 38.07%，下降0.41 个百分点，60 岁以上的人口占比从 2012 年的 17.17% 上升到 2017 年的18.69%，占比提高 1.52 个百分点（如表 3 –1 –4 所示）。

表 3 –1 –4	2012～2017 年柳州市融安县年龄占比变化统计		单位：%	
年份	18 岁以下占比	18～34 岁占比	35～59 岁占比	60 岁以上占比
2012	16.00	28.35	38.48	17.17
2013	16.99	28.27	37.86	16.89
2014	18.36	26.66	37.51	17.47
2015	18.61	25.69	37.53	18.16

年份	18 岁以下占比	18~34 岁占比	35~59 岁占比	60 岁以上占比
2016	18.74	24.99	37.62	18.65
2017	19.24	24.00	38.07	18.69

资料来源：2013~2018 年柳州市统计年鉴。

（五）融水苗族自治县户籍人口规模变化情况

融水苗族自治县户籍人口总量基本呈持续增长趋势。截至 2017 年，融水苗族自治县户籍总人口为 51.97 万人，相较于 2002 年的 46.53 万人，户籍人口总量增长 5.43 万人。从人口增长率来看，融水苗族自治县户籍人口增长率波动性较大，在 -11.03‰~23.99‰ 的区间内波动（见图 3-1-12）。

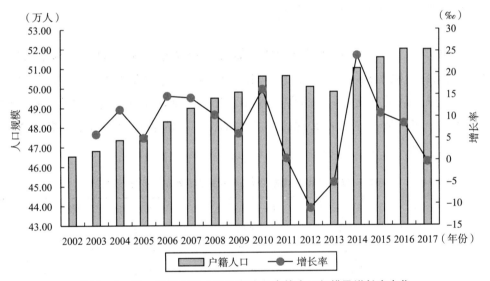

图 3-1-12　柳州市融水苗族自治县户籍人口规模及增长率变化

资料来源：2003~2018 年柳州市统计年鉴。

自然增长率波动较大，机械增长率均为负数。2010~2017 年融水苗族自治县人口自然增长率波动较大，其中最大值为 2014 年的 24.44‰，最小值为 2012 年的 -3.01‰，2010~2017 年自然增长率均值为 8.38‰。融水苗族自治县机械增长率均为负数，2010 年机械增长率为 -1.98‰，2017 年机械增长率为 -2.22‰，2010~2017 年年均机械增长率为 -1.4‰（见图 3-1-13）。

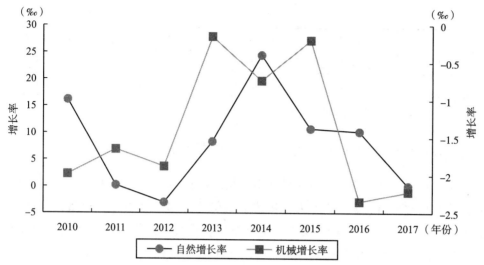

图 3 - 1 - 13　柳州市融水苗族自治县户籍人口自然增长率与机械增长率变化

资料来源：2011 ~ 2018 年柳州市统计年鉴。

融水苗族自治县户籍人口年龄占比。2012 ~ 2017 年，融水苗族自治县除 18 ~ 34 岁的人口占比逐渐降低外，其余三个阶段年龄人口占比总体逐渐上升，其中 18 岁以下的人口占比变化最大，提高 1.99 个百分点，而 18 ~ 34 岁人口占比下降 3.83 个百分点，35 ~ 59 岁人口占比提高 1.37 个百分点，60 岁以上人口占比提高 0.41 个百分点（如表 3 - 1 - 5 所示）。

表 3 - 1 - 5　　**2012 ~ 2017 年柳州市融水苗族自治县年龄占比变化统计**　　　单位：%

年份	18 岁以下占比	18 ~ 34 岁占比	35 ~ 59 岁占比	60 岁以上占比
2012	21.24	27.92	36.13	14.71
2013	21.12	27.77	36.36	14.74
2014	22.24	26.25	36.42	15.08
2015	22.50	25.37	36.73	15.40
2016	22.72	24.78	36.88	15.62
2017	23.23	24.09	37.50	15.18

资料来源：2013 ~ 2018 年柳州市统计年鉴。

（六）三江侗族自治县户籍人口规模变化情况

三江侗族自治县户籍人口总量呈现上升趋势。2002 年三江侗族自治县户籍人口总量为 34.51 万人，2017 年户籍人口上升至 40.26 万人，15 年内增加 5.75 万人。2004 年人口增长率达到 15.82‰的峰值，而最低值出现在 2010 年，为 0.91‰（见图 3 - 1 - 14）。

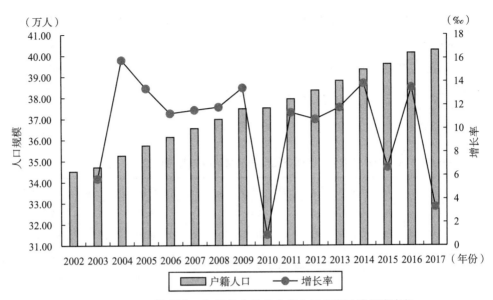

图3-1-14　柳州市三江侗族自治县户籍人口规模及增长率变化

资料来源：2003~2018年柳州市统计年鉴。

　　自然增长率波动较大，机械增长率均为负数。2010~2017年三江侗族自治县人口自然增长率波动较大，其中最大值为2014年的19.82‰，最小值为2010年的1.77‰，2010~2017年自然增长率均值为11.04‰，整体自然增长率呈增长的趋势。7年来，三江侗族自治县机械增长率均为负数，2010年机械增长率为-0.75‰，2017年机械增长率为-1.68‰，2010~2017年年均机械增长率为-1.02‰（见图3-1-15）。

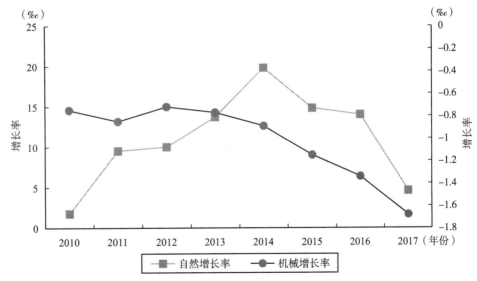

图3-1-15　柳州市三江侗族自治县户籍人口自然增长率与机械增长率变化

资料来源：2011~2018年柳州市统计年鉴。

三江侗族自治县户籍人口年龄占比。2012～2017 年，三江侗族自治县除 18～34 岁的人口占比逐渐降低外，其余三个年龄段人口占比逐渐提高。7 年内，18 岁以下人口占比提高 3.15 个百分点，18～34 岁人口占比下降 4.73 个百分点，35～59 岁人口占比提高 1.05 个百分点，60 岁以上人口占比提高 0.54 个百分点（如表 3-1-6 所示）。

表 3-1-6　　　2012～2016 年柳州市三江侗族自治县年龄占比变化统计　　　单位：%

年份	18 岁以下占比	18～34 岁占比	35～59 岁占比	60 岁以上占比
2012	23.41	27.77	34.49	14.33
2013	23.83	26.78	34.63	14.76
2014	25.10	25.53	34.47	14.90
2015	25.39	24.61	34.88	15.12
2016	26.02	23.84	34.99	15.15
2017	26.56	23.04	35.54	14.87

资料来源：2013～2018 年柳州市统计年鉴。

三、一主三新户籍人口发展现状特征

（一）主城区户籍人口发展现状特征

主城区户籍人口总量持续增长。从人口规模来看，2002 年主城区户籍人口为 81.98 万人，2017 年为 100.00 万人，户籍人口增长了 18.02 万人，年均增长 1.20 万人，年均增长率为 13.33‰。从增长率来看，除 2011 年户籍人口增长率达到 59.86‰外，其他年份均维持在较低水平，2017 年户籍人口增长率比 2003 年少 4.76 个千分点（见图 3-1-16）。

（二）柳江区（拉堡新兴组团）户籍人口发展现状特征

柳江区（拉堡新兴组团）户籍人口增长速度较缓慢。从人口规模来看，2002～2017 年柳江区（拉堡新兴组团）人口增长速度不快，2002 年户籍人口为 30.14 万人，2017 年户籍人口为 36.76 万人，15 年来人口增长了 6.62 万人，年均增长 0.44 万人。从增长率来看，柳江区（拉堡新兴组团）在 2012 年增长率为 -1.30‰，达到最低值（见图 3-1-17）。

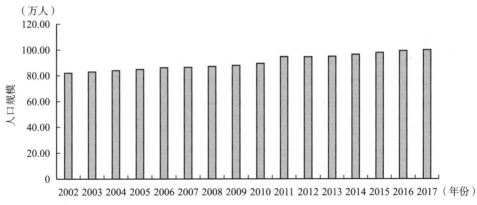

图 3 - 1 - 16　柳州市主城区户籍人口规模变化

资料来源：柳州市公安局。

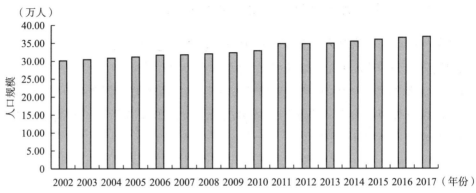

图 3 - 1 - 17　柳州市柳江区（拉堡新兴组团）户籍人口规模变化

资料来源：柳州市公安局。

（三）柳东新区户籍人口发展现状特征

柳东新区户籍人口总量稳定增长。从人口规模来看，2002 年柳东新区户籍人口有 19.61 万人，2018 年户籍人口有 23.92 万人，15 年来人口增长了 4.31 万人，年均增长 0.29 万人。从增长率来看，2002~2017 年柳东新区户籍人口增长率波动较大，2012 年增长率比 2011 年降低了 61.16 个千分点（见图 3 - 1 - 18）。

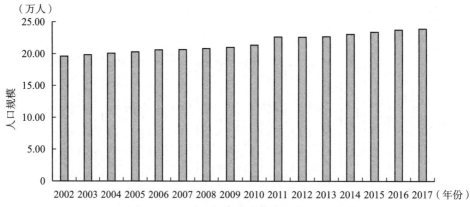

图 3 - 1 - 18　柳州市柳东新区户籍人口规模变化

资料来源：柳州市公安局。

（四）北部生态新区户籍人口发展现状特征

北部生态新区户籍总人口数量持续增长。从人口总量来看，2002 年北部生态新区户籍人口为 4.14 万人，2017 年户籍人口为 5.05 万人，15 年来人口共增长 0.91 万人，年均增长 0.06 万人。从增长率来看，北部生态新区 2003～2006 年户籍人口增长较缓慢，2007～2013 年增长率波动极大，2014 年后增长率呈缓慢下降趋势（见图 3 - 1 - 19）。

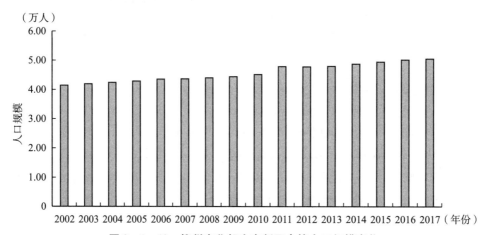

图 3 - 1 - 19　柳州市北部生态新区户籍人口规模变化

资料来源：柳州市公安局。

第二节 户籍人口视角下柳州市城镇化率 与城镇人口发展现状特征

一、市域户籍城镇人口与城镇化率发展现状特征

本节柳州市市域户籍人口、户籍城镇人口及城镇化率现状数据来自柳州市统计年鉴，柳州市市域户籍城镇人口及城镇化率特征如下：

柳州市户籍城镇人口总量呈现上升趋势，城镇人口规模增幅整体趋于平稳。2010 年柳州市市域户籍城镇人口为 126.35 万人，到 2017 年户籍城镇人口上升至191.47 万人，7 年内增加了 65.12 万人，每年平均增长 9.30 万人。2010~2013 年城镇人口呈轻微下降趋势，2013~2014 年城镇人口快速上升，2014~2017 年平缓上升。柳州市 2010 年城镇化率为 33.90%，2013 年下降到 33.65%，2014 年上升至 47.96%，2017 年达到 2010~2017 年中的最高点，即 49.53%（见图 3-2-1）。

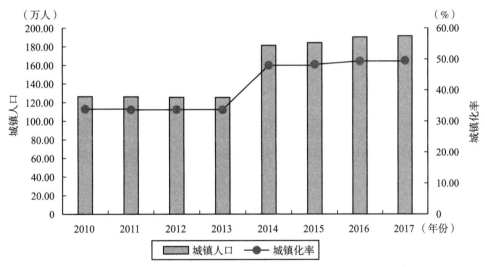

图 3-2-1 2010~2017 年柳州市市域户籍城镇人口规模及城镇化率变化

资料来源：2011~2018 年柳州市统计年鉴。

二、市辖区及各县户籍城镇人口与城镇化率发展现状特征

(一) 市辖区户籍人口城镇化率与城镇人口发展现状特征

柳州市市辖区户籍城镇人口约占柳州全市户籍城镇人口的75%,处于上升趋势,户籍城镇化率较高。由于市辖区包括市区及柳江区,是柳州市的中心区域,是人口主要集聚地,所包含的户籍城镇人口较多,所以城镇化率较高。2010年柳州市市辖区户籍城镇人口为96.34万人,至2017年为132.82万人。2010~2013年城镇人口呈轻微下降趋势,2013~2014年城镇人口快速上升,2014~2017年平缓上升,2013年城镇化率达最低值,为57.17%,2017年为最高值,是73.92%(见图3-2-2)。

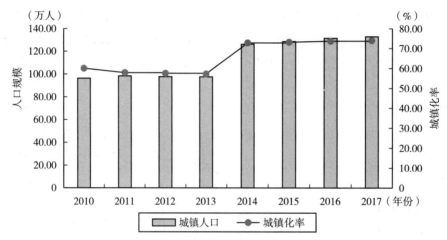

图3-2-2 2010~2017年柳州市市辖区户籍城镇人口规模及城镇化率变化

资料来源:2011~2018年柳州市统计年鉴。

(二) 柳城县户籍人口城镇化率与城镇人口发展现状特征

柳城县户籍人口城镇化进程发展趋于平缓。2010年柳城县户籍城镇人口为6.00万人,城镇化率为14.49%,2017年柳城县户籍城镇人口上升至16.21万人,城镇化率为39.57%。2010~2017年,柳城县城镇人口增加了10.21万人,年均增长1.46万人,户籍城镇人口年均增长率为15.25%;城镇化率增加了25.08个百分点,年均增长3.57个百分点,7年间年均增长率为15.44%,城镇化发展趋于平缓(见图3-2-3)。

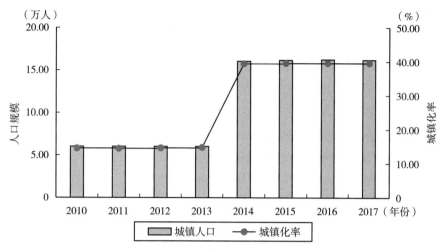

图 3 - 2 - 3 2010～2017 年柳城县户籍城镇人口规模及城镇化率变化

资料来源：2011～2018 年柳州市统计年鉴。

（三）鹿寨县户籍人口城镇化率与城镇人口发展现状特征

鹿寨县户籍人口城镇化进程先快后稳，户籍城镇人口总量呈先减后增趋势。2010～2017 年，在社会经济发展的带动下，鹿寨县的城镇化进程明显加速。2010 年鹿寨县户籍城镇人口为 9.28 万人，城镇化率为 18.73%，2017 年城镇人口上升至 16.66 万人，城镇化率为 40.67%。与 2010 年相比，鹿寨县城镇人口增加了 7.38 万人，每年平均增长 1.05 万人，户籍城镇人口年均增长率为 8.72%；城镇化率增加了 21.94 个百分点，年均增长 3.13 个百分点，城镇化率年均增长率为 11.72%（见图 3 - 2 - 4）。

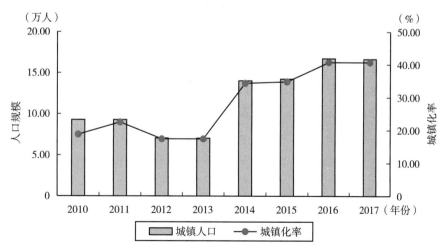

图 3 - 2 - 4 2010～2017 年鹿寨县城镇人口规模及城镇化率变化

资料来源：2011～2018 年柳州市统计年鉴。

（四）融安县户籍人口城镇化率与城镇人口发展现状特征

融安县城镇化进程先快后稳，户籍城镇人口总量整体呈上升趋势。2010 年融安县户籍城镇人口为 5.46 万人，城镇化率为 16.51%。随着城镇化规模不断扩大，城镇化水平持续提高，2017 年融安县户籍城镇人口上升为 9.96 万人，城镇化率为 30.40%。7 年内户籍城镇人口增加了 4.80 万人，每年平均增长 0.69 万人，户籍城镇人口年均增长率为 8.89%；城镇化率提高了 13.89 个百分点，年均提高 1.98 个百分点，2010～2017 年的城镇化率年均增长率为 9.11%（见图 3-2-5）。

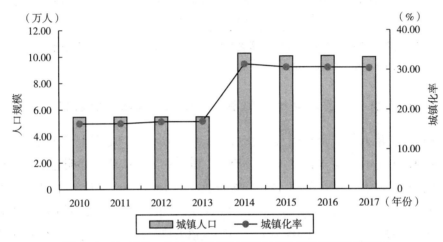

图 3-2-5　2010～2017 年融安县城镇人口规模及城镇化率变化

资料来源：2011～2018 年柳州市统计年鉴。

（五）融水苗族自治县户籍人口城镇化率与城镇人口发展现状特征

融水苗族自治县户籍人口城镇化率持续提高，户籍城镇人口总量呈先增后稳的态势。2010 年融水苗族自治县户籍城镇人口为 6.21 万人，城镇化率为 12.27%。经过七年的发展，2017 年融水苗族自治县户籍城镇人口达到 10.50 万人，城镇化率为 20.21%。2010～2017 年，融水苗族自治县户籍城镇人口增加了 4.29 万人，每年平均增长 0.61 万人，年均增长率为 7.80%；城镇化率提高了 7.94 个百分点，年均提高 1.13 个百分点，2010～2017 年的城镇化率年均增长率为 7.39%（见图 3-2-6）。

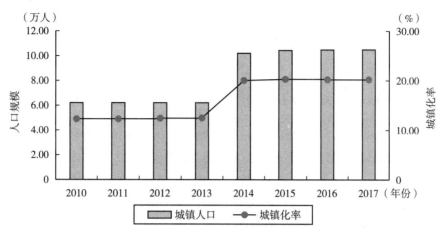

图 3 - 2 - 6　2010～2017 年柳州市融水苗族自治县城镇人口规模及城镇化率变化

资料来源：2011～2018 年柳州市统计年鉴。

（六）三江侗族自治县户籍人口城镇化率与城镇人口发展现状特征

三江侗族自治县户籍人口城镇化率先降后升，户籍城镇人口总量整体呈增长态势。2010 年三江侗族自治县户籍城镇人口和城镇化率分别为 3.05 万人和 8.14%，7 年来，经济规模缓慢扩张，至 2017 年，三江侗族自治县城镇人口上升为 5.31 万人，城镇化率提高到 13.20%。与 2010 年相比，2017 年三江侗族自治县户籍常住城镇人口增加了 2.27 万人，每年平均增长 0.32 万人，户籍城镇人口年均增长率为 8.24%；城镇化率提高了 5.06 个百分点，年均提高 0.72 个百分点，城镇化率年均增长率为 7.15%（见图 3 - 2 - 7）。

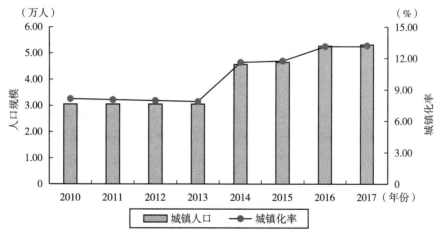

图 3 - 2 - 7　2010～2017 年柳州市三江侗族自治县城镇人口规模及城镇化率变化

资料来源：2011～2018 年柳州市统计年鉴。

三、一主三新户籍人口城镇化率与城镇人口发展现状特征

(一) 主城区户籍人口城镇化率与城镇人口发展现状特征

主城区户籍城镇人口较缓慢上升, 户籍城镇化率总体保持直线平缓上升趋势。一主三新中主城区为柳州中心区域, 户籍城镇人口最多, 2010 年为 81.03 万人, 2017 年为 93.65 万人, 7 年间增加了 12.62 万人, 平均每年增加了 1.8 万人。由于历史发展原因, 主城区区域优势较大, 发展较快, 2010~2017 年户籍城镇化率均在 90% 以上 (见图 3-2-8)。

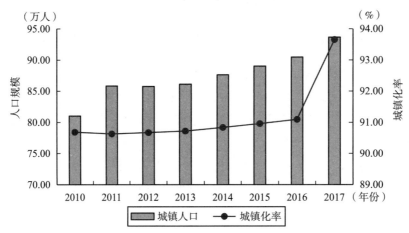

图 3-2-8　2010~2017 年柳州市主城区城镇人口规模及城镇化率变化

资料来源: 柳州市公安局。

(二) 柳江区 (拉堡新兴组团) 户籍人口城镇化率与城镇人口发展现状特征

柳江区 (拉堡新兴组团) 户籍城镇人口较缓慢上升, 户籍城镇化率总体保持直线平缓上升趋势。三个新区中, 柳江区 (拉堡新兴组团) 户籍城镇人口较多, 2010 年 14.19 万人, 2017 年 18.48 万人; 城镇化率处于上升趋势, 由 2010 年的 43.19% 上升至 2017 年的 52.27%, 7 年间增加了 7.08%, 平均每年增加 1.01% (见图 3-2-9)。

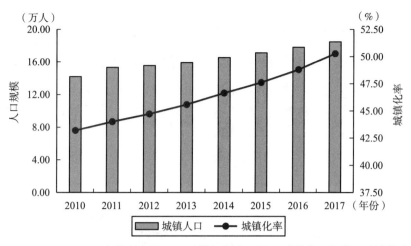

图 3 - 2 - 9　2010 ~ 2017 年柳州市柳江区（拉堡新兴组团）城镇人口规模及城镇化率变化

资料来源：柳州市公安局。

（三）柳东新区户籍人口城镇化率与城镇人口发展现状特征

柳东新区户籍城镇人口较缓慢上升，户籍城镇化率总体保持直线平缓上升趋势。柳东新区于 2007 年成立，是广西主要发展的三大新区之一，自身拥有产业发展、政策支持等优势，继"单独二孩"政策后又有"全面二孩"政策，柳东新区的吸引人口迁移能力逐渐提高，2010 年 8.55 万人，2017 年 14.38 万人；2010 ~ 2017 年户籍城镇化率处于直线上升趋势，2010 ~ 2017 年平均每年增加 3.27%（见图 3 - 2 - 10）。

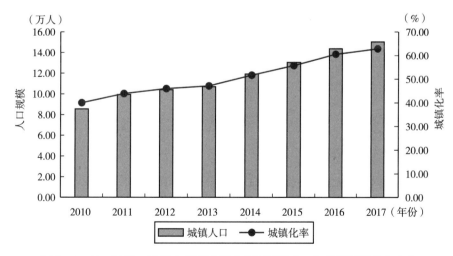

图 3 - 2 - 10　2010 ~ 2017 年柳州市柳东新区城镇人口规模及城镇化率变化

资料来源：柳州市公安局。

（四）北部生态新区户籍人口城镇化率与城镇人口发展现状特征

北部生态新区是广西首个生态建设和产城融合发展的新区，户籍城镇人口最少，2010 年有 1.57 万人，至 2017 年为 2.66 万人，共增加了 1.09 万人；2010 ~ 2017 年户籍城镇化率不断提高，由 2010 年的 34.85% 上升至 2017 年的 52.69%，平均每年增加 2.55%（见图 3 – 2 – 11）。

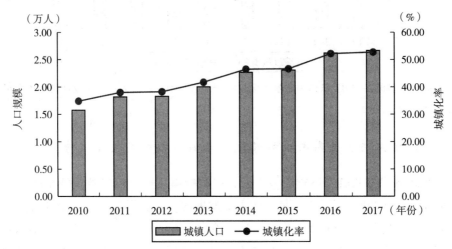

图 3 – 2 – 11　2010 ~ 2017 年柳州市北部生态新区城镇人口规模及城镇化率变化

资料来源：柳州市公安局。

第四章

柳州市实有人口规模现状分析

本书通过衔接《柳州市实有人口发展战略研究》引入实有人口概念，将户籍人口、流动人口、流量人口、旅游人口纳入计算过程，同时结合手机信令迁徙大数据，对柳州市近十年来的人口变化特征进行深入的剖析及较为全面的描述，提出柳州市 2020~2050 年实有人口预测方案，为柳州市配置公共服务资源提供科学依据。

《柳州市实有人口发展战略研究》中的实有人口概念是指在特定的时间内，在一定的地域范围内所有的人口，包括户籍人口、流动人口和流量人口。本书引入实有人口的概念进行研究，在原有实有人口（下文称：实有人口方案一）概念的基础上，根据柳州市未来人口发展趋势进行拓展，延伸出实有人口方案二及实有人口方案三的概念。

实有人口方案一：是指在特定的时间内，在城市市辖区范围内活动的所有人口，包括实际户籍人口，居住半年以上流动人口、居住半年以下外来流动人口，以及车站、码头、机场的流量人口。

实有人口方案二：是指在特定的时间内，在一定的地域范围内所有的人口，包括户籍人口、居住半年以上流动人口、居住半年以下流动人口和旅游人口。

实有人口方案三：是指在特定的时间内，在一定的地域范围内所有的人口，包括户籍人口、居住半年以上流动人口、居住半年以下流动人口和迁徙大数据人口。

由以上实有人口的组成来看，主要包含五种类型的人口数据，一是户籍人口，二是流动人口，三是流量人口，四是旅游人口，五是迁徙大数据人口。其中户籍人口是指依据《中华人民共和国户口登记条例》在经常居住地的公安户籍管理机关登记了常住户口的人，无论公民是否外出或外出时间长短，只要在某地注册有常住户口，则为该地区的户籍人口。流动人口是指在离开户籍所在地到其他地方居住半年以上和半年以下的人口。流量人口是指在柳州市内的公路、铁路、水运、航空的日均客流量之和。旅游人口是指我国居民和在我国常住 1 年以上的外国人、华侨、港澳台同胞离开常住地在境内其他地方的旅游设施内至少停留一夜、最长不超过 6

个月的人口和来中国参观、访问、旅行、探亲、访友、休养、考察、参加会议和从事经济、科技、文化、教育、宗教等活动的外国人、华侨、港澳同胞和台湾同胞的人数。迁徙大数据人口是指基于手机基站状态产生的信令反映出的流动人口。实有人口组成图见图 4 - 1 - 1。

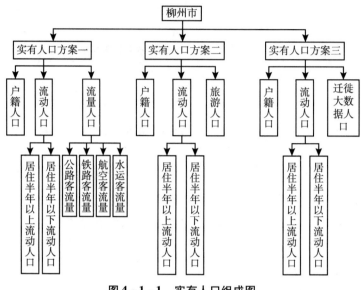

图 4 - 1 - 1　实有人口组成图

第一节　柳州市流动人口规模现状分析

　　流动人口是指在该地区居住半年以上和在该地区居住半年以下的外来流动人口。柳州市市域流动人口为市外外来流动人口，包括居住半年以下流动人口与居住半年以上流动人口；区别于市域流动人口，柳州市市辖区流动人口除了市外外来流动人口之外，还包含了柳州市县域向市辖区流动的这一部分人口。本章节流动人口数据均来源于柳州市公安局。

　　对于一个国家或地区来说，人口流入可以带来大量劳动力，促进地区制造业、服务业等行业的发展。总体上来说，人口流动能够为国家的经济腾飞提供丰富的劳动力，为城市化、现代化顺利发展奠定了基础，同时调节劳动力的地区分配。在研究城市流动人口形成原因的诸多重要理论中，推拉理论认为：在市场经济和人口自由流动的情况下，人口迁移和移民搬迁的原因是人们可以通过搬迁改善生活条件，于是，在流入地中那些使移民生活条件改善的因素就成为拉力，而流出地中那些不利的社会经济条件就成为推力。推拉因素除了有更高的收入外，还有更好的职业、更好的生活条件、为自己孩子获得更好的教育机会和更好的社会条件等。除此之外，影响人口流动的还有政策、文化差异等因素，因此流动人口自身发展受到多方面的影响，趋势一般较为波动。

柳州作为西南地区的重要工业城市、广西第二大城市、广西唯一的人口净流入的城市，流动人口到柳州就业谋生活的居多。将流动人口纳入实有人口的研究范围中，分析流动人口的发展现状并进行预测能够帮助研究柳州市的人口发展情况以及便于进行人口管理。

一、居住半年以上流动人口变化现状特征

（一）市域居住半年以上流动人口变化现状特征

市域居住半年以上流动人口增长变化波动较大。2010～2017年市域居住半年以上流动人口从36.78万人减少到36.13万人，共减少了0.65万人，年均减少0.09万人；2010～2012年呈减少的趋势，2012～2017年呈现先增后减趋势，其中居住半年以上的流动人口在2013年增加至36.39万人。从增长率来看，2010～2017年间年均增长率为24.25%，2012年达到最低值-382.04%，2013年达到最高值365.63%，二者相差甚大。2011～2012年人口下降幅度较大的原因，考虑为柳州市主要以水力发电为主，2011年发生近20年来最严重的"电荒"，供电形势严峻，2011～2012年全市的工业企业生产和居民生活受到较大影响，市域的居住半年以上的流动人口工作及生活条件有所下降，从而造成人口流失。2013年"电荒"问题得到缓解，居住半年以上的流动人口逐渐增加（见图4-1-2）。

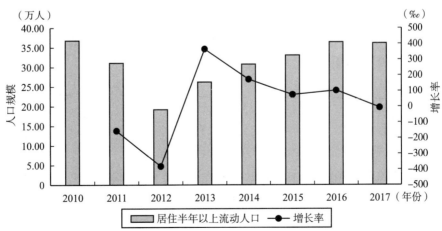

图4-1-2　柳州市市域居住半年以上流动人口规模及增长率变化

资料来源：柳州市公安局。

（二）市辖区及各县居住半年以上流动人口变化现状特征

1. 市辖区居住半年以上流动人口变化现状特征

市辖区居住半年以上流动人口增长变化波动较大。从市辖区的流动人口导入看，近四成来自柳州市市域内的各县，其次 97% 的省内流动人口居住在柳州市市辖区，此外还有 3% 的跨省流动人口居住在市辖区[①]。从 2010～2017 年市辖区的人口变化来看，总体趋势上柳州市市辖区居住半年以上流动人口与市域变化情况相似。2010～2017 年市辖区居住半年以上流动人口从 56.74 万人减少到 52.63 万人，共减少了 4.11 万人，年均减少 0.59 万人；从增长率来看，2010～2017 年间年均增长率为 16.11%，2012 年达到最低值 -377.25%，2013 年达到最高值 364.02%。市辖区是柳州经济发展的中心区域，柳州工业也主要集中于市辖区，可见 2011～2012 年的"电荒"问题对市辖区人口流动的影响也较为深刻（见图 4-1-3）。

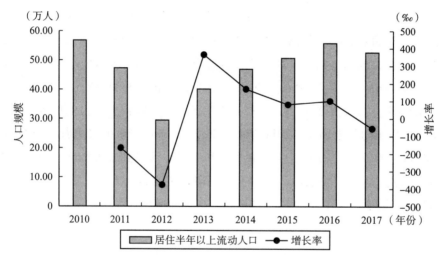

图 4-1-3　柳州市市辖区居住半年以上流动人口规模及增长率变化

资料来源：柳州市公安局。

2. 柳城县居住半年以上流动人口变化现状特征

柳城县居住半年以上流动人口变化现状有增有减。2010～2017 年居住半年以上流动人口由 0.18 万人减少到 0.13 万人，共减少了 0.05 万人，年均减少 0.01 万人；从增长率来看，2010～2017 年间年均增长率为 66.49‰，2012 年达到最高值 743.45‰，2016 年达到最低值 -610.99‰，增长率变化较大，可见增长率较为波动（见图 4-1-4）。

---

① 来自《柳州市实有人口发展战略研究》。

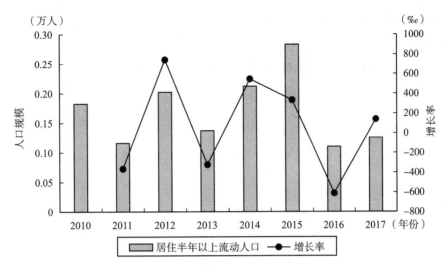

图 4 - 1 - 4　柳州市柳城县居住半年以上流动人口规模及增长率变化

资料来源：柳州市公安局。

3. 鹿寨县居住半年以上流动人口变化现状特征

鹿寨县居住半年以上流动人口变化现状有增有减。鹿寨县 2010 ~ 2017 年居住半年以上流动人口由 0.19 万人增加到 0.28 万人，共增加了 0.09 万人，年均增加 0.01 万人，其中居住半年以上流动人口在 2017 年达到峰值 0.28 万人；从增长率来看，2010 ~ 2017 年间年均增长率为 243.26‰，2016 年达到最低值 - 564.71‰，2017 年达到最高值 1493.65‰，二者相差较大，可见增长率较为波动（见图 4 - 1 - 5）。

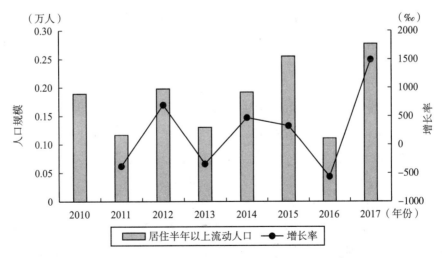

图 4 - 1 - 5　柳州市鹿寨县居住半年以上流动人口规模及增长率变化

资料来源：柳州市公安局。

4. 融安县居住半年以上流动人口变化现状特征

融安县居住半年以上流动人口变化现状有增有减。融安县居住半年以上流动人口从 2010 年的 0.14 万人增加到 2017 年的 0.15 万人，共增加了 0.01 万人；整体上看呈现上升趋势。从增长率来看，2010 ~ 2017 年间年均增长率为 228.72‰，2016 年达到最低值 -723.94‰，2017 年达到最高值 726.52‰，可见增长率较为波动（见图 4 - 1 - 6）。

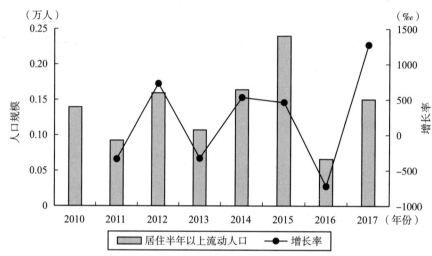

图 4 - 1 - 6 柳州市融安县居住半年以上流动人口规模及增长率变化

资料来源：柳州市公安局。

5. 融水苗族自治县居住半年以上流动人口变化现状特征

融水苗族自治县居住半年以上流动人口变化现状有增有减。2010 ~ 2017 年融水苗族自治县居住半年以上流动人口由 0.19 万人增加到 0.38 万人，共增加了 0.19 万人，年均增加 0.03 万人；其中居住半年以上流动人口在 2017 年达到峰值，为 0.38 万人。从增长率来看，2010 ~ 2017 年间年均增长率为 517.44‰，2016 年达到最低值 -730.57‰，2017 年达到最高值 3436.01‰，可见增长率较为波动（见图 4 - 1 - 7）。

6. 三江侗族自治县居住半年以上流动人口变化现状特征

三江侗族自治县居住半年以上流动人口变化现状有增有减。三江侗族自治县居住半年以上流动人口从 2010 年的 0.15 万人增加到 2017 年的 0.23 万人，共增加了 0.08 万人；整体上看呈现增加趋势。从增长率来看，2010 ~ 2017 年间年均增长率为 400.09‰，2016 年达到最低值 -710.54‰，2017 年达到最高值 2330.37‰，二者相差甚大，可见增长率较为波动（见图 4 - 1 - 8）。

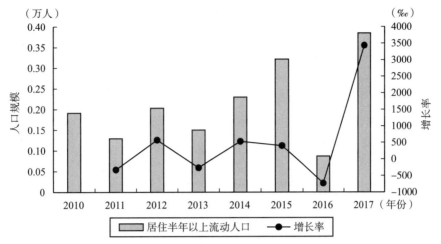

图 4 - 1 - 7 柳州市融水苗族自治县居住半年以上流动人口规模及增长率变化

资料来源：柳州市公安局。

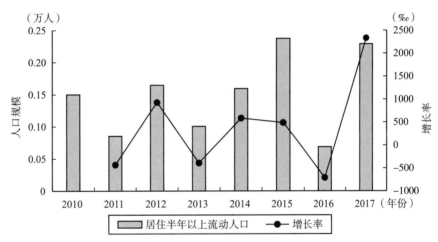

图 4 - 1 - 8 柳州市三江侗族自治县居住半年以上流动人口规模及增长率变化

资料来源：柳州市公安局。

（三）一主三新居住半年以上流动人口变化现状特征

1. 主城区居住半年以上流动人口变化现状特征

一主三新居住半年以上流动人口在 2010～2012 年呈下降趋势，2013 年逐渐回升，增长率趋势波动幅度较大。主城区居住半年以上流动人口增长变化波动较大。2010～2017 年主城区居住半年以上流动人口从 13.62 万人增加到 18.78 万人，共增加了 5.16 万人，年均增加 0.74 万人；2010～2012 年呈减少的趋势，2012～2017 年呈先增后减趋势，其中居住半年以上流动人口在 2012 年减少至最小值，为 7.95 万人，其增长率在 -340.62‰～439.80‰ 之间波动，波动幅度较大（见图 4 - 1 - 9）。

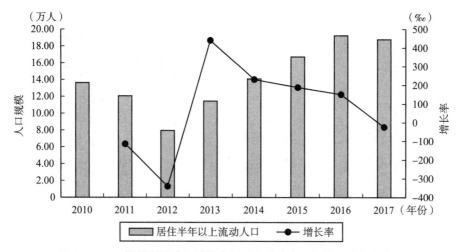

图 4 – 1 – 9　柳州市主城区居住半年以上流动人口规模及增长率变化

资料来源：柳州市公安局。

2. 柳江区（拉堡新兴组团）居住半年以上流动人口变化现状特征

柳江区（拉堡新兴组团）居住半年以上流动人口增长变化波动较大。柳江区（拉堡新兴组团）2010～2017 年居住半年以上流动人口从 12.48 万人减少到 9.67 万人，共减少了 2.81 万人，年均减少 0.40 万人；2010～2017 年人口较为波动，其中居住半年以上流动人口在 2012 年减少至最小值，为 5.93 万人，其增长率在 –404.33‰～302.02‰之间波动（见图 4 – 1 – 10）。

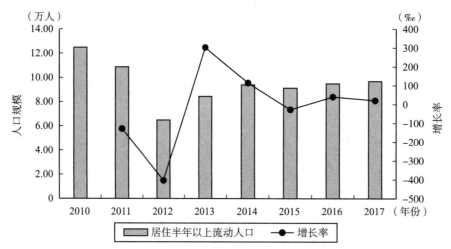

图 4 – 1 – 10　柳州市柳江区（拉堡新兴组团）居住半年以上流动人口规模及增长率变化

资料来源：柳州市公安局。

3. 柳东新区居住半年以上流动人口变化现状特征

柳东新区居住半年以上流动人口增长变化波动较大。柳东新区 2010～2017 年居住半年以上流动人口从 15.32 万人增加到 16.13 万人，共增加了 0.81 万人，年均增加 0.12 万人；2010～2012 年呈减少的趋势，2012～2017 年呈先增后减趋势，其中居住半年以上流动人口在 2012 年减少至最小值 8.65 万人，其增长率在 −357.5‰～391.86‰ 之间波动（见图 4−1−11）。

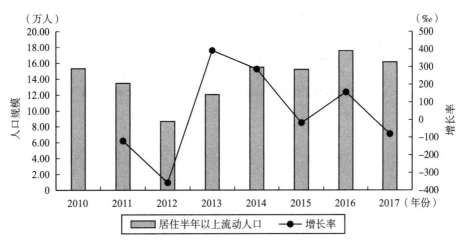

图 4−1−11　柳州市柳东新区居住半年以上流动人口规模及增长率变化

资料来源：柳州市公安局。

4. 北部生态新区居住半年以上流动人口变化现状特征

北部生态新区居住半年以上流动人口增长变化波动较大。北部生态新区 2010～2017 年居住半年以上流动人口从 8.51 万人减少到 6.78 万人，共减少了 1.73 万人，年均减少 0.25 万人；2010～2012 年呈减少的趋势，2012～2017 年呈现先增后减趋势，其中居住半年以上流动人口在 2012 年减少至最小值 4.41 万人，其增长率在 −481.18‰～409.33‰ 之间波动（见图 4−1−12）。

二、居住半年以下流动人口变化现状特征

（一）市域居住半年以下流动人口变化现状特征

柳州市市域居住半年以下流动人口增长变化波动较大。从规模来看，2010～2017 年，人口规模由 2010 年的 20.54 万人减少到 13.39 万人，共减少了 7.15 万人，年均减少 1.02 万人，其中居住半年以下流动人口在 2012 年减少至最小值，为 8.93 万人，考虑是 2011 年的"电荒"问题以及 2012 年龙江镉污染事件等原因造成人口

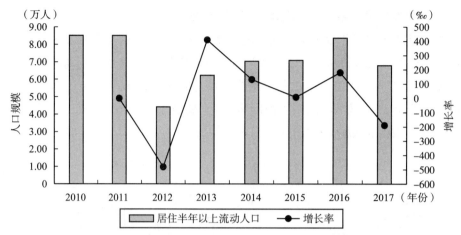

图 4 -1 -12　柳州市北部生态新区住半年以上流动人口规模及增长率变化

资料来源：柳州市公安局。

规模骤减；增长率在 -450.74‰ ~527.81‰ 之间波动，波动较大（见图 4 -1 -13）。

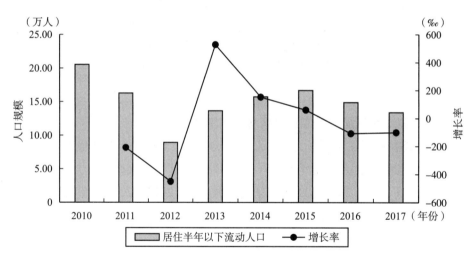

图 4 -1 -13　柳州市市域居住半年以下流动人口规模及增长率变化

资料来源：柳州市公安局。

（二）市辖区及各县居住半年以下流动人口变化现状特征

1. 市辖区居住半年以下流动人口变化现状特征

市辖区居住半年以下流动人口增长变化波动较大。从规模来看，2010 ~2017 年，人口规模由 2010 年的 21.39 万人减少到 18.83 万人，共减少了 2.56 万人，年均减少 0.37 万人，其中在 2012 年人口规模减少至最小值，为 10.64 万人，考虑是 2011 年的 "电荒" 问题及 2012 年龙江镉污染事件等原因造成人口规模骤减；增长

率在 -377.25‰~364.02‰ 之间波动（见图4-1-14）。

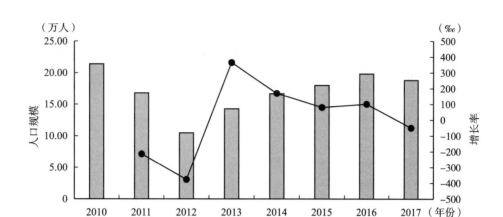

图4-1-14 柳州市市辖区居住半年以下流动人口规模及增长率变化

资料来源：柳州市公安局。

2. 柳城县居住半年以下流动人口变化现状特征

柳城县居住半年以下流动人口变化现状有增有减。柳城县 2010~2017 年居住半年以下流动人口由 0.18 万人增加到 0.26 万人，共增加了 0.08 万人，年均增加 0.01 万人；2012 年人口规模减至最小值，为 0.05 万人，考虑是 2012 年龙江镉污染事件等原因造成人口规模骤减，从增长率来看，其值在 -869.79‰~3248.11‰ 之间波动，波动较大（见图4-1-15）。

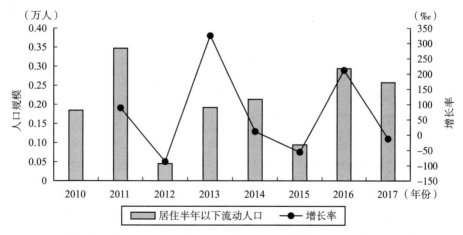

图4-1-15 柳州市柳城县居住半年以下流动人口规模及增长率变化

资料来源：柳州市公安局。

3. 鹿寨县居住半年以下流动人口变化现状特征

鹿寨县居住半年以下流动人口变化现状有增有减。鹿寨县居住半年以下流动人口由 0.15 万人增加到 0.24 万人，共增加了 0.09 万人，其中居住半年以下流动人口在 2016 年达到峰值 0.34 万人；其增长率在 −87.22‰ ~ 298.18‰ 之间波动，可见增长率较为波动（见图 4 −1 −16）。

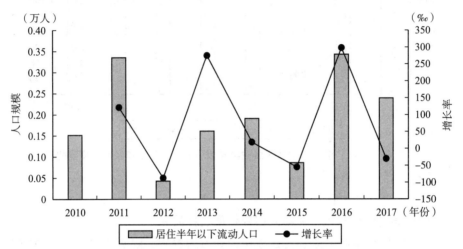

图 4 −1 −16　柳州市鹿寨县居住半年以下流动人口规模及增长率变化

资料来源：柳州市公安局。

4. 融安县居住半年以下流动人口变化现状特征

融安县居住半年以下流动人口变化现状有增有减。融安县居住半年以下流动人口从 2010 年的 0.16 万人增加到 2017 年的 0.22 万人，共增加了 0.06 万人，呈现上升趋势。从增长率来看，2010 ~ 2017 年间年均增长率为 559.97‰，2012 年出现最低值 −859.38‰，2013 年达到最高值 3007.65‰，二者相差甚大，可见增长率较为波动（见图 4 −1 −17）。

5. 融水苗族自治县居住半年以下流动人口变化现状特征

融水苗族自治县居住半年以下流动人口变化现状有增有减。2010 ~ 2017 年融水苗族自治县居住半年以下流动人口由 0.18 万人增加到 0.41 万人，共增加了 0.23 万人，年均增加 0.03 万人，整体上呈上升趋势，其中居住半年以下流动人口在 2017 年达到峰值 0.41 万人；其增长率在 −833.78‰ ~ 3007.65‰ 之间波动，两者相差较大，可见融水苗族自治县居住半年以下流动人口波动较大（见图 4 −1 −18）。

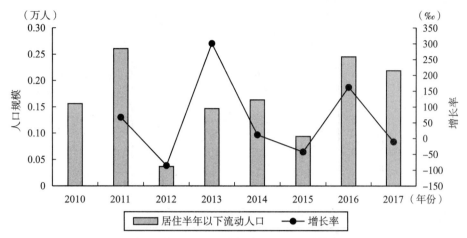

图 4 - 1 - 17 柳州市融安县居住半年以下流动人口规模及增长率变化

资料来源：柳州市公安局。

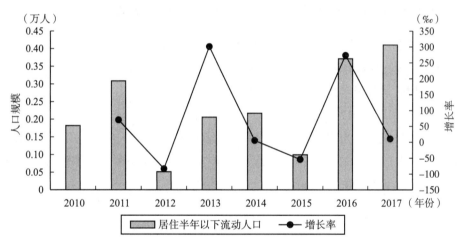

图 4 - 1 - 18 柳州市融水苗族自治县居住半年以下流动人口规模及增长率变化

资料来源：柳州市公安局。

6. 三江侗族自治县居住半年以下流动人口变化现状特征

三江侗族自治县居住半年以下流动人口变化现状有增有减。三江侗族自治县居住半年以下流动人口从2010年的0.12万人增加到2017年的0.27万人，共增加了0.15万人，整体上呈现上升趋势；期间增长率在 - 859.38‰ ~ 4244.82‰之间波动，两者相差较大，可见三江侗族自治县居住半年以下流动人口波动较大（见图4 - 1 - 19）。

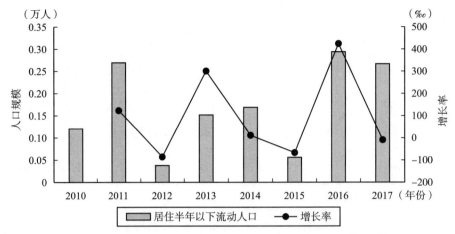

图 4 - 1 - 19　柳州市三江侗族自治县居住半年以下流动人口规模及增长率变化

资料来源：柳州市公安局。

（三）一主三新居住半年以下流动人口变化现状特征

一主三新居住半年以上流动人口在 2010 ~ 2012 年基本上呈下降趋势，2013 年逐渐回升，增长率趋势波动幅度较大。

1. 主城区居住半年以下流动人口变化现状特征

主城区 2010 ~ 2017 年居住半年以下流动人口从 5.83 万人增加到 6.05 万人，共增加了 0.21 万人，年均增加 0.03 万人；其中居住半年以下流动人口在 2012 年减少至最小值，为 2.82 万人，考虑是"电荒"问题及龙江镉污染事件等原因造成人口规模骤减（见图 4 - 1 - 20）。

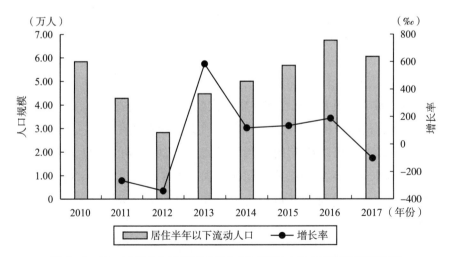

图 4 - 1 - 20　柳州市主城区居住半年以下流动人口规模及增长率变化

资料来源：柳州市公安局。

2. 柳江区（拉堡新兴组团）居住半年以下流动人口变化现状特征

柳江区（拉堡新兴组团）2010~2017 年居住半年以下流动人口从 3.21 万人增加到 5.12 万人，共增加了 1.92 万人，年均增加 0.27 万人；其中居住半年以下流动人口在 2012 年减少至最小值，为 1.78 万人，其增长率在 -338.33‰ ~588.69‰ 之间波动，波动较大（见图 4-1-21）。

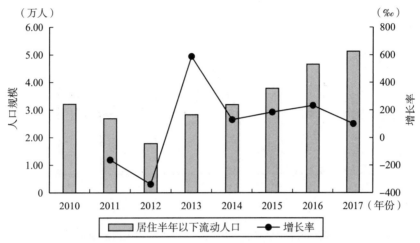

图 4-1-21 柳州市柳江区（拉堡新兴组团）居住半年以下流动人口规模及增长率变化

资料来源：柳州市公安局。

3. 柳东新区居住半年以下流动人口变化现状特征

柳东新区 2010~2017 年居住半年以下流动人口从 7.06 万人减少到 5.01 万人，共减少了 2.05 万人，年均减少 0.29 万人；其中居住半年以下流动人口在 2012 年减少至最小值，为 3.20 万人；其增长率在 -395.04‰ ~471.01‰ 之间波动（见图 4-1-22）。

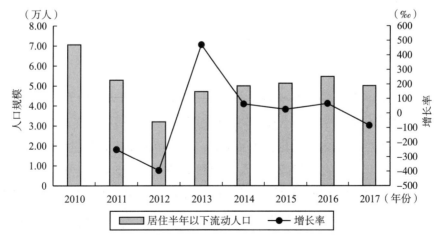

图 4-1-22 柳州市柳东新区居住半年以下流动人口规模及增长率变化

资料来源：柳州市公安局。

4. 北部生态新区居住半年以下流动人口变化现状特征

北部生态新区 2010～2017 年居住半年以下流动人口从 4.22 万人减少 2.30 万人，共减少了 1.92 万人，年均减少 0.27 万人；其中居住半年以下流动人口在 2012 年减少至最小值，为 1.57 万人；其增长率在 -527.34‰～672.00‰之间波动（见图 4-1-23）。

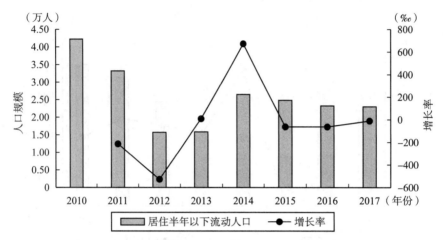

图 4-1-23　柳州市北部生态新区居住半年以下流动人口规模及增长率变化

资料来源：柳州市公安局。

第二节　柳州市流量人口规模现状分析

流量人口是指在柳州市内的公路、铁路、水运、航空的日均客流量之和。本章流量人口现状数据来自柳州市统计年鉴。

一、市域流量人口发展特征

柳州市市域流量人口规模波动较大。2015 年底，柳州火车站开工建设，建成后的柳州站是集铁路、客运、公交、轨道交通于一体的大型综合交通枢纽，成为继南宁东站之后广西第二大现代化客运火车站，柳州市流量人口数量将会有所增长。总流量人口从 2010 年的 3017.21 万人增加到 2017 年的 3362.63 万人，共增加了 345.42 万人，年均增加 49.35 万人；日均流量人口从 2010 年的 8.27 万人增加到 2017 年的 9.21 万人，年均增加 0.13 万人。从日均流量人口来看，2010～2012 年呈直线增加的趋势，2012～2015 年先下降后继续上升，2015 年至 2017 年呈现逐渐下降趋于平稳的趋势，其中，日均流量人口在 2012 年达到峰值，为 10.37 万人。

2010～2017年间年均增长率为19.6‰，2011年达到最高值128.54‰，2013年达到最低值−128.48‰，二者相差较大，可见增长率也较为波动（见图4−2−1）。

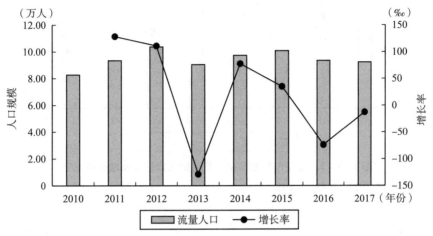

图4−2−1　柳州市平均日流量人口规模及增长率变化

资料来源：2011～2018年柳州市统计年鉴。

二、市辖区及各县人口发展特征

（一）市辖区流量人口变化现状特征

柳州市市辖区流量人口规模整体呈现增加态势。总流量人口从2010年的1743.83万人增加到2017年的2489.27万人，共增加了745.44万人，年均增加106.49万人；日均流量人口从2010年的4.78万人增加到2017年的6.82万人，年均增加0.29万人。从日均流量人口来看，2010～2012年呈增加的趋势，2012～2015年先下降后继续上升，2015年至2017年下降逐渐趋于平稳，其中，日均流量人口在2015年达到峰值，为7.28万人。2010～2017年间年均增长率为60.56‰，2014年达到最高值，为303.80‰，2013年达到最低值，为−138.20‰，二者相差甚大，可见增长率也较为波动（见图4−2−2）。

（二）柳城县流量人口变化现状特征

柳城县流量人口规模呈现先增后减趋势。柳城县流量人口在2010～2017年减少了122万人，年均减少17.42万人；日均流量人口从2010年的0.57万人减少到2017年的0.24万人，年均增长率为−83.65‰，2011年达到最高值，为308.01‰，2014年达到最低值，为−531.38‰，二者相差甚大，可见增长率也较为波动（见图4−2−3）。

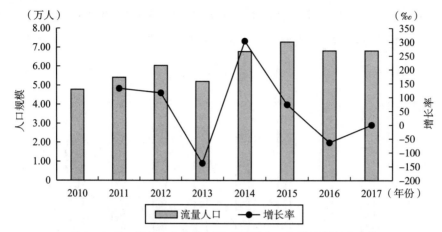

图 4 - 2 - 2　柳州市市辖区平均日流量人口规模及增长率变化

资料来源：2011～2018 年柳州市统计年鉴。

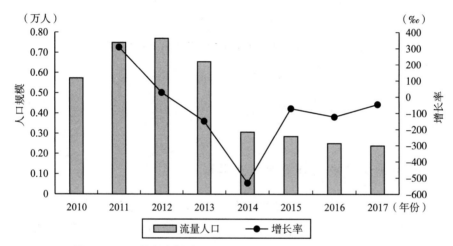

图 4 - 2 - 3　柳州市柳城县平均日流量人口规模及增长率变化

资料来源：2011～2018 年柳州市统计年鉴。

（三）鹿寨县流量人口变化现状特征

鹿寨县流量人口规模整体呈现先增后减趋势。总流量人口从 2010 年的 232.97 万人减少到 2017 年的 118.47 万人，共减少了 114.5 万人，年均减少 16.36 万人；日均流量人口从 2010 年的 0.64 万人减少到 2017 年的 0.32 万人，每年日均减少 0.05 万人。从日均流量人口来看，2010～2012 年呈增加的趋势，日均流量人口在 2012 年达到峰值，为 0.89 万人，2012～2014 年呈现下降趋势，2015 年回升至 0.37 万人后又开始下降，下降到 2017 年的 0.32 万人。2010～2017 年间年均增长率为 -57.05‰，2011 年达到最高值，为 347.95‰，2014 年达到最低值，为 -487.38‰，二者相差甚大，可见增长率也较为波动（见图 4 - 2 - 4）。

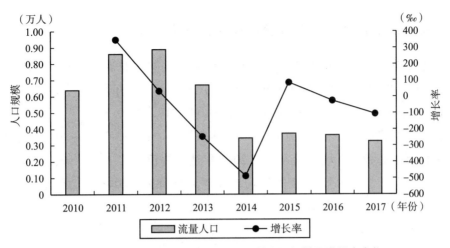

图 4 - 2 - 4　柳州市鹿寨县平均日流量人口规模及增长率变化

资料来源：2011 ~ 2018 年柳州市统计年鉴。

（四）融安县流量人口变化现状特征

融安县流量人口规模呈现先增后减趋势。总流量人口从 2010 年的 263.60 万人减少到 2017 年的 212.98 万人，共减少了 50.62 万人，年均减少 7.23 万人；日均流量人口从 2010 年的 0.72 万人减少到 2017 年的 0.58 万人，每年日均减少 0.02 万人。从日均流量人口来看，2010 ~ 2012 年呈增加的趋势，日均流量人口在 2012 年达到峰值，为 0.98 万人，2010 ~ 2017 年呈现下降趋势，2010 ~ 2017 年间年均增长率为 - 19.19‰，2011 年达到最高值，为 314.68‰，2013 年达到最低值 - 218.30‰，二者相差甚大，可见增长率也较为波动（见图 4 - 2 - 5）。

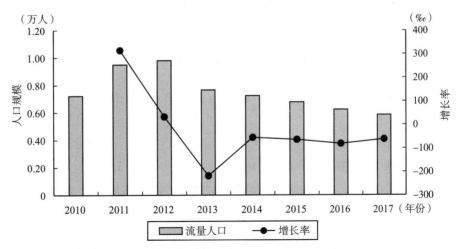

图 4 - 2 - 5　柳州市融安县平均日流量人口规模及增长率变化

资料来源：2011 ~ 2018 年柳州市统计年鉴。

（五）融水苗族自治县流量人口变化现状特征

融水苗族自治县流量人口规模呈现先增后减趋势。总流量人口从 2010 年的 312.48 万人增加到 2017 年的 311.98 万人，共减少了 0.5 万人，年均减少 0.07 万人；日均流量人口从 2010 年的 0.86 万人增加到 2017 年的 0.85 万人，共减少 0.01 万人。从日均流量人口来看，2010 ~ 2012 年呈增加的趋势，2012 ~ 2014 年呈现先增加后降低的态势，日均流量人口在 2014 年达到峰值，为 1.05 万人，2014 年后呈现下降趋势，2010 ~ 2017 年间年均增长率为 2.68‰，2011 年达到最高值，为 122.41‰，2016 年达到最低值，为 - 123.88‰，二者相差甚大，可见增长率也较为波动（见图 4 - 2 - 6）。

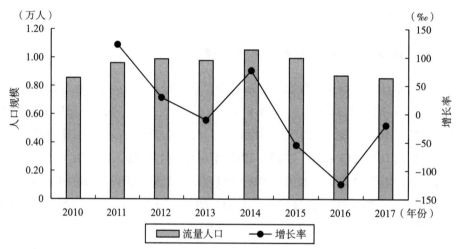

图 4 - 2 - 6　柳州市融水苗族自治县平均日流量人口规模及增长率变化

资料来源：2011 ~ 2018 年柳州市统计年鉴。

（六）三江侗族自治县流量人口变化现状特征

三江侗族自治县流量人口规模较为波动。总流量人口从 2010 年的 255.34 万人减少到 2017 年的 144.98 万人，共减少了 110.36 万人，年均减少 15.77 万人；日均流量人口从 2010 年的 0.7 万人减少到 2017 年的 0.4 万人，共减少 0.3 万人。从日均流量人口来看，2010 ~ 2011 年呈增加的趋势，2010 ~ 2013 年先下降后继续上升，2013 年至 2017 年呈现逐渐下降的趋势，其中，日均流量人口在 2013 年达到峰值，为 0.77 万人。2010 ~ 2017 年间年均增长率为 - 22.48‰，2012 年达到最高值，为 762.03‰，2011 年达到最低值，为 - 426.81‰，二者相差甚大，可见增长率也较为波动（见图 4 - 2 - 7）。

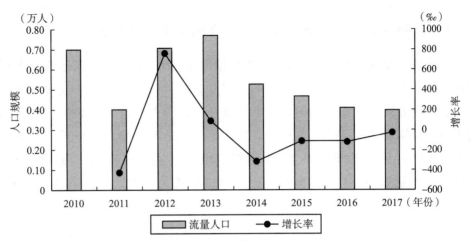

图 4 - 2 - 7 柳州市三江侗族自治县平均日流量人口规模及增长率变化

资料来源：2011～2018 年柳州市统计年鉴。

三、一主三新流量人口特征

（一）主城区流量人口变化现状特征

主城区流量人口规模较为波动。主城区交通体系完善，交通方式较为健全，流量人口相对三个新区较多。2017 年末，主城区总流量人口为 749.78 万人，比 2010 年增加了 221.63 万人，年均增加 31.66 万人。其中，日均流量人口在 2015 年达到峰值，为 2.14 万人。2014 年达到最高值，为 300.65‰，2013 年达到最低值，为 -146.79‰，二者相差甚大，可见增长率也较为波动（见图 4 - 2 - 8）。

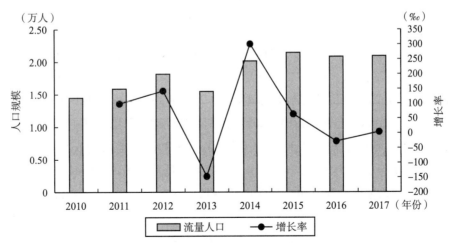

图 4 - 2 - 8 柳州市主城区平均日流量人口规模及增长率变化

资料来源：2011～2018 年柳州市统计年鉴。

（二）柳江区（拉堡新兴组团）流量人口变化现状特征

柳江区（拉堡新兴组团）流量人口规模较为波动。柳江区（拉堡新兴组团）2010～2017 年流量人口增加了 158.09 万人，2017 年底总流量人口为 496.85 万人。从日均流量人口来看，2012 年与 2015 年出现两个日均流量高峰，增长率分别为 168.36‰和 256.33‰。其中，日均流量人口在 2015 年达到峰值 1.46 万人。2010～2017 年间年均增长率为 66.71‰，2014 年达到最高值，为 256.33‰，2013 年达到最低值，为 −125.11‰，二者相差甚大，可见增长率也较为波动（见图 4 - 2 - 9）。

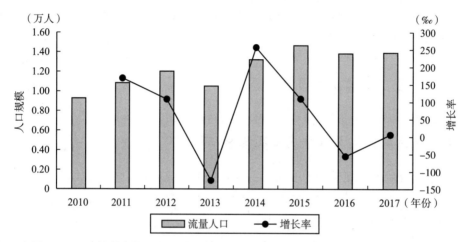

图 4 - 2 - 9　柳州市柳江区（拉堡新兴组团）平均日流量人口规模及增长率变化
资料来源：2011～2018 年柳州市统计年鉴。

（三）柳东新区流量人口变化现状特征

柳东新区流量人口规模较为波动。总流量人口从 2010 年的 523.15 万人增加到 2017 年的 750.78 万人，共增加了 230.63 万人，年均增加 32.95 万人；7 年间，年均增长率为 53.70‰。从日均流量人口来看，2010～2012 年呈增加的趋势，2012～2014 年先下降后继续上升，2015～2017 年下降逐渐趋于平稳，其中，日均流量人口在 2015 年达到峰值，为 2.15 万人。2010～2017 年间年均增长率为 61.60‰，2014 年达到最高值，为 300.29‰，2013 年达到最低值，为 −139.46‰，二者相差甚大，可见增长率也较为波动（见图 4 - 2 - 10）。

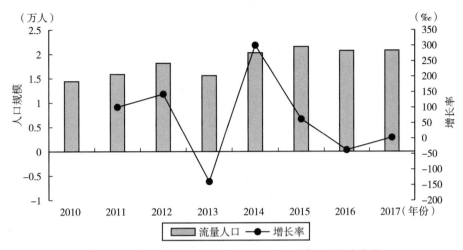

图 4 - 2 - 10 柳东新区平均日流量人口规模及增长率变化

资料来源：2011～2018 年柳州市统计年鉴。

（四）北部生态新区流量人口变化现状特征

北部生态新区流量人口规模较为波动。总流量人口从 2010 年的 269.57 万人增加到 2017 年的 367.39 万人，共增加了 97.82 万人，年均增加 13.97 万人；日均流量人口从 2010 年的 0.74 万人增加到 2017 年的 1.01 万人，增加 0.27 万人。从日均流量人口来看，2010～2012 年呈增加的趋势，2013～2015 年先下降后继续上升，2015 年至 2017 年下降逐渐趋于平稳，其中，日均流量人口在 2015 年达到峰值，为 1.10 万人。2010～2017 年间年均增长率为 53.42‰，2014 年达到最高值，为 287.74‰，2013 年达到最低值，为 -139.91‰，二者相差甚大，可见增长率也较为波动（见图 4 - 2 - 11）。

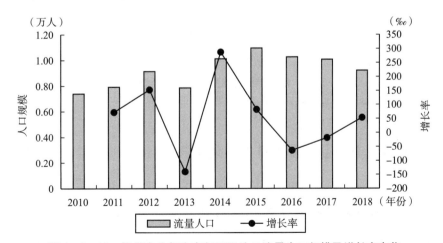

图 4 - 2 - 11 柳州市北部生态新区平均日流量人口规模及增长率变化

资料来源：2011～2018 年柳州市统计年鉴。

第三节 柳州市旅游人口规模现状分析

一、市域旅游人口发展现状特征

柳州市旅游人口规模持续增加。柳州是一座山水景观独特的国家历史文化名城，有着"山清水秀地干净"的美誉。2017 年末，旅游人口已达到 4039.34 万人，较 2014 年增加了 1416.93 万人，年均增加 472.31 万人；日均旅游人口从 2014 年的 7.18 万人增加到 2017 年的 11.07 万人，年均增加 1.30 万人。从日均旅游人口来看，2014～2017 年呈逐渐增加的趋势；从增长率来看，2014～2017 年间最低增长率为 113.14‰，最高增长率为 218.18‰。结合柳州市旅游人口历年增加的趋势来看，随着人们对未来休闲美好生活的需求上升，在未来的一定时期内，柳州市旅游人口仍会有所增加（见图 4 - 3 - 1）。

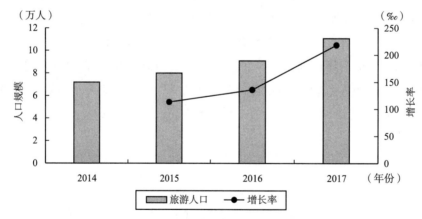

图 4 - 3 - 1 柳州市日均旅游人口规模及增长率变化

资料来源：广西柳州市人民政府门户网站。

二、市辖区及各县旅游人口发展现状特征

（一）市辖区旅游人口变化现状特征

柳州市市辖区旅游人口规模波动增加。近年来，柳州衍生了具有柳州特色的"工业 + 旅游"模式，工业旅游发展势头旺盛，其工业发展基础和生态环境的融

合，产生了吸引旅游人口的潜力。市辖区内有柳候公园、工业博物馆、龙潭公园、百里柳江等多个 4A 级景区，空气清新、环境优美。2014 年旅游总人口为 1786.28 万人，截至 2017 年，共增加了 252 万人；日均旅游人口规模先减后增，最低增长率为 -97.68‰，最高值为 226.36‰，增长率变化较为起伏（见图 4-3-2）。

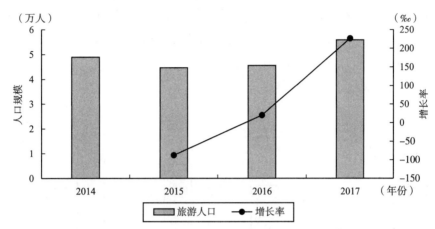

图 4-3-2　柳州市市辖区日均旅游人口规模及增长率变化

资料来源：广西柳州市人民政府门户网站。

（二）柳城县旅游人口变化现状特征

柳城县旅游人口规模持续增加。柳城县距柳州市较近，且交通便利，柳城县未来作为柳州休闲后花园，将会吸引更多市民到县内进行短期休闲活动。现有 3 处国家级旅游景区和多处景点，旅游人口从 2014 年的 107.12 万人增加到 2017 年的 200.84 万人，年均增加 31.24 万人，2017 年增长率达到 504.42‰（见图 4-3-3）。

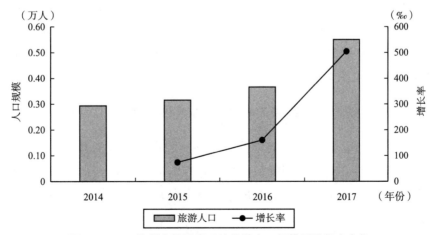

图 4-3-3　柳州市柳城县日均旅游人口规模及增长率变化

资料来源：广西柳州市人民政府门户网站。

（三）鹿寨县旅游人口变化现状特征

鹿寨县旅游人口规模持续增加。鹿寨县民俗文化体验游、绿色生态游、乡村休闲度假游场面火爆，丰富多彩的文化旅游活动、各具特色的文化旅游产品为鹿寨县发展旅游产业做出了保障，旅游人口规模总体上升。截至 2017 年年末，旅游人口达到 305.26 万人，年均增加 72.60 万人，日均旅游人口为 0.84 万人，增长率最高为 1141.31‰，达到峰值之后，增长率下降到 2016 年的 253.82‰，之后缓慢上升至 2017 年的 299.86‰（见图 4 - 3 - 4）。

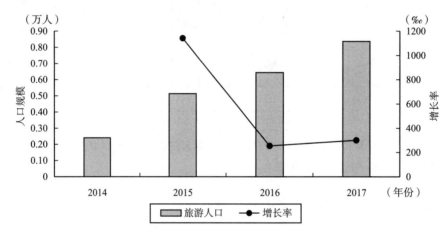

图 4 - 3 - 4　柳州市鹿寨县日均旅游人口规模及增长率变化

资料来源：广西柳州市人民政府门户网站。

（四）融安县旅游人口变化现状特征

融安县旅游人口规模持续增加。融安县依托山水资源丰富和区位便利的旅游优势，将特色农业与旅游相结合，促进旅游结构提质升级，在 2014～2016 年间发展速度较快，增长率从 2015 年的 -175.38‰ 上升到 2016 年的 526.35‰，2017 年保持在 411.30‰（见图 4 - 3 - 5）。

（五）融水苗族自治县旅游人口变化现状特征

融水苗族自治县旅游人口规模持续增加。融水苗族自治县日均旅游人口为 1.38 万人，2015 年增长率达到峰值，为 724.17‰，之后增长率维持在 138‰。融水县政府在未来有意将融水苗族自治县打造成柳州旅游的亮点，举全县之力推进旅游产业发展（见图 4 - 3 - 6）。

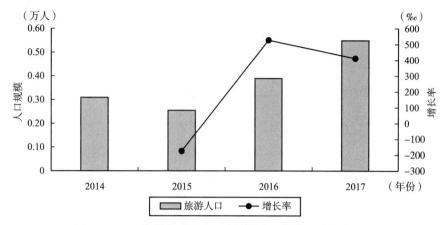

图4－3－5　柳州市融安县日均旅游人口规模及增长率变化

资料来源：广西柳州市人民政府门户网站。

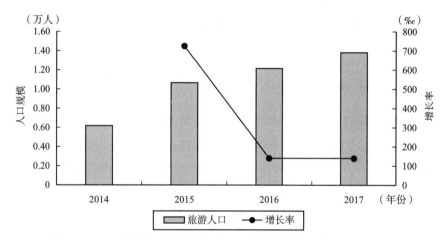

图4－3－6　柳州市融水苗族自治县日均旅游人口规模及增长率变化

资料来源：广西柳州市人民政府门户网站。

（六）三江侗族自治县旅游人口变化现状特征

　　三江侗族自治县旅游人口规模持续增加。三江侗族自治县有着侗族文化特征的建筑景观，程阳桥、丹洲古镇、和里三王宫和马胖鼓楼等，吸引大量人口到此旅游。截至2017年，旅游人口数为789.42万人，相较于2014年增加了486.42万人，日均旅游人口从2014年的0.83万人增加到2017年的2.16万人，增长率在2015年出现峰值，为666.67‰（见图4－3－7）。

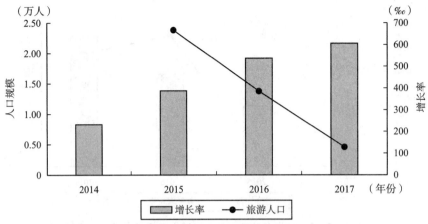

图4-3-7 柳州市三江侗族自治县日均旅游人口规模及增长率变化

资料来源：广西柳州市人民政府门户网站。

三、一主三新旅游人口发展现状特征

（一）主城区旅游人口变化现状特征

主城区旅游人口规模呈现增加态势。截至2017年，主城区旅游总人口为1243.55万人，日均旅游人口为3.00万人，相比三个新区，是增加幅度最大的区域，增加了0.41万人，增长率最高为240.60‰，最低为-105.57‰，增长率变化较为起伏。未来主城区作为柳州经济产业结构调整重要地区，旅游业会发展成为第三产业经济发展的主要增长点（见图4-3-8）。

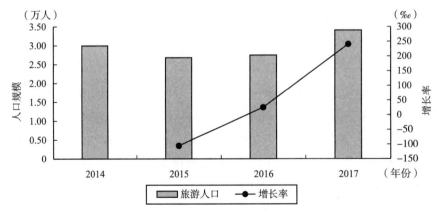

图4-3-8 柳州市主城区日均旅游人口规模及增长率变化

资料来源：广西柳州市人民政府门户网站。

（二）柳江区（拉堡新兴组团）旅游人口变化现状特征

柳江区（拉堡新兴组团）旅游人口规模呈现增加态势。柳江区（拉堡新兴组团）增加了 17.66 万人，日均旅游人口增加了 0.05 万人，最高增长率为 384.60‰，最低增长率为 -165.88‰（见图 4-3-9）。

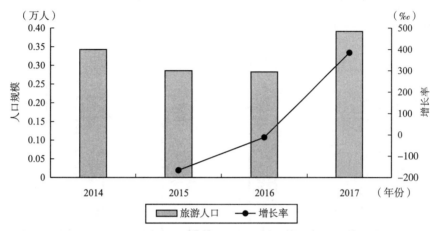

图4-3-9　柳州市柳江区（拉堡新兴组团）日均旅游人口规模及增长率变化

资料来源：广西柳州市人民政府门户网站。

（三）柳东新区旅游人口变化现状特征

柳东新区旅游人口规模呈现增加态势。2017 年年末，柳东新区旅游总人口为 203.86 万人，较 2014 年增加了 18.09 万人。日均旅游人口较 2017 年的 0.56 万人，增加了 0.04 万人，增长率最高为 103.50‰，最低为 -35.04‰（见图 4-3-10）。

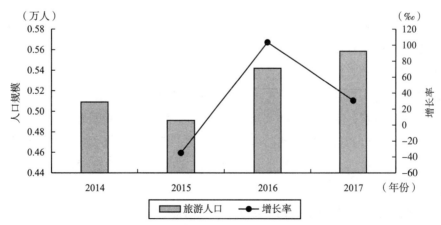

图4-3-10　柳州市柳东新区日均旅游人口规模及增长率变化

资料来源：广西柳州市人民政府门户网站。

（四）北部生态新区旅游人口变化现状特征

北部生态新区旅游人口规模呈现增加态势。北部生态新区有着丰富的自然景观资源和人文资源，但相对于其他一主三新旅游人口较少。在后期发展中，做足做强"生态"这一主题，完善相应的宜游设施，对旅游人口有一定的吸引作用。2014～2017年旅游总人口增加了53.38万人，日均旅游人口增加0.15万人，增长率呈增长趋势（见图4-3-11）。

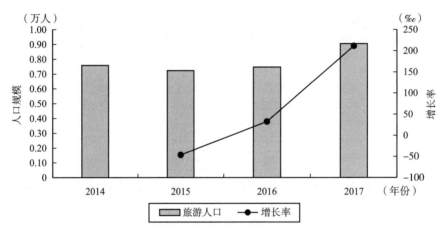

图4-3-11　柳州市北部生态新区日均旅游人口规模及增长率变化

资料来源：广西柳州市人民政府门户网站。

第四节　柳州市迁徙大数据人口规模现状分析

近几年来，随着互联网的大力普及、信息技术的飞速发展和网民规模的巨幅增长，大数据的作用日益显现，流动人口大数据是大数据的重要组成部分。流动人口大数据对预测流动人口发展趋势具有重大帮助，为指导流动人口服务管理政策提供科学的依据，为人口合理分布、有序流动提供重要参考。因此，本研究引入了手机信令数据进行分析，主要分析柳州市各县（区）到访人口来源地、流入人口的来源地以及流出人口的目的地，把握柳州市迁徙人口发展的最新情况、特点以及面临的新问题、新趋势，为预测柳州市各县（区）实有人口提供重要依据，引导柳州市人口合理分布。

研究数据摘自"基于手机信令数据柳州玉林大尺度分析"项目，其数据来源于智慧足迹公司，数据获取时间为2018年3月，数据空间粒度为县域及县域以上单元，数据内容为驻留、出行、用户属性。

一、市域及各县（区）迁徙大数据人口发展现状特征

基于手机信令数据分析柳州市迁徙人口规模特征，2018 年柳州市市域日均迁徙人口为 5.35 万人，市辖区日均迁徙人口为 3.13 万人，县域中三江侗族自治县日均迁徙量最高，日均迁徙规模为 0.61 万人，占全市的 114.83‰，而县域中日均迁徙量最低的是融安县，日均迁徙规模仅为全市的 68.09‰（见图 4-4-1）。

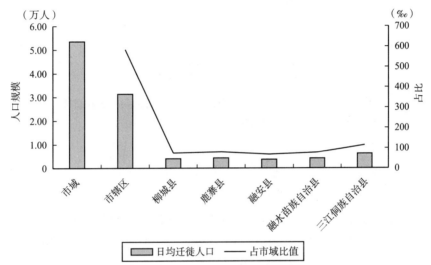

图 4-4-1　2018 年柳州市各县（区）日均迁徙人口规模及占比

资料来源：由智慧足迹公司提供，数据获取时间为 2018 年 3 月。

二、一主三新迁徙大数据人口发展现状特征

主城区日均迁徙人口规模较高。主城区日均迁徙人口规模为 0.94 万人，占全市比值的 175.43‰，柳江区（拉堡新兴组团）日均迁徙人口规模为 0.63 万人，占全市比值的 116.96‰，柳东新区日均迁徙人口规模为 0.94 万人，占全市比值的 175.43‰，北部新区日均迁徙人口规模为 0.47 万人，占全市比值的 87.72‰（见图 4-4-2）。

三、到访人口来源地

柳州市各区到访人口主要来源于广西各市及广东省。从柳州市各区访客来源地看，主要来源是广西内部和广东省，其次是高速和铁路交通沿线，如湖南、湖北、

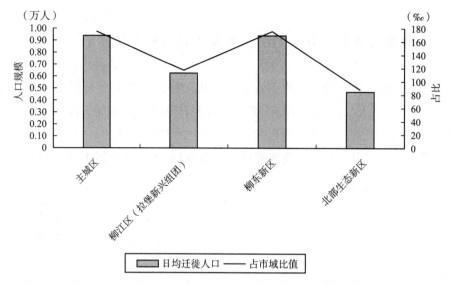

图 4 – 4 – 2　2018 年柳州市一主三新日均迁徙人口规模及占比

资料来源：由智慧足迹公司提供，数据获取时间为 2018 年 3 月。

河南等焦柳线的主要城市，以及山东、京津冀、川渝贵等地区。相比而言，柳南区访客来源较广，城中区访客来源地则较少。

柳州市各县到访人口主要来自两广地区，但来源地范围明显缩减。柳州市各县访客首要来源地仍是两广地区，其次是周边湖南、贵州等地，访客来源地总体范围明显缩减。其中，三江侗族自治县访客人口中，由于受旅游业的影响，来自广东省访客的超过广西内部。

四、外来迁徙人口来源地分析

市辖区外来迁徙人口主要来自周边区域，但主要流入人口来自广西。城中区、鱼峰区、柳南区、柳北区对周边区域的人口吸引力极强。2016 年柳江区撤县改区，作为新成立的新区，相较而言，对周边区域的人口吸引力较弱。柳州的市辖区对周边区域的吸引力明显强于其他县域，主要呈由柳州市市辖区逐渐向外递减的趋势。各区流入人口来源地主要为广西内部，对于其他省区而言，主要是来自湖南等地。

柳州市各县对外来人口的吸引力较弱，人口主要在各县之间流动。柳州市各县对柳州市以外的区域吸引力不强，仅对相邻几个区域具有较强的吸引力，而对距离较远且发展程度较高的区域吸引力较弱。但各县对市域内的其他县（区）的吸引力极大，绝大多数的流入人口来源于柳州市市域内部区域。总体而言，柳州市各县流入人口主要还是以区域内部人口为主，对外引力有限。

五、流出人口目的地分析

市辖区流出人口较少，主要集中在本市以及南宁市等广西内部。柳州市市辖区流出人口比各县少，主要集中于广西内。城中区、鱼峰区、柳北区流出人口主要集中于柳州市及南宁市，柳南区及柳江区除了流入柳州市及南宁外，流出至桂林市及来宾市的人口也不少。各区均有部分人口流入发展较好的珠三角地区，其中，鱼峰区与柳江区流出的人口较多。总体而言，市辖区流出人口主要流至本市其他区域以及南宁等广西内部，也有不少进入珠三角地区。

各县流出人口较多，基本集中于社会经济发展较快的区域。柳州各县相对于各区而言，流出人口较多。在广西范围内，主要的流出地为柳州市其他区域及南宁市，其中，鹿寨县和融水苗族自治县有部分人口流出至桂林市。在其他省区，柳州市各县流出人口主要流出至珠三角地区，其次为长三角地区，主要原因为这些地区经济发展速度快、技术水平高、工资收入水平高，对柳州市各县的人口吸引力较大。

■ 第五节　柳州市实有人口规模现状分析

实有人口方案一由户籍人口、居住半年以上流动人口、居住半年以下流动人口、流量人口组成。在 2017 年实有人口方案一的人口构成中，柳州市共有 445.33 万人，其中户籍人口 386.60 万人，占实有人口方案一的 86.81%；居住半年以上流动人口 36.13 万人，占实有人口方案一的 8.11%；居住半年以下流动人口 13.39 万人，占实有人口方案一的 3.01%；流量人口 9.21 万人，占实有人口方案一的 2.07%。市辖区共有 257.96 万人，其中户籍人口 179.68 万人，占实有人口方案一的 69.65%；居住半年以上流动人口 52.63 万人，占实有人口方案一的 20.40%；居住半年以下流动人口 18.83 万人，占实有人口方案一的 7.30%；流量人口 6.82 万人，占实有人口方案一的 2.64%。柳城县共有 41.60 万人，其中户籍人口 40.97 万人，占实有人口方案一的 98.49%；居住半年以上流动人口 0.13 万人，占实有人口方案一的 0.31%；居住半年以下流动人口 0.26 万人，占实有人口方案一的 0.63%；流量人口 0.24 万人，占实有人口方案一的 0.57%。鹿寨县共有 41.81 万人，其中户籍人口 40.97 万人，占实有人口方案一的 97.99%；居住半年以上流动人口 0.28 万人，占实有人口方案一的 0.67%；居住半年以下流动人口 0.24 万人，占实有人口方案一的 0.57%；流量人口 0.32 万人，占实有人口方案一的 0.77%。

融安县共有 33.71 万人，其中户籍人口 32.76 万人，占实有人口方案一的 97.18%；居住半年以上流动人口 0.15 万人，占实有人口方案一的 0.44%；居住半年以下流动人口 0.22 万人，占实有人口方案一的 0.65%；流量人口 0.58 万人，占实有人口方案一的 1.73%。融水苗族自治县共有 53.61 万人，其中户籍人口 51.97 万人，占实有人口方案一的 96.94%；居住半年以上流动人口 0.38 万人，占实有人口方案一的 0.71%；居住半年以下流动人口 0.41 万人，占实有人口方案一的 0.76%；流量人口 0.85 万人，占实有人口方案一的 1.59%。三江侗族自治县共有 41.16 万人，其中户籍人口 40.26 万人，占实有人口方案一的 97.81%；居住半年以上流动人口 0.23 万人，占实有人口方案一的 0.56%；居住半年以下流动人口 0.27 万人，占实有人口方案一的 0.66%；流量人口 0.40 万人，占实有人口方案一的 0.97%（如表 4-5-1 所示）。

表 4-5-1　　　　　　　2017 年柳州市实有人口方案一人口构成　　　　　单位：万人

区域			户籍人口	居住半年以上流动人口	居住半年以下流动人口	流量人口	实有人口方案一
柳州市			386.60	36.13	13.39	9.21	445.33
市辖区	市辖区合计		179.68	52.63	18.83	6.82	257.96
	一主三新	主城区	100.00	18.78	6.05	2.05	126.88
		柳江区（拉堡新兴组团）	36.76	9.67	5.12	1.36	52.91
		柳东新区	23.92	16.13	5.01	2.06	47.12
		北部生态新区	5.05	6.78	2.30	1.01	15.14
	一主三新外		13.95	1.27	0.35	0.34	15.91
柳城县			40.97	0.13	0.26	0.24	41.59
鹿寨县			40.97	0.28	0.24	0.32	41.81
融安县			32.76	0.15	0.22	0.58	33.71
融水苗族自治县			51.97	0.38	0.41	0.85	53.61
三江侗族自治县			40.26	0.23	0.27	0.40	41.15

实有人口方案二由户籍人口、居住半年以上流动人口、居住半年以下流动人口、旅游人口组成。在 2017 年实有人口方案二的人口构成中，柳州市共有 447.19 万人，其中户籍人口 386.60 万人，占实有人口方案二的 86.45%；居住半年以上流动人口 36.13 万人，占实有人口方案二的 8.08%；居住半年以下流动人口 13.39 万人，占实有人口方案二的 2.99%；旅游人口 11.07 万人，占实有人口方案二的

2.48%。市辖区共有 256.73 万人，其中户籍人口 179.68 万人，占实有人口方案二的 69.99%；居住半年以上流动人口 52.63 万人，占实有人口方案二的 20.50%；居住半年以下流动人口 18.83 万人，占实有人口方案二的 7.33%；旅游人口 5.59 万人，占实有人口方案二的 2.18%。柳城县共有 41.91 万人，其中户籍人口 40.97 万人，占实有人口方案二的 97.76%；居住半年以上流动人口 0.13 万人，占实有人口方案二的 0.31%；居住半年以下流动人口 0.26 万人，占实有人口方案二的 0.62%；旅游人口 0.55 万人，占实有人口方案二的 1.31%。鹿寨县共有 42.33 万人，其中户籍人口 40.97 万人，占实有人口方案二的 96.79%；居住半年以上流动人口 0.28 万人，占实有人口方案二的 0.66%；居住半年以下流动人口 0.24 万人，占实有人口方案二的 0.57%；旅游人口 0.84 万人，占实有人口方案二的 1.98%。融安县共有 33.68 万人，其中户籍人口 32.76 万人，占实有人口方案二的 97.27%；居住半年以上流动人口 0.15 万人，占实有人口方案二的 0.45%；居住半年以下流动人口 0.22 万人，占实有人口方案二的 0.65%；旅游人口 0.55 万人，占实有人口方案二的 1.63%。融水苗族自治县共有 54.14 万人，其中户籍人口 51.97 万人，占实有人口方案二的 95.99%；居住半年以上流动人口 0.38 万人，占实有人口方案二的 0.70%；居住半年以下流动人口 0.41 万人，占实有人口方案二的 0.76%；旅游人口 1.38 万人，占实有人口方案二的 2.55%。三江侗族自治县共有 42.92 万人，其中户籍人口 40.26 万人，占实有人口方案二的 93.80%；居住半年以上流动人口 0.23 万人，占实有人口方案二的 0.54%；居住半年以下流动人口 0.27 万人，占实有人口方案二的 0.63%；旅游人口 2.16 万人，占实有人口方案二的 5.03%（如表 4-5-2 所示）。

表 4-5-2　　　　　　　**2017 年柳州市实有人口方案二人口构成**　　　　　单位：万人

区域			户籍人口	居住半年以上流动人口	居住半年以下流动人口	旅游人口	实有人口方案二
柳州市			386.60	36.13	13.39	11.07	447.19
市辖区	市辖区合计		179.68	52.63	18.83	5.59	256.73
	一主三新	主城区	100.00	18.78	6.05	3.41	128.24
		柳江区（拉堡新兴组团）	36.76	9.67	5.12	0.39	51.94
		柳东新区	23.92	16.13	5.01	0.56	45.62
		北部生态新区	5.05	6.78	2.30	0.90	15.03
	一主三新外		13.95	1.27	0.35	0.32	15.89

区域	户籍人口	居住半年以上流动人口	居住半年以下流动人口	旅游人口	实有人口方案二
柳城县	40.97	0.13	0.26	0.55	41.91
鹿寨县	40.97	0.28	0.24	0.84	42.33
融安县	32.76	0.15	0.22	0.55	33.68
融水苗族自治县	51.97	0.38	0.41	1.38	54.14
三江侗族自治县	40.26	0.23	0.27	2.16	42.92

　　实有人口方案三由户籍人口、居住半年以上流动人口、居住半年以下流动人口、迁徙大数据人口组成。在2017年实有人口方案三的人口构成中，柳州市共有441.47万人，其中户籍人口386.60万人，占实有人口方案三的87.57%；居住半年以上流动人口36.13万人，占实有人口方案三的8.18%；居住半年以下流动人口13.39万人，占实有人口方案三的3.03%；迁徙大数据人口5.35万人，占实有人口方案三的1.21%。市辖区共有254.27万人，其中户籍人口179.68万人，占实有人口方案三的70.67%；居住半年以上流动人口52.63万人，占实有人口方案三的20.70%；居住半年以下流动人口18.83万人，占实有人口方案三的7.41%；迁徙大数据人口3.13万人，占实有人口方案三的1.23%。柳城县共有41.76万人，其中户籍人口40.97万人，占实有人口方案三的98.11%；居住半年以上流动人口0.13万人，占实有人口方案三的0.31%；居住半年以下流动人口0.26万人，占实有人口方案三的0.62%；迁徙大数据人口0.40万人，占实有人口方案三的0.96%。鹿寨县共有41.91万人，其中户籍人口40.97万人，占实有人口方案三的97.73%；居住半年以上流动人口0.28万人，占实有人口方案三的0.67%；居住半年以下流动人口0.24万人，占实有人口方案三的0.57%；迁徙大数据人口0.43万人，占实有人口方案三的1.03%。融安县共有33.49万人，其中户籍人口32.76万人，占实有人口方案三的97.82%；居住半年以上流动人口0.15万人，占实有人口方案三的0.45%；居住半年以下流动人口0.22万人，占实有人口方案三的0.66%；迁徙大数据人口0.36万人，占实有人口方案三的1.07%。融水苗族自治县共有53.17万人，其中户籍人口51.97万人，占实有人口方案三的97.74%；居住半年以上流动人口0.38万人，占实有人口方案三的0.71%；居住半年以下流动人口0.41万人，占实有人口方案三的0.77%；迁徙大数据人口0.41万人，占实有人口方案三的0.77%。三江侗族自治县共有41.37万人，其中户籍人口40.26万人，占实有人口方案三的97.32%；居住半年以上流动人口0.23万人，占实有人

口方案三的 0.56%；居住半年以下流动人口 0.27 万人，占实有人口方案三的 0.65%；迁徙大数据人口 0.61 万人，占实有人口方案三的 1.47%（如表 4-5-3 所示）。

表 4-5-3　　　　　　2017 年柳州市实有人口方案三人口构成　　　　　　单位：万人

区域				户籍人口	居住半年以上流动人口	居住半年以下流动人口	迁徙大数据人口	实有人口方案三
综合预测结果			柳州市	386.60	36.13	13.39	5.35	441.47
	市辖区		市辖区合计	179.68	52.63	18.83	3.13	254.27
		一主三新	主城区	100.00	18.78	6.05	0.94	125.77
			柳江区（拉堡新兴组团）	36.76	9.67	5.12	0.63	52.18
			柳东新区	23.92	16.13	5.01	0.94	46.00
			北部生态新区	5.05	6.78	2.30	0.47	14.60
		一主三新以外		13.95	1.27	0.35	0.16	15.73
	柳城县			40.97	0.13	0.26	0.40	41.76
	鹿寨县			40.97	0.28	0.24	0.43	41.92
	融安县			32.76	0.15	0.22	0.36	33.49
	融水苗族自治县			51.97	0.38	0.41	0.41	53.17
	三江侗族自治县			40.26	0.23	0.27	0.61	41.37

第五章

柳州市实际服务人口规模现状分析

实际服务人口数据来源于广东国地规划科技股份有限公司提供的《广西大数据辅助国土空间规划人口专题分析报告》，定义为该区域的常住人口和 3 天以上至半年以下短期驻留人口总和，通过分析 2019 年 6 月手机信令数据，获取所有用户数据并扣除逗留天数少于 3 天的用户数据，作为实际服务人口，取夜间驻留时间最长的地方作为实际服务人口的驻留地。由于实际服务人口与本书中实有人口概念既有交叉又有不同的地方，故本书也对实际服务人口进行了分析及预测，但仅作为参考和数据校正使用，不对最终预测区间和数值产生影响。

从广西壮族自治区的实际服务人口发展来看，南宁市作为广西首府，吸引人口能力较强，实际服务人口及户籍人口的数量均处在全区首位，两类人口数量差值在 300 万人左右（如表 5-1 所示）。桂林市排名第二，柳州市则排在南宁市及桂林市之后，处于第三位，从两类人口差值来看，一定程度上可以说明城市外来人口流入量比较高，反之玉林市、河池市、钦州市等差值为负且数值较大，说明当地户籍人口流出比例较大，可能为人口输出型城市。

表 5-1 广西实际服务人口及户籍人口现状规模 单位：万人

区域	2019 年实际服务人口	2017 年户籍人口	差值
广西壮族自治区	6181.68	5659.17	522.51
南宁市	1063.08	770.82	292.26
柳州市	561.74	390.47	171.27
桂林市	649.13	538.15	110.98
梧州市	354.16	351.99	2.17
北海市	247.78	178.18	69.6
防城港市	149.57	99.32	50.25

区域	2019 年实际服务人口	2017 年户籍人口	差值
贵港市	536.93	561.29	−24.36
玉林市	636.37	732.73	−96.36
百色市	477.97	420.96	57.01
贺州市	267.88	245.91	21.97
河池市	384.31	432.95	−48.64
来宾市	241.45	269.33	−27.88
崇左市	271.88	251.70	20.18
钦州市	339.43	415.37	−75.94

从柳州市 2019 年的实际服务人口与 2017 年的户籍人口的现状来看，柳州市各区县两类数据差值均大于零，且人口主要分布于市辖区中。柳州市 2019 年实际服务人口 561.74 万人，统计年鉴中户籍人口为 386.60 万人，两类人口差值为 175.14 万人，其中市辖区实际服务人口为 339.38 万人，约占柳州市二分之一实际服务人口比重；县域的实际服务人口与户籍人口的差值较小，在 0.25 万 ~ 9.01 万人之间，说明柳州市县域流入人口的比例较少（如表 5 - 2 所示）。

表 5 - 2　　　　　　柳州市实际服务人口及户籍人口现状规模　　　　单位：万人

区域			2019 年实际服务人口	2017 年户籍人口	差值
市辖区		市辖区合计	339.38	179.68	159.70
	一主三新	主城区	135.75	100.00	35.75
		柳江区（拉堡新兴组团）	50.91	36.76	14.14
		柳东新区	84.85	23.92	60.93
		北部生态新区	50.91	5.05	45.85
	一主三新外		16.97	13.95	3.02
柳城县			42.14	40.97	1.17
鹿寨县			42.38	40.97	1.41
融安县			36.35	32.76	3.59
融水苗族自治县			52.22	51.97	0.25
三江侗族自治县			49.27	40.26	9.01
柳州市			561.74	386.60	175.14

第二篇

柳州市人口规模发展预测

第六章

柳州市常住人口规模及城镇化预测

■ 第一节　柳州市常住人口规模预测

随着社会经济的不断发展、"全面二孩"政策的实行及城镇化进程的不断推进，人口增长已经突破了以往计划经济时期的递进规律，因而需科学合理地预测人口规模。根据新型城镇化的要求，城镇化的发展需按照集约紧凑、疏密有致的原则，建设紧凑型城镇、开敞型区域，因此需合理预测人口规模。人口预测的方法多种多样，其预测结果也各有不同，本次柳州市总人口规模预测将根据柳州市及各县（区）的人口发展趋势，采用综合增长率法、回归分析法、灰色预测法三种方法相结合确定不同规划时期的柳州市及其各县（区）总人口规模数量，使预测结果和规模目标更具弹性及适应性，符合柳州市的社会经济与城镇建设的发展需要。

一、综合增长率法

综合增长率按下式计算：

$$P = P_0(1+a)^n$$

式中：p——规划末人口数；

P_0——基准年人口数；

a——年平均综合增长率；

n——规划期年限。

（一）市域常住人口规模预测

1. 市域常住人口规模预测结果

根据历年统计数据，计算得出 2006～2017 年柳州市总人口的年平均增长率为

10‰，综合考虑规划期的增长趋势，分别设置高、中、低三种预测方案，以预测不同情况下的人口发展情况（如表6-1-1和表6-1-2所示）。

高增长率方案的前提是柳州市社会经济发展形势继续看好，区域地位不断加强，经济发展带动就业机会大幅增加，对外来人口的吸引力增强，且"全面二孩"政策对人口发展起到了正向的作用，人口老龄化的趋势对人口增长的影响不大。预测柳州市2018~2020年、2021~2025年、2026~2030年、2031~2035年、2036~2050年总人口的平均增长率为15‰、15‰、14‰、14‰、9‰。

中增长率方案的前提是区域经济环境总体看好，但有一定的结构调整，经济发展易受到市场需求的影响，就业人口呈波动增长模式，但总体上仍旧呈现较快增长趋势，"全面二孩"政策起到积极作用。预测柳州市2018~2020年、2021~2025年、2026~2030年、2031~2035年、2036~2050年总人口的平均增长率分别为13‰、13‰、11‰、11‰、7‰。

低增长率方案的前提是柳州市产业优势未能很好地发挥，产业对经济的拉动作用不强，"全面二孩"政策对人口增长的积极作用不显著，人口增长速度同现阶段。预测柳州市2018~2020年、2021~2025年、2026~2030年、2031~2035年、2036~2050年总人口的平均增长率分别为10‰、10‰、8‰、8‰、5‰。

表6-1-1　　　　　　　　　柳州市市域常住人口综合增长率

综合增长率法预测结果　　　　　　　　　　　　　单位：‰

方案	预测综合增长率				
	2018~2020年	2021~2025年	2026~2030年	2031~2035年	2036~2050年
低	10	10	8	8	5
中	13	13	11	11	7
高	15	15	14	14	9

表6-1-2　　　　　　柳州市市域常住人口综合增长率法预测结果　　　　　单位：万人

2017年总人口	方案	总人口预测				
		2018~2020年	2021~2025年	2026~2030年	2031~2035年	2036~2050年
400.00	低	416.24	437.47	455.26	473.76	510.56
	中	421.21	449.31	474.57	501.25	556.54
	高	424.55	457.36	490.28	525.57	601.18
	区间	416.24~424.55	437.47~457.36	455.26~490.28	473.76~525.57	510.56~601.18

2. 市域常住人口综合增长率法模型校核

根据综合增长率的常住人口预测模型对柳州市市域的现状常住人口进行回推校核，得出市域的模型回推人口数与实际统计的人口数绝对误差在 0～0.93 万人之间。区域的模型回推人口基本与现状常住人口符合，认为该模型适用于市域的常住人口预测（如表 6－1－3 所示）。

表 6－1－3　　　　柳州市市域常住人口综合增长率法模型校核结果　　　单位：万人

年份	2010 年	2011 年	2012 年	2013 年	2014 年	2015 年	2016 年	2017 年
实际统计人口	375.87	379.39	382.45	385.60	388.65	392.27	395.87	400.00
函数回推人口	375.87	379.25	382.66	386.11	389.58	393.09	396.62	400.19
绝对误差	0.00	0.14	0.21	0.51	0.93	0.82	0.75	0.19

（二）市辖区及各县常住人口规模预测

1. 市辖区及各县常住人口规模预测结果

根据先增后减的原则，充分考虑"全面二孩"等政策因素引导，确定至 2025 年人口增长幅度在 10‰上下浮动，其中，由于一主三新是柳州市未来发展的主要区域，因此市辖区的人口增长幅度相对较大，柳城县与鹿寨县与市辖区相邻，人口容易集聚，人口增长幅度也较大，其余各县相对于市辖区、柳城县、鹿寨县增长幅度相对较低（如表 6－1－4～表 6－1－6 所示）。

表 6－1－4　柳州市各县（区）常住人口综合增长率法预测结果（高速方案）

区域	2017 年总人口（万人）	人口综合增长率（‰）						人口总量预测值（万人）				
		2010～2017 年	2018～2020 年	2021～2025 年	2026～2030 年	2031～2035 年	2036～2050 年	2020 年	2025 年	2030 年	2035 年	2050 年
市辖区	224.55	10.40	22.30	22.30	19.50	18.60	14.20	239.89	267.82	295.04	323.44	399.52
柳城县	37.11	6.80	12.00	11.00	10.00	9.00	5.00	38.46	40.62	42.70	44.65	48.12
鹿寨县	35.20	8.70	15.00	14.00	13.00	12.00	8.00	36.81	39.46	42.09	44.68	50.35
融安县	30.01	7.10	11.00	10.00	8.00	8.00	6.00	31.01	32.59	33.92	35.30	38.61
融水苗族自治县	42.01	6.30	9.00	9.00	8.00	8.00	5.00	43.15	45.13	46.97	48.88	52.67
三江侗族自治县	31.12	6.60	9.00	9.00	7.00	7.00	4.00	31.97	33.43	34.62	35.85	38.06

表6-1-5 柳州市各县（区）常住人口综合增长率法预测结果（中速方案）

区域	2017年总人口（万人）	人口综合增长率（‰）						人口总量预测值（万人）				
		2010~2017年	2018~2020年	2021~2025年	2026~2030年	2031~2035年	2036~2050年	2020年	2025年	2030年	2035年	2050年
市辖区	224.55	10.40	20.58	19.33	16.55	15.28	7.92	238.68	262.58	285.04	307.48	346.09
柳城县	37.11	6.80	9.40	9.40	7.40	7.40	3.30	38.17	39.99	41.50	43.05	45.24
鹿寨县	35.20	8.70	13.40	13.40	12.00	11.00	6.30	36.63	39.16	41.56	43.90	48.23
融安县	30.01	7.10	8.60	8.60	7.60	7.60	5.20	30.79	32.14	33.38	34.67	37.64
融水苗族自治县	42.01	6.30	7.80	7.80	8.80	8.80	3.80	43.00	44.70	46.71	48.80	51.65
三江侗族自治县	31.12	6.60	8.50	8.40	7.00	7.00	3.40	31.92	33.28	34.47	35.69	37.55

表6-1-6 柳州市各县（区）常住人口综合增长率法预测结果（低速方案）

区域	2017年总人口（万人）	人口综合增长率（‰）						人口总量预测值（万人）				
		2010~2017年	2018~2020年	2021~2025年	2026~2030年	2031~2035年	2036~2050年	2020年	2025年	2030年	2035年	2050年
市辖区	224.55	10.40	18.27	18.27	14.91	14.64	6.56	237.08	259.55	279.49	300.55	331.50
柳城县	37.11	6.80	8.50	8.50	7.00	7.00	4.00	38.06	39.71	41.12	42.58	45.21
鹿寨县	35.2	8.70	12.00	12.00	11.00	10.00	7.50	36.48	38.72	40.90	42.99	48.09
融安县	30.01	7.10	7.50	7.50	6.00	6.00	4.50	30.69	31.86	32.83	33.82	36.18
融水苗族自治县	42.01	6.30	7.50	7.50	7.00	7.00	3.00	42.96	44.60	46.18	47.82	50.02
三江侗族自治县	31.12	6.60	8.00	8.00	7.00	7.00	5.00	31.87	33.17	34.35	35.56	38.33

2. 市辖区及各县常住人口综合增长率法模型校核

根据综合增长率的常住人口预测模型对市辖区及各县的常住人口进行回推校核，得出市辖区的模型回推人口数与实际统计的人口数绝对误差在0~0.5万人之间，柳城县模型回推人口数与实际统计的人口数绝对误差在0~0.15万人之间，鹿寨县的绝对误差在0~0.25万人之间，融安县的绝对误差在0~0.1万人之间，融水苗族自治县的绝对误差在0~0.19万人之间，三江侗族自治县的绝对误差在0~0.07万人之间，各个区域的模型回推人口与现状常住人口基本符合，认为该模型适用于市辖区及各县的常住人口预测（如表6-1-7~表6-1-12所示）。

表 6－1－7　　　　　　柳州市市辖区常住人口综合增长率法模型校核结果　　　单位：万人

年份	2010 年	2011 年	2012 年	2013 年	2014 年	2015 年	2016 年	2017 年
实际统计人口	208.86	211.28	213.03	215.31	217.57	219.45	221.91	224.55
函数回推人口	208.86	211.03	213.23	215.45	217.69	219.95	222.24	224.55
绝对误差	0.00	0.25	0.20	0.14	0.12	0.50	0.33	0.00

表 6－1－8　　　　　　柳州市柳城县常住人口综合增长率法模型校核结果　　　单位：万人

年份	2010 年	2011 年	2012 年	2013 年	2014 年	2015 年	2016 年	2017 年
实际统计人口	35.38	35.61	35.82	36.06	36.21	36.53	36.73	37.11
函数回推人口	35.38	35.62	35.87	36.11	36.36	36.61	36.86	37.11
绝对误差	0.00	0.01	0.05	0.05	0.15	0.08	0.13	0.00

表 6－1－9　　　　　　柳州市鹿寨县常住人口综合增长率法模型校核结果　　　单位：万人

年份	2010 年	2011 年	2012 年	2013 年	2014 年	2015 年	2016 年	2017 年
实际统计人口	33.13	33.36	33.76	33.97	34.11	34.85	35.01	35.20
函数回推人口	33.13	33.42	33.71	34.00	34.30	34.60	34.90	35.20
绝对误差	0.00	0.06	0.05	0.03	0.19	0.25	0.11	0.00

表 6－1－10　　　　　　柳州市融安县常住人口综合增长率法模型校核结果　　　单位：万人

年份	2010 年	2011 年	2012 年	2013 年	2014 年	2015 年	2016 年	2017 年
实际统计人口	28.57	28.72	28.97	29.10	29.23	29.50	29.70	30.01
函数回推人口	28.57	28.77	28.97	29.18	29.38	29.59	29.80	30.01
绝对误差	0.00	0.05	0.00	0.08	0.15	0.09	0.10	0.00

表 6－1－11　　　柳州市融水苗族自治县常住人口综合增长率法模型校核结果　　　单位：万人

年份	2010 年	2011 年	2012 年	2013 年	2014 年	2015 年	2016 年	2017 年
实际统计人口	40.21	40.47	40.72	40.86	41.07	41.3	41.64	42.01
函数回推人口	40.21	40.46	40.72	40.97	41.23	41.49	41.75	42.01
绝对误差	0.00	0.01	0.00	0.11	0.16	0.19	0.11	0.00

表 6 – 1 – 12　柳州市三江侗族自治县常住人口综合增长率法模型校核结果　单位：万人

年份	2010 年	2011 年	2012 年	2013 年	2014 年	2015 年	2016 年	2017 年
实际统计人口	29.72	29.95	30.15	30.3	30.46	30.64	30.88	31.12
函数回推人口	29.72	29.92	30.11	30.31	30.51	30.71	30.92	31.12
绝对误差	0.00	0.03	0.04	0.01	0.05	0.07	0.04	0.00

（三）一主三新常住人口规模预测

1. 一主三新常住人口规模预测结果

经行政区划调整和剔除一主三新范围外的村及乡镇后，一主三新中主城区 2016 年常住人口为 110.89 万人。考虑到行政区划调整对未涉及调整的柳江区的村及乡镇的户籍人口和常住人口影响不大，则柳江区（拉堡新兴组团）2016 年常住人口由柳江区常住总人口剔除一主三新范围外的村及乡镇户籍人口所得，即 35.75 万人。根据柳东新区管委会提供的数据，2016 年常住城镇人口约 35 万人，农村居民点人口约 9.9 万人，合计 44.9 万人。《柳州市北部生态新区建设总体规划》中北部生态新区（沙塘镇、石碑坪镇）2016 年常住总人口为 5.7 万人。由于"一主三新"区域 2016 年前的现状数据还未统计，则根据一主三新内的各区域的人口密度、村庄居民点分布等得出 2010 ~ 2017 年的常住人口现状数据，从而进行一主三新的人口预测，以下回归分析法和灰色预测法同理（如表 6 – 1 – 13 ~ 表 6 – 1 – 15 所示）。

表 6 – 1 – 13　柳州市一主三新常住人口综合增长率法预测结果（高速方案）

区域	2017 年总人口（万人）	人口综合增长率（‰）						人口总量预测值（万人）				
		2010 ~ 2017 年	2018 ~ 2020 年	2021 ~ 2025 年	2026 ~ 2030 年	2031 ~ 2035 年	2036 ~ 2050 年	2020 年	2025 年	2030 年	2035 年	2050 年
主城区	112.21	8.46	25.00	23.00	20.00	15.00	10.00	120.84	135.39	149.48	161.03	186.95
柳江区（拉堡新兴组团）	36.18	10.60	30.00	25.00	20.00	18.00	15.00	39.53	44.72	49.38	53.99	67.50
柳东新区	45.43	11.56	30.00	25.00	20.00	18.00	15.00	49.65	56.17	62.02	67.80	84.77
北部生态新区	5.77	11.18	27.00	25.00	20.00	18.00	15.00	6.25	7.07	7.80	8.53	10.67

表 6-1-14　柳州市一主三新常住人口综合增长率法预测结果（中速方案）

区域	2017年总人口（万人）	人口综合增长率（‰）						人口总量预测值（万人）				
		2010~2017年	2018~2020年	2021~2025年	2026~2030年	2031~2035年	2036~2050年	2020年	2025年	2030年	2035年	2050年
主城区	112.21	8.46	20.00	18.00	16.00	13.00	8.00	119.08	130.19	140.94	150.34	169.43
柳江区（拉堡新兴组团）	36.18	10.60	25.00	20.00	18.00	15.00	10.00	38.96	43.01	47.02	50.66	58.81
柳东新区	45.43	11.56	25.00	20.00	18.00	15.00	10.00	48.93	54.02	59.06	63.62	73.87
北部生态新区	5.77	11.18	23.00	20.00	18.00	15.00	10.00	6.18	6.82	7.45	8.03	9.32

表 6-1-15　柳州市一主三新常住人口综合增长率法预测结果（低速方案）

区域	2017年总人口（万人）	人口综合增长率（‰）						人口总量预测值（万人）				
		2010~2017年	2018~2020年	2021~2025年	2026~2030年	2031~2035年	2036~2050年	2020年	2025年	2030年	2035年	2050年
主城区	112.21	8.46	18.00	15.00	15.00	10.00	8.00	118.38	127.53	137.38	144.39	162.72
柳江区（拉堡新兴组团）	36.18	10.60	20.00	15.00	12.00	10.00	8.00	38.39	41.36	43.90	46.14	51.99
柳东新区	45.43	11.56	20.00	15.00	12.00	10.00	8.00	48.22	51.94	55.13	57.95	65.30
北部生态新区	5.77	11.18	18.00	16.00	13.00	10.00	8.00	6.08	6.59	7.03	7.39	8.32

2. 一主三新常住人口综合增长率法模型校核

根据综合增长率的常住人口预测模型对一主三新的常住人口进行回推校核，得出主城区的模型回推人口数与实际统计的人口数绝对误差在 0~1.50 万人之间，柳江区（拉堡新兴组团）模型回推人口数与实际统计的人口数绝对误差在 0~0.12 万人之间，柳东新区的绝对误差在 0~0.38 万人之间，北部生态新区的绝对误差在 0~0.03 万人之间，各个区域的模型回推人口与现状常住人口基本符合，认为该模型适用于一主三新的常住人口预测（如表 6-1-16~表 6-1-19 所示）。

表 6 - 1 - 16　　柳州市主城区常住人口综合增长率法模型校核结果　　单位：万人

年份	2010 年	2011 年	2012 年	2013 年	2014 年	2015 年	2016 年	2017 年
实际统计人口	104.37	105.58	106.45	107.59	108.72	109.66	110.89	112.21
模型回推人口	104.37	105.25	106.14	107.04	107.95	108.86	109.78	110.71
绝对误差	0.00	0.33	0.31	0.55	0.77	0.80	1.11	1.50

表 6 - 1 - 17　　柳州市柳江区常住人口综合增长率法模型校核结果　　单位：万人

年份	2010 年	2011 年	2012 年	2013 年	2014 年	2015 年	2016 年	2017 年
实际统计人口	33.65	34.04	34.32	34.69	35.05	35.35	35.75	36.18
模型回推人口	33.65	34.00	34.36	34.73	35.10	35.47	35.85	36.22
绝对误差	0.00	0.03	0.05	0.04	0.05	0.12	0.10	0.05

表 6 - 1 - 18　　柳州市柳东新区常住人口综合增长率法模型校核结果　　单位：万人

年份	2010 年	2011 年	2012 年	2013 年	2014 年	2015 年	2016 年	2017 年
实际统计人口	42.26	42.75	43.10	43.56	44.02	44.40	44.90	45.43
模型回推人口	42.26	42.75	43.24	43.74	44.25	44.76	45.28	45.80
绝对误差	0.00	0.00	0.14	0.18	0.23	0.36	0.38	0.37

表 6 - 1 - 19　　柳州市北部生态新区常住人口综合增长率法模型校核结果　　单位：万人

年份	2010 年	2011 年	2012 年	2013 年	2014 年	2015 年	2016 年	2017 年
实际统计人口	5.36	5.43	5.47	5.53	5.59	5.64	5.70	5.77
模型回推人口	5.36	5.42	5.49	5.55	5.61	5.67	5.73	5.80
绝对误差	0.00	0.00	0.01	0.02	0.02	0.03	0.03	0.03

二、回归分析法

依据柳州市常住总人口的历史数据，以时间为自变量进行外推，发现常住总人口与所处年份存在如下关系：

$$Y = a + bx$$

式中：Y——预测期总人口；

x——年份；

a、b——常数。

（一）市域常住人口规模预测

1. 市域常住人口规模预测结果

依据柳州市 2006～2017 年市域常住总人口的历史数据，以时间为自变量进行外推，运用 Excel 回归分析工具进行预测计算，发现柳州市市域常住总人口与所处年份存在如下关系：

$$Y = -6441.5 + 3.3916x$$
$$(R^2 = 0.998)$$

式中：

Y——预测目标年末人口规模；

x——预测年限。

其中，回归分析模型的 R^2 为 0.998，在 0.9 以上，拟合优度高，可适用于柳州市市域常住人口的预测，见图 6-1-1。

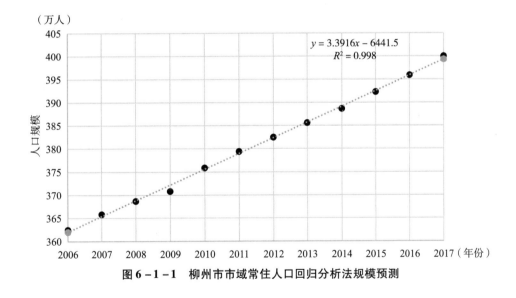

图 6-1-1 柳州市市域常住人口回归分析法规模预测

预测柳州市 2020 年市域常住总人口为 409.53 万人，2025 年市域常住总人口为 426.49 万人，2030 年市域常住总人口为 443.45 万人，2035 年市域总人口为 460.41 万人，2050 年市域常住总人口为 511.28 万人（如表 6-1-20 所示）。

表 6 - 1 - 20　　　　柳州市市域常住人口回归分析法预测结果

区域	a	b	R²	人口总量预测值（万人）				
				2020 年	2025 年	2030 年	2035 年	2050 年
市域	-6441.5	3.3916	0.998	409.53	426.49	443.45	460.41	511.28

2. 市域回归分析法模型校核

将 2010～2017 年的常住人口现状数据代入柳州市市域的回归分析法预测模型中进行校核，得出 2010 年柳州市市域的常住人口数为 375.62 万人，2011 年为 379.01 万人，2012 年为 382.40 万人，2013 年为 385.79 万人，2014 年为 389.18 万人，2015 年为 392.57 万人，2016 年为 395.97 万人，2017 年为 399.36 万人，与 2010～2017 年统计年鉴的实际统计人口数相差在 0.1 万～0.64 万人之间，基本符合现状，认为该模型适用于柳州市市域常住人口规模预测（如表 6 - 1 - 21 所示）。

表 6 - 1 - 21　　　　柳州市市域常住人口回归分析法模型校核结果　　　　单位：万人

年份	2010 年	2011 年	2012 年	2013 年	2014 年	2015 年	2016 年	2017 年
实际统计人口	375.87	379.39	382.45	385.60	388.65	392.27	395.87	400.00
模型回推人口	375.62	379.01	382.40	385.79	389.18	392.57	395.97	399.36
绝对误差	0.25	0.38	0.05	0.19	0.53	0.30	0.10	0.64

（二）市辖区及各县常住人口规模预测

1. 市辖区及各县常住人口规模预测结果

依据柳州市市辖区及各县 2010～2017 年常住总人口的历史数据，通过回归分析计算，得到柳州市各县（区）2020 年、2025 年、2035 年、2050 年的规划总人口预测值，如表 6 - 1 - 22 所示。其中市辖区及各县的回归模型的决定系数 R^2 均在 0.9 以上，拟合优势度高，则该回归模型适用于市辖区及各县的常住人口预测。

表 6 - 1 - 22　　　　柳州市市辖区及各县常住人口回归分析法预测结果

区域	a	b	R²	人口总量预测值（万人）				
				2020 年	2025 年	2030 年	2035 年	2050 年
市辖区	-4206.0	2.1964	0.9982	230.73	241.71	252.69	263.67	296.62
柳城县	-352.92	0.1933	0.9348	37.55	38.51	39.48	40.45	43.35
鹿寨县	-605.84	0.3179	0.9645	36.32	37.91	39.50	41.09	45.86

区域	a	b	R²	人口总量预测值（万人）				
				2020 年	2025 年	2030 年	2035 年	2050 年
融安县	－364.2	0.1954	0.992	30.51	31.49	32.46	33.44	36.37
融水苗族自治县	－412.03	0.2249	0.9903	42.27	43.39	44.52	45.64	49.02
三江侗族自治县	－355.04	0.1914	0.9947	31.59	32.55	33.50	34.46	37.33

2. 市辖区及各县常住人口回归分析法模型校核

通过对市辖区及各县 2010～2017 年的现状常住人口的回归分析法模型校核，得出市辖区 2010 年的常住人口为 208.76 万人，比实际统计人口数少 0.1 万人，2017 年为 224.14 万人，比实际统计人口数少 0.41 万人；柳城县 2010 年人口数为 35.61 万人，比实际统计人口数多 0.23 万人，2017 年为 36.97 万人，比实际统计人口数少 0.14 万人；鹿寨县 2010 年人口数为 33.14 万人，比实际统计人口多 0.01 万人，2017 年人口数为 35.36 万人，比实际统计人口多 0.16 万人；融安县 2010 年人口数为 28.55 万人，比实际统计人口数少 0.02 万人，2017 年人口数为 29.92 万人，比实际统计人口数少 0.09 万人；融水苗族自治县 2010 年人口数为 40.02 万人，比实际统计人口数少 0.19 万人，2017 年人口数为 41.59 万人，比实际统计人口数少 0.42 万人；三江侗族自治县 2010 年人口数为 29.67 万人，比实际统计人口数少 0.05 万人，2017 年人口数为 31.01 万人，比实际统计人口数少 0.11 万人。市辖区及各县根据回归分析法预测模型核验的 2010～2017 年的常住人口与实际统计的常住人口数相差均在 0.5 万人以下，基本符合现状（如表 6－1－23～表 6－1－28 所示）。

表 6－1－23　　　　柳州市市辖区常住人口回归分析法模型校核结果　　　　单位：万人

年份	2010 年	2011 年	2012 年	2013 年	2014 年	2015 年	2016 年	2017 年
实际统计人口	208.86	211.28	213.03	215.31	217.57	219.45	221.91	224.55
模型回推人口	208.76	210.96	213.16	215.35	217.55	219.75	221.94	224.14
绝对误差	0.10	0.32	0.13	0.04	0.02	0.30	0.03	0.41

表 6 - 1 - 24　　　　柳州市柳城县常住人口回归分析法模型校核结果　　　单位：万人

年份	2010 年	2011 年	2012 年	2013 年	2014 年	2015 年	2016 年	2017 年
实际统计人口	35.38	35.61	35.82	36.06	36.21	36.53	36.73	37.11
模型回推人口	35.61	35.81	36.00	36.19	36.39	36.58	36.77	36.97
绝对误差	0.23	0.20	0.18	0.13	0.18	0.05	0.04	0.14

表 6 - 1 - 25　　　　柳州市鹿寨县常住人口回归分析法模型校核结果　　　单位：万人

年份	2010 年	2011 年	2012 年	2013 年	2014 年	2015 年	2016 年	2017 年
实际统计人口	33.13	33.36	33.76	33.97	34.11	34.85	35.01	35.20
模型回推人口	33.14	33.46	33.77	34.09	34.41	34.73	35.05	35.36
绝对误差	0.01	0.10	0.01	0.12	0.30	0.12	0.04	0.16

表 6 - 1 - 26　　　　柳州市融安县常住人口回归分析法模型校核结果　　　单位：万人

年份	2010 年	2011 年	2012 年	2013 年	2014 年	2015 年	2016 年	2017 年
实际统计人口	28.57	28.72	28.97	29.1	29.23	29.5	29.7	30.01
模型回推人口	28.55	28.75	28.94	29.14	29.34	29.53	29.73	29.92
绝对误差	0.02	0.03	0.03	0.04	0.11	0.03	0.03	0.09

表 6 - 1 - 27　　　柳州市融水苗族自治县常住人口回归分析法模型校核结果　　　单位：万人

年份	2010 年	2011 年	2012 年	2013 年	2014 年	2015 年	2016 年	2017 年
实际统计人口	40.21	40.47	40.72	40.86	41.07	41.3	41.64	42.01
模型回推人口	40.02	40.24	40.47	40.69	40.92	41.14	41.37	41.59
绝对误差	0.19	0.23	0.25	0.17	0.15	0.16	0.27	0.42

表 6 - 1 - 28　　　柳州市三江侗族自治县常住人口回归分析法模型校核结果　　　单位：万人

年份	2010 年	2011 年	2012 年	2013 年	2014 年	2015 年	2016 年	2017 年
实际统计人口	29.72	29.95	30.15	30.3	30.46	30.64	30.88	31.12
模型回推人口	29.67	29.87	30.06	30.25	30.44	30.63	30.82	31.01
绝对误差	0.05	0.08	0.09	0.05	0.02	0.01	0.06	0.11

（三）一主三新常住人口规模预测

1. 一主三新常住人口规模预测结果

依据柳州市一主三新 2010～2017 年常住总人口的数据，通过回归分析计算，

得到柳州市一主三新 2020 年、2025 年、2035 年、2050 年的规划总人口预测值
（如表 6 - 1 - 29 所示）。

表 6 - 1 - 29　　　　柳州市一主三新常住人口回归分析法预测结果

区域	a	b	R²	人口总量预测值（万人）				
				2020 年	2025 年	2030 年	2035 年	2050 年
主城区	-2101.8	1.0976	0.9982	115.35	120.84	126.33	131.82	148.28
柳江区（拉堡新兴组团）	-677.59	0.3538	0.9982	37.09	38.86	40.62	42.39	47.70
柳东新区	-851.02	0.4444	0.9982	46.67	48.89	51.11	53.33	60.00
北部生态新区	-108.04	0.0564	0.9982	5.89	6.17	6.45	6.73	7.58

2. 一主三新常住人口回归分析法模型校核

通过对一主三新 2010 ~ 2017 年的现状常住人口的回归分析法预测模型校核，
得出：主城区 2010 年的常住人口为 104.38 万人，比实际统计人口数少 0.01 万人，
2017 年为 112.06 万人，比实际统计人口数少 0.15 万人；柳江区（拉堡新兴组团）
2010 年人口数为 33.55 万人，比实际统计人口数少 0.1 万人，2017 年为 36.02 万
人，比实际统计人口数少 0.15 万人；柳东新区 2010 年人口数为 42.22 万人，比实
际统计人口少 0.04 万人，2017 年人口数为 45.33 万人，比实际统计人口少 0.1 万
人；北部生态新区 2010 年人口数为 5.32 万人，比实际统计人口数少 0.04 万人，
2017 年人口数为 5.72 万人，比实际统计人口数少 0.05 万人。一主三新根据回归
分析法预测模型核验的 2010 ~ 2017 年的常住人口与实际统计的常住人口差值在
0.01 万 ~ 0.2 万人之间，基本符合现状，因此认为该模型适用于柳州市一主三新的
常住人口规模预测（如表 6 - 1 - 30 ~ 表 6 - 1 - 33 所示）。

表 6 - 1 - 30　　　　柳州市主城区常住人口回归分析法模型校核结果　　　　单位：万人

年份	2010 年	2011 年	2012 年	2013 年	2014 年	2015 年	2016 年	2017 年
实际统计人口	104.37	105.58	106.45	107.59	108.72	109.66	110.89	112.21
模型回推人口	104.38	105.47	106.57	107.67	108.77	109.86	110.96	112.06
绝对误差	0.01	0.10	0.12	0.08	0.05	0.20	0.07	0.15

表 6-1-31　　　　柳州市柳江区（拉堡新兴组团）常住人口回归

分析法模型校核结果　　　　单位：万人

年份	2010 年	2011 年	2012 年	2013 年	2014 年	2015 年	2016 年	2017 年
实际统计人口	33.65	34.04	34.32	34.69	35.05	35.35	35.75	36.18
模型回推人口	33.55	33.90	34.26	34.61	34.96	35.32	35.67	36.02
绝对误差	0.10	0.14	0.06	0.08	0.09	0.04	0.08	0.15

表 6-1-32　　　柳州市柳东新区常住人口回归分析法模型校核结果　　　单位：万人

年份	2010 年	2011 年	2012 年	2013 年	2014 年	2015 年	2016 年	2017 年
实际统计人口	42.26	42.75	43.10	43.56	44.02	44.40	44.90	45.43
函数回推人口	42.22	42.67	43.11	43.56	44.00	44.45	44.89	45.33
绝对误差	0.04	0.08	0.01	0.01	0.02	0.04	0.01	0.10

表 6-1-33　　　柳州市北部生态新区常住人口回归分析法模型校核结果　　　单位：万人

年份	2010 年	2011 年	2012 年	2013 年	2014 年	2015 年	2016 年	2017 年
实际统计人口	5.36	5.43	5.47	5.53	5.59	5.64	5.70	5.77
模型回推人口	5.32	5.38	5.44	5.49	5.55	5.61	5.66	5.72
绝对误差	0.04	0.05	0.04	0.04	0.04	0.03	0.04	0.05

三、灰色预测法

根据柳州市历年常住总人口变化趋势，根据人口数量与时间变化情况，发现人口数量与时间变化可形成如下灰色预测模型关系：

$$\hat{x}_t^{(1)} = \left[x_0^{(0)} - \frac{u}{a} \right] e^{-at} + \frac{u}{a}$$

式中：$\hat{x}_t^{(1)}$——预测值人口数量叠加值；

$x_0^{(0)}$——起始年份人口数量；

t——年份；

a、u——常数。

（一）市域常住人口规模预测

1. 市域常住人口规模预测结果

根据 2010～2017 年总人口变化趋势，构建人口与所处年份灰色预测模型：

$$Y = 40877.08e^{0.0089t} - 40514.60674$$

灰色模型的平均相对误差为 0.09，模型精度较高，可以预测柳州市总人口规模，经过递减还原，可预测柳州市市域 2020 年、2025 年、2030 年、2035 年、2050 年总人口分别为 410.25 万人、428.92 万人、448.44 万人、468.85 万人、535.81 万人，见表 6－1－34 及图 6－1－2。

表 6－1－34　　　　　　　柳州市市域常住人口灰色预测法预测结果

区域	预测模型	人口总量预测值（万人）				
		2020 年	2025 年	2030 年	2035 年	2050 年
市域	$Y = 40877.08e^{0.0089t} - 40514.61$	410.25	428.92	448.44	468.85	535.81

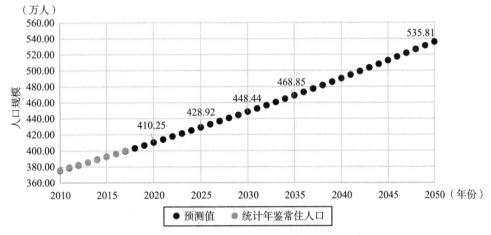

图 6－1－2　柳州市市域常住人口灰色预测法规模预测

2. 市域常住人口灰色预测法模型校核

将柳州市的常住人口现状数据代入柳州市市域常住人口灰色预测法预测模型中，得出模型回推人口。模型回推人口与实际统计人口的绝对误差在 0.03 万～0.72 万人之间，与现状基本符合，因此认为该模型适用于柳州市市域常住人口的预测（如表 6－1－35 所示）。

表 6-1-35 柳州市市域常住人口灰色预测法模型校核结果 单位：万人

年份	2010 年	2011 年	2012 年	2013 年	2014 年	2015 年	2016 年	2017 年
实际统计人口	375.87	379.39	382.45	385.6	388.65	392.27	395.87	400.00
函数回推人口	375.32	378.67	382.06	385.47	388.92	392.40	395.90	399.44
绝对误差	0.55	0.72	0.39	0.13	0.27	0.13	0.03	0.56

（二）市辖区及各县常住人口规模预测

1. 市辖区及各县常住人口规模预测结果

综合 2010~2017 年柳州市各县（区）总人口规模的变化规律，构建灰色预测模型进行市辖区及各县总人口规模预测（如表 6-1-36 所示）。

表 6-1-36 柳州市市辖区及各县常住人口灰色预测法预测结果

区域	预测模型	人口总量预测值（万人）				
		2020 年	2025 年	2030 年	2035 年	2050 年
市辖区	$Y = 20789.50e^{0.0101t} - 20578.22$	231.12	243.09	255.68	268.93	312.92
柳城县	$Y = 5291.50e^{0.0067t} - 5256.12$	37.78	39.07	40.40	41.78	46.19
鹿寨县	$Y = 3386.63e^{0.007t} - 3353.27$	36.43	38.26	40.18	42.20	48.88
融安县	$Y = 4086.86e^{0.007t} - 4058.29$	30.58	31.66	32.79	33.96	37.72
融水苗族自治县	$Y = 6195.44e^{0.0065t} - 6155.23$	42.84	44.25	45.71	47.22	52.06
三江侗族自治县	$Y = 4384.57e^{0.0068t} - 4354.85$	31.80	32.90	34.04	35.22	39.00

2. 市辖区及各县常住人口灰色预测法模型校核

根据灰色预测法的常住人口预测模型对市辖区及各县的常住人口进行回推校核，得出市辖区的模型回推人口数与实际统计的人口数绝对误差在 0~0.33 万人之间，柳城县模型回推人口数与实际统计的人口数绝对误差在 0~0.08 万人之间，鹿寨县的绝对误差在 0~0.24 万人之间，融安县的绝对误差在 0~0.09 万人之间，融水苗族自治县的绝对误差在 0~0.17 万人之间，三江侗族自治县的绝对误差在 0~0.10 万人之间，各个区域的模型回推人口与现状常住人口基本符合，因此认为该综合预测模型适用于市辖区及各县的常住人口预测（如表 6-1-37~表 6-1-42 所示）。

表 6 - 1 - 37　　　　　柳州市市辖区常住人口灰色预测法模型校核结果　　　　单位：万人

年份	2010 年	2011 年	2012 年	2013 年	2014 年	2015 年	2016 年	2017 年
实际统计人口	208.86	211.28	213.03	215.31	217.57	219.45	221.91	224.55
函数回推人口	208.86	211.04	213.18	215.34	217.53	219.74	221.97	224.22
绝对误差	0.00	0.24	0.15	0.03	0.04	0.29	0.06	0.33

表 6 - 1 - 38　　　　　柳州市柳城县常住人口灰色预测法模型校核结果　　　　单位：万人

年份	2010 年	2011 年	2012 年	2013 年	2014 年	2015 年	2016 年	2017 年
实际统计人口	35.38	35.61	35.82	36.06	36.21	36.53	36.73	37.11
函数回推人口	35.38	35.57	35.81	36.05	36.29	36.54	36.78	37.03
绝对误差	0.00	0.04	0.01	0.01	0.08	0.01	0.05	0.08

表 6 - 1 - 39　　　　　柳州市鹿寨县常住人口灰色预测法模型校核结果　　　　单位：万人

年份	2010 年	2011 年	2012 年	2013 年	2014 年	2015 年	2016 年	2017 年
实际统计人口	33.13	33.36	33.76	33.97	34.11	34.85	35.01	35.20
函数回推人口	33.13	33.35	33.68	34.01	34.35	34.69	35.03	35.37
绝对误差	0.00	0.01	0.08	0.04	0.24	0.16	0.02	0.17

表 6 - 1 - 40　　　　　柳州市融安县常住人口灰色预测法模型校核结果　　　　单位：万人

年份	2010 年	2011 年	2012 年	2013 年	2014 年	2015 年	2016 年	2017 年
实际统计人口	28.57	28.72	28.97	29.10	29.23	29.50	29.70	30.01
函数回推人口	28.57	28.71	28.91	29.11	29.32	29.52	29.73	29.94
绝对误差	0.00	0.01	0.06	0.01	0.09	0.02	0.03	0.07

表 6 - 1 - 41　　　　　柳州市融水苗族自治县常住人口灰色预测法模型校核结果　　　　单位：万人

年份	2010 年	2011 年	2012 年	2013 年	2014 年	2015 年	2016 年	2017 年
实际统计人口	40.21	40.47	40.72	40.86	41.07	41.3	41.64	42.01
函数回推人口	40.21	40.40	40.66	40.93	41.20	41.47	41.74	42.01
绝对误差	0.00	0.07	0.06	0.07	0.13	0.17	0.10	0.00

表 6 – 1 – 42　　柳州市三江侗族自治县常住人口灰色预测法模型校核结果　　　单位：万人

年份	2010 年	2011 年	2012 年	2013 年	2014 年	2015 年	2016 年	2017 年
实际统计人口	29.72	29.95	30.15	30.30	30.46	30.64	30.88	31.12
函数回推人口	29.72	29.92	30.12	30.33	30.53	30.74	30.95	31.16
绝对误差	0.00	0.03	0.03	0.03	0.07	0.10	0.07	0.04

（三）一主三新常住人口规模预测

1. 一主三新常住人口规模预测结果

综合 2010～2017 年柳州市一主三新常住人口规模的变化规律，构建灰色预测模型进行一主三新常住人口规模预测（如表 6 – 1 – 43 所示）。

表 6 – 1 – 43　　　　柳州市一主三新常住人口灰色预测法预测结果

区域	预测模型	人口总量预测值（万人）				
		2020 年	2025 年	2030 年	2035 年	2050 年
主城区	$Y = 10387.54e^{0.010t} - 10283.17$	115.48	121.46	127.75	134.37	156.35
柳江区 （拉堡新兴组团）	$Y = 3415.87e^{0.009t} - 3382.22$	37.15	39.04	41.02	43.10	50.00
柳东新区	$Y = 4165.10e^{0.0102t} - 4122.84$	46.81	49.26	51.83	54.55	63.56
北部生态新区	$Y = 533.94e^{0.0101t} - 528.57$	5.94	6.24	6.57	6.91	8.04

2. 一主三新常住人口灰色预测法模型校核

将 2010～2017 年的常住人口现状数据代入柳州市市域的回归分析法预测模型中进行校核，得出一主三新的模型回推人口与实际统计的常住人口绝对误差在 0～0.18 万人之间，基本符合现状，因此认为该模型适用于柳州市一主三新的常住人口规模预测（如表 6 – 1 – 44～表 6 – 1 – 47 所示）。

表 6 – 1 – 44　　　　柳州市主城区常住人口灰色预测法模型校核结果　　　单位：万人

年份	2010 年	2011 年	2012 年	2013 年	2014 年	2015 年	2016 年	2017 年
实际统计人口	104.37	105.58	106.45	107.59	108.72	109.66	110.89	112.21
模型回推人口	104.37	105.45	106.52	107.60	108.69	109.79	110.91	112.03
绝对误差	0.00	0.13	0.06	0.01	0.03	0.13	0.02	0.18

表 6 - 1 - 45　　　　柳州市柳江区（拉堡新兴组团）常住人口灰色

预测法模型校核结果　　　　　　单位：万人

年份	2010 年	2011 年	2012 年	2013 年	2014 年	2015 年	2016 年	2017 年
实际统计人口	33.65	34.04	34.32	34.69	34.96	35.32	35.67	36.18
函数回推人口	33.65	33.99	34.32	34.66	35.01	35.36	35.71	36.06
绝对误差	0.00	0.05	0.00	0.02	0.05	0.04	0.04	0.11

表 6 - 1 - 46　　　柳州市柳东新区常住人口灰色预测法模型校核结果　　　单位：万人

年份	2010 年	2011 年	2012 年	2013 年	2014 年	2015 年	2016 年	2017 年
实际统计人口	42.26	42.75	43.10	43.56	44.02	44.40	44.90	45.43
函数回推人口	42.26	42.70	43.14	43.58	44.03	44.48	44.94	45.40
绝对误差	0.00	0.05	0.04	0.02	0.01	0.08	0.04	0.04

表 6 - 1 - 47　　　柳州市北部生态新区常住人口灰色预测法模型校核结果　　　单位：万人

年份	2010 年	2011 年	2012 年	2013 年	2014 年	2015 年	2016 年	2017 年
实际统计人口	5.36	5.43	5.47	5.53	5.59	5.64	5.70	5.77
函数回推人口	5.36	5.42	5.48	5.53	5.59	5.64	5.70	5.76
绝对误差	0.00	0.01	0.00	0.00	0.00	0.01	0.00	0.01

四、柳州市常住人口规模预测结果

（一）各县区常住人口规模综合预测区间及预测结果

预测期内，按照年均综合增长率先增后减的原则，在综合增长率法、回归分析法、灰色预测法三个方法的取值结果中，确定柳州市各区域 2020 年、2025 年、2030 年、2035 年与 2050 年的总人口规模范围。其中，市辖区确定的人口规模较大，主要考虑一主三新的发展对外来人口的吸引力加强，以及柳江区作为新区，对人口的增长同样也具有正面影响，这两个区域的人口未来会增长较快。考虑到城市常住人口发展存在不确定性及一主三新吸引人口能力的强弱程度，则在预测时分别提出低方案、中方案、高方案（如表 6 - 1 - 48 ~ 表 6 - 1 - 58 所示）。

表 6 – 1 – 48 　　　　　　　　　　柳州市市域常住人口预测结果 　　　　　　　　单位：万人

预测方法		2020 年	2025 年	2030 年	2035 年	2050 年
综合增长率法	低方案	416.24	437.47	455.26	473.76	510.56
	中方案	421.21	449.31	474.57	501.25	556.54
	高方案	424.55	457.36	490.28	525.57	601.18
回归分析法		409.53	426.49	443.45	460.41	511.28
灰色预测法		410.25	428.92	448.44	468.85	535.81
预测区间		409.53 ~ 424.55	426.49 ~ 457.36	443.45 ~ 490.28	460.41 ~ 525.57	511.28 ~ 601.18
综合预测结果	低方案	410.80	436.00	464.20	483.40	527.70
	中方案	415.00	442.00	471.00	500.00	535.00
	高方案	416.00	447.90	488.20	520.00	563.50

表 6 – 1 – 49 　　　　　　　　　　柳州市市辖区常住人口预测结果 　　　　　　　　单位：万人

预测方法		2020 年	2025 年	2030 年	2035 年	2050 年
综合增长率法	低方案	237.08	259.55	279.49	300.55	331.50
	中方案	238.68	262.58	285.04	307.48	346.09
	高方案	239.89	267.82	295.04	323.44	399.52
回归分析法		230.73	241.71	252.69	263.67	296.62
灰色预测法		231.12	243.09	255.68	268.93	312.92
预测区间		230.73 ~ 239.89	241.71 ~ 267.82	252.69 ~ 295.04	263.67 ~ 323.44	296.62 ~ 399.52
综合预测结果	低方案	231.80	250.00	271.50	285.00	314.50
	中方案	236.00	255.00	277.00	299.50	320.00
	高方案	237.00	259.50	289.00	314.70	345.00

表 6 – 1 – 50 　　　　　　　　　　柳州市柳城县常住人口预测结果 　　　　　　　　单位：万人

预测方法		2020 年	2025 年	2030 年	2035 年	2050 年
综合增长率法	低方案	38.06	39.71	41.12	42.58	45.21
	中方案	38.17	39.99	41.50	43.05	45.24
	高方案	38.46	40.62	42.70	44.65	48.12
回归分析法		37.55	38.51	39.48	40.45	43.35
灰色预测法		37.78	39.07	40.40	41.78	46.19

续表

预测方法		2020 年	2025 年	2030 年	2035 年	2050 年
预测区间		37.55 ~ 38.46	38.51 ~ 40.62	39.48 ~ 42.70	40.45 ~ 44.65	43.35 ~ 48.12
综合预测结果	低方案	37.70	39.00	40.50	41.50	43.00
	中方案	37.70	39.50	41.00	42.00	44.00
	高方案	38.00	40.00	42.50	43.50	45.00

表 6-1-51　　　　　　　　　　**柳州市鹿寨县常住人口预测结果**　　　　　　　　单位：万人

预测方法		2020 年	2025 年	2030 年	2035 年	2050 年
综合增长率法	低方案	36.48	38.72	40.90	42.99	48.09
	中方案	36.63	39.16	41.56	43.90	48.23
	高方案	36.81	39.46	42.09	44.68	50.35
回归分析法		36.32	37.91	39.50	41.09	45.86
灰色预测法		36.43	38.26	40.18	42.20	48.88
预测区间		36.32 ~ 37.81	37.91 ~ 39.46	39.50 ~ 42.09	41.09 ~ 44.68	45.86 ~ 50.35
综合预测结果	低方案	36.40	38.50	40.50	42.50	48.00
	中方案	36.40	38.50	41.00	43.50	48.00
	高方案	36.50	38.50	42.00	44.00	48.50

表 6-1-52　　　　　　　　　　**柳州市融安县常住人口预测结果**　　　　　　　　单位：万人

预测方法		2020 年	2025 年	2030 年	2035 年	2050 年
综合增长率法	低方案	30.69	31.86	32.83	33.82	36.18
	中方案	30.79	32.14	33.38	34.67	37.64
	高方案	31.01	32.59	33.92	35.30	38.61
回归分析法		30.51	31.49	32.46	33.44	36.37
灰色预测法		30.58	31.66	32.79	33.96	37.72
预测区间		30.51 ~ 31.01	31.49 ~ 32.59	32.46 ~ 33.92	33.44 ~ 35.30	36.37 ~ 38.61
综合预测结果	低方案	30.50	31.70	32.70	33.60	36.00
	中方案	30.50	32.00	33.00	34.00	36.00
	高方案	30.60	32.00	33.50	34.50	37.00

表 6 - 1 - 53 **柳州市融水苗族自治县常住人口预测结果** 单位：万人

预测方法		2020 年	2025 年	2030 年	2035 年	2050 年
综合增长率法	低方案	42.96	44.60	46.18	47.82	50.02
	中方案	43.00	44.70	46.71	48.80	51.65
	高方案	43.15	45.13	46.97	48.88	52.67
回归分析法		42.27	43.39	44.52	45.64	49.02
灰色预测法		42.84	44.25	45.71	47.22	52.06
预测区间		42.27 ~ 43.15	43.39 ~ 45.13	44.52 ~ 46.97	45.64 ~ 48.88	49.02 ~ 52.67
综合预测结果	低方案	42.70	44.00	45.00	46.00	49.00
	中方案	42.70	44.00	45.00	46.00	49.00
	高方案	43.00	44.80	46.70	47.80	50.00

表 6 - 1 - 54 **柳州市三江侗族自治县常住人口预测结果** 单位：万人

预测方法		2020 年	2025 年	2030 年	2035 年	2050 年
综合增长率法	低方案	31.87	33.17	34.35	35.56	38.33
	中方案	31.92	33.28	34.47	35.69	37.55
	高方案	31.97	33.43	34.62	35.85	38.06
回归分析法		31.59	32.55	33.50	34.46	37.33
灰色预测法		31.80	32.90	34.04	35.22	39.00
预测区间		31.59 ~ 31.97	32.55 ~ 33.43	33.50 ~ 34.62	34.46 ~ 35.85	37.33 ~ 39.00
综合预测结果	低方案	31.70	32.80	34.00	34.80	37.20
	中方案	31.70	33.00	34.00	35.00	38.00
	高方案	31.80	33.10	34.50	35.50	38.00

表 6 - 1 - 55 **柳州市主城区常住人口预测结果** 单位：万人

预测方法		2020 年	2025 年	2030 年	2035 年	2050 年
综合增长率法	低方案	118.38	127.53	137.38	144.39	162.72
	中方案	119.08	130.19	140.94	150.34	169.43
	高方案	120.84	135.39	149.48	161.03	186.95
回归分析法		115.35	120.84	126.33	131.82	148.28
灰色预测法		115.48	121.46	127.75	134.37	156.35

续表

预测方法		2020 年	2025 年	2030 年	2035 年	2050 年
预测区间		115. 35 ~ 120. 84	120. 84 ~ 135. 39	126. 33 ~ 149. 48	131. 82 ~ 161. 03	148. 28 ~ 186. 95
综合预测结果	低方案	115. 83	124. 93	135. 67	142. 42	157. 16
	中方案	117. 93	127. 43	138. 42	149. 66	159. 91
	高方案	118. 43	129. 67	144. 42	157. 26	172. 40

表 6 - 1 - 56　　　　柳州市柳江区（拉堡新兴组团）常住人口预测结果　　　　单位：万人

预测方法		2020 年	2025 年	2030 年	2035 年	2050 年
综合增长率法	低方案	38. 39	41. 36	43. 90	46. 14	51. 99
	中方案	38. 96	43. 01	47. 02	50. 66	58. 81
	高方案	39. 53	44. 72	49. 38	53. 99	67. 50
回归分析法		37. 09	38. 86	40. 62	42. 39	47. 70
灰色预测法		37. 15	39. 04	41. 02	43. 10	50. 00
预测区间		37. 09 ~ 39. 53	38. 86 ~ 44. 72	40. 62 ~ 49. 38	42. 39 ~ 53. 99	47. 70 ~ 67. 50
综合预测结果	低方案	37. 34	40. 28	43. 74	45. 91	50. 67
	中方案	38. 02	41. 08	44. 63	48. 25	51. 55
	高方案	38. 18	41. 81	46. 56	50. 70	55. 58

表 6 - 1 - 57　　　　　　　柳州市柳东新区常住人口预测结果　　　　　　　单位：万人

预测方法		2020 年	2025 年	2030 年	2035 年	2050 年
综合增长率法	低方案	48. 22	51. 94	55. 13	57. 95	65. 30
	中方案	48. 93	54. 02	59. 06	63. 62	73. 87
	高方案	49. 65	56. 17	62. 02	67. 80	84. 77
回归分析法		46. 67	48. 89	51. 11	53. 33	60. 00
灰色预测法		46. 81	49. 26	51. 83	54. 55	63. 56
预测区间		46. 67 ~ 49. 65	48. 89 ~ 56. 17	51. 11 ~ 62. 02	53. 33 ~ 67. 80	60. 00 ~ 84. 77
综合预测结果	低方案	46. 90	50. 58	54. 93	57. 67	63. 63
	中方案	47. 75	51. 60	56. 05	60. 60	64. 75
	高方案	47. 95	52. 51	58. 47	63. 67	69. 81

表6-1-58   柳州市北部生态新区常住人口预测结果   单位：万人

预测方法		2020年	2025年	2030年	2035年	2050年
综合增长率法	低方案	6.08	6.59	7.03	7.39	8.32
	中方案	6.18	6.82	7.45	8.03	9.32
	高方案	6.25	7.07	7.80	8.53	10.67
回归分析法		5.89	6.17	6.45	6.73	7.58
灰色预测法		5.94	6.24	6.57	6.91	8.04
预测区间		5.89~6.25	6.17~7.07	6.45~7.80	6.73~8.53	7.58~10.67
综合预测结果	低方案	5.95	6.42	6.97	7.32	8.08
	中方案	6.06	6.55	7.12	7.69	8.22
	高方案	6.09	6.67	7.42	8.08	8.86

（二）柳州市常住人口规模预测汇总

综合考虑产业发展、政策支撑、区域优势等各方面的影响因素，根据综合增长率法、回归分析法、灰色预测法预测的低、中、高三个方案确定柳州市各区域的综合预测结果（如表6-1-59~表6-1-61所示及图6-1-3~图6-1-5）。考虑到市辖区是一主三新发展的"主战场"，柳城县与鹿寨县相邻且具有一定的工业基础，鹿寨县与柳东新区的雒容镇紧密相连，柳州汽车城的发展，后期对鹿寨县的人口发展起到积极的作用，因此该三个区域的人口发展相对于其他县增长速度较快。

表6-1-59   柳州市及各县（区）常住人口综合预测结果（低方案）   单位：万人

区域			2020年	2025年	2030年	2035年	2050年
柳州市			410.80	436.00	464.20	483.40	527.70
市辖区	市辖区合计		231.80	250.00	271.50	285.00	314.50
	一主三新	主城区	115.83	124.93	135.67	142.42	157.16
		柳江区（拉堡新兴组团）	37.34	40.28	43.74	45.91	50.67
		柳东新区	46.90	50.58	54.93	57.67	63.63
		北部生态新区	5.95	6.42	6.97	7.32	8.08
	一主三新以外		25.77	27.79	30.18	31.68	34.96
柳城县			37.70	39.00	40.50	41.50	43.00
鹿寨县			36.40	38.50	40.50	42.50	48.00

续表

区域	2020 年	2025 年	2030 年	2035 年	2050 年
融安县	30.50	31.70	32.70	33.60	36.00
融水苗族自治县	42.70	44.00	45.00	46.00	49.00
三江侗族自治县	31.70	32.80	34.00	34.80	37.20

表 6-1-60　**柳州市及各县（区）常住人口综合预测结果（中方案）**　　单位：万人

区域			2020 年	2025 年	2030 年	2035 年	2050 年
柳州市			415.00	442.00	471.00	500.00	535.00
市辖区	市辖区合计		236.00	255.00	277.00	299.50	320.00
	一主三新	主城区	117.93	127.43	138.42	149.66	159.91
		柳江区（拉堡新兴组团）	38.02	41.08	44.63	48.25	51.55
		柳东新区	47.75	51.60	56.05	60.60	64.75
		北部生态新区	6.06	6.55	7.12	7.69	8.22
	一主三新以外		26.24	28.35	30.79	33.30	35.57
柳城县			37.70	39.50	41.00	42.00	44.00
鹿寨县			36.40	38.50	41.00	43.50	48.00
融安县			30.50	32.00	33.00	34.00	36.00
融水苗族自治县			42.70	44.00	45.00	46.00	49.00
三江侗族自治县			31.70	33.00	34.00	35.00	38.00

表 6-1-61　**柳州市及各县（区）常住人口综合预测结果（高方案）**　　单位：万人

区域			2020 年	2025 年	2030 年	2035 年	2050 年
柳州市			416.00	447.90	488.20	520.00	563.50
市辖区	市辖区合计		237.00	259.50	289.00	314.70	345.00
	一主三新	主城区	118.43	129.67	144.42	157.26	172.40
		柳江区（拉堡新兴组团）	38.18	41.81	46.56	50.70	55.58
		柳东新区	47.95	52.51	58.47	63.67	69.81
		北部生态新区	6.09	6.67	7.42	8.08	8.86
	一主三新以外		26.35	28.85	32.13	34.99	38.35
柳城县			38.00	40.00	42.50	43.50	45.00
鹿寨县			36.50	38.50	42.00	44.00	48.50
融安县			30.60	32.00	33.50	34.50	37.00
融水苗族自治县			43.00	44.80	46.70	47.80	50.00
三江侗族自治县			31.80	33.10	34.50	35.50	38.00

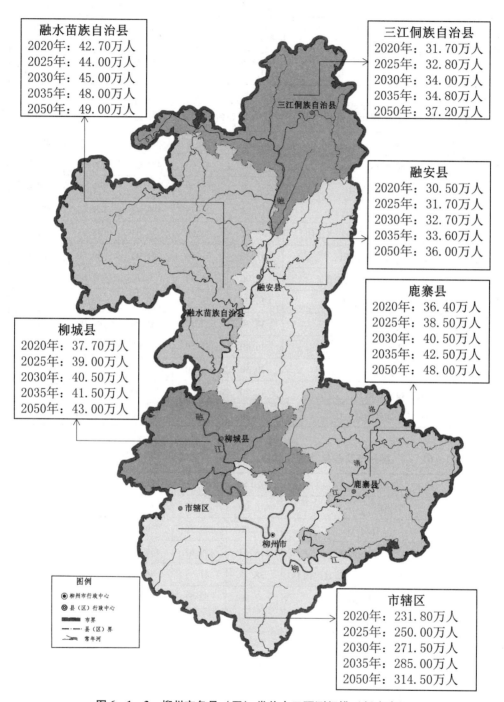

融水苗族自治县
2020年：42.70万人
2025年：44.00万人
2030年：45.00万人
2035年：48.00万人
2050年：49.00万人

三江侗族自治县
2020年：31.70万人
2025年：32.80万人
2030年：34.00万人
2035年：34.80万人
2050年：37.20万人

融安县
2020年：30.50万人
2025年：31.70万人
2030年：32.70万人
2035年：33.60万人
2050年：36.00万人

鹿寨县
2020年：36.40万人
2025年：38.50万人
2030年：40.50万人
2035年：42.50万人
2050年：48.00万人

柳城县
2020年：37.70万人
2025年：39.00万人
2030年：40.50万人
2035年：41.50万人
2050年：43.00万人

市辖区
2020年：231.80万人
2025年：250.00万人
2030年：271.50万人
2035年：285.00万人
2050年：314.50万人

图例
◉ 柳州市行政中心
◎ 县（区）行政中心
━ 市界
-·-·- 县（区）界
✒ 常年河

图 6 - 1 - 3 柳州市各县（区）常住人口预测规模（低方案）

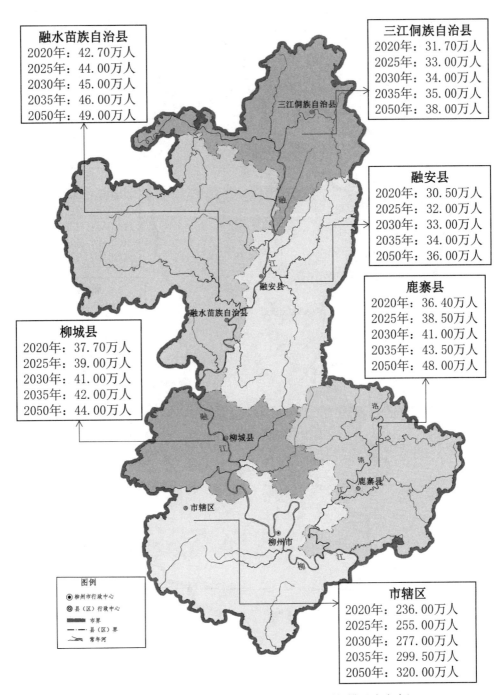

融水苗族自治县
2020年：42.70万人
2025年：44.00万人
2030年：45.00万人
2035年：46.00万人
2050年：49.00万人

三江侗族自治县
2020年：31.70万人
2025年：33.00万人
2030年：34.00万人
2035年：35.00万人
2050年：38.00万人

融安县
2020年：30.50万人
2025年：32.00万人
2030年：33.00万人
2035年：34.00万人
2050年：36.00万人

鹿寨县
2020年：36.40万人
2025年：38.50万人
2030年：41.00万人
2035年：43.50万人
2050年：48.00万人

柳城县
2020年：37.70万人
2025年：39.00万人
2030年：41.00万人
2035年：42.00万人
2050年：44.00万人

市辖区
2020年：236.00万人
2025年：255.00万人
2030年：277.00万人
2035年：299.50万人
2050年：320.00万人

图例
◉ 柳州市行政中心
◎ 县（区）行政中心
▬ 市界
—·—· 县（区）界
〜 常年河

图6-1-4 柳州市各县（区）常住人口预测规模（中方案）

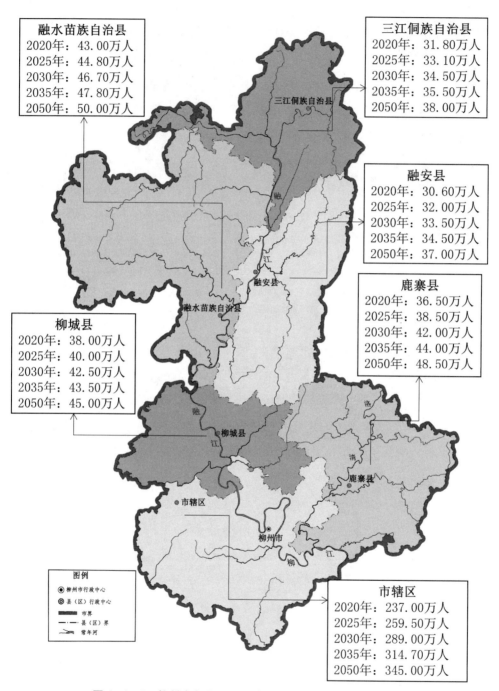

融水苗族自治县
2020年：43.00万人
2025年：44.80万人
2030年：46.70万人
2035年：47.80万人
2050年：50.00万人

三江侗族自治县
2020年：31.80万人
2025年：33.10万人
2030年：34.50万人
2035年：35.50万人
2050年：38.00万人

融安县
2020年：30.60万人
2025年：32.00万人
2030年：33.50万人
2035年：34.50万人
2050年：37.00万人

鹿寨县
2020年：36.50万人
2025年：38.50万人
2030年：42.00万人
2035年：44.00万人
2050年：48.50万人

柳城县
2020年：38.00万人
2025年：40.00万人
2030年：42.50万人
2035年：43.50万人
2050年：45.00万人

图例
◎ 柳州市行政中心
◉ 县（区）行政中心
■ 市界
—·— 县（区）界
～ 常年河

市辖区
2020年：237.00万人
2025年：259.50万人
2030年：289.00万人
2035年：314.70万人
2050年：345.00万人

图6-1-5　柳州市各县（区）常住人口预测规模（高方案）

第二节　常住人口视角下柳州市城镇化率 与城镇人口预测

一、增长率法

增长率按下式计算：

$$P = P_0 (1+a)^n$$

式中：p——规划末城镇化率；

p_0——基准年城镇化率；

a——年平均综合增长率；

n——规划期年限。

（一）市域常住人口城镇化率与城镇人口预测

随着我国新型城镇化政策的实施，城镇化发展更多地转移至城镇化质量和城镇人口市民化上，其中，柳州市作为国家首批新型城镇化综合试点城市，会不同程度地减缓城镇化进程，城镇化率增幅将会进一步放缓。综合考虑柳州市目前的城镇化率和城镇人口增长率情况，结合《广西壮族自治区新型城镇化规划（2014－2020年)》《柳州市国民经济和社会发展第十三个五年规划纲要（2016－2020年)》相关要求，设定高速、中速和低速增长方案。高速增长方案分别设定2018～2020年、2021～2025年、2026～2030年、2031～2035年和2036～2050年城镇化率的年均增加量分别为1.298%、1.098%、0.798%、0.498%、0.398%；中速增长方案设定分别为1.099%、0.899%、0.599%、0.429%、0.359%；低速增长方案设定分别为0.900%、0.700%、0.400%、0.360%、0.320%，分别计算得到城镇化率和城镇人口（如表6－2－1～表6－2－3所示）。

表6－2－1　　　　　　　柳州市市域户籍城镇人口增长率

增长率法预测结果　　　　　　　　　　　　单位：%

方案	2018～2020年	2021～2025年	2026～2030年	2031～2035年	2036～2050年
低	0.900	0.700	0.400	0.360	0.320
中	1.099	0.899	0.599	0.429	0.359
高	1.298	1.098	0.798	0.498	0.398

表 6 - 2 - 2　　　　　　　柳州市市域常住城镇化率增长率法预测结果　　　　单位：%

2017 年	方案	2020 年	2025 年	2030 年	2035 年	2050 年
50.47%	低	66.71	70.21	72.21	74.01	78.81
	中	67.30	71.80	74.79	76.94	82.32
	高	67.90	73.39	77.38	79.87	85.84

表 6 - 2 - 3　　　　　　　柳州市市域常住城镇人口增长率法预测结果　　　　单位：万人

2017 年	方案	2020 年	2025 年	2030 年	2035 年	2050 年
256.03	低	276.84	310.32	340.10	370.04	421.62
	中	279.31	317.35	352.28	384.70	440.44
	高	281.79	324.39	364.47	399.36	459.25

（二）市辖区及各县常住人口城镇化率与城镇人口预测

根据市辖区及各县 2010～2017 年统计数据，分别计算得到市辖区及各县的年均综合增长率。结合市辖区及各县目前城镇人口综合增长率情况，设定 2020 年、2025 年、2030 年、2035 年和 2050 年城镇化率的综合增长率，并计算得到各规划时期的城镇化率和城镇人口（如表 6 - 2 - 4～表 6 - 2 - 6 所示）。

表 6 - 2 - 4　　　　　　柳州市市辖区及各县常住人口城镇化率
和城镇人口增长率法预测结果（高速方案）

区域	增长率（%）					城镇化率（%）					城镇人口（万人）				
	2020 年	2025 年	2030 年	2035 年	2050 年	2020 年	2025 年	2030 年	2035 年	2050 年	2020 年	2025 年	2030 年	2035 年	2050 年
市辖区	7.00	6.70	6.40	6.10	5.80	86.33	89.68	92.88	95.93	100	203.74	228.69	257.28	287.31	334.82
柳城县	11.59	11.09	10.59	8.59	6.59	46.32	51.86	57.16	61.45	71.33	17.46	20.49	23.43	25.81	31.38
鹿寨县	21.10	15.10	9.10	6.10	5.20	53.41	60.96	65.51	68.56	76.37	19.44	23.47	26.86	29.82	36.66
融安县	9.88	7.88	5.88	3.88	1.88	40.99	44.93	47.87	49.81	52.63	12.50	14.38	15.80	16.94	18.95
融水苗族自治县	13.86	11.86	8.86	5.86	3.86	38.84	44.77	49.20	52.13	57.92	16.58	19.70	22.14	23.98	28.38
三江侗族自治县	30.00	11.00	8.00	6.00	4.00	36.12	41.62	45.62	48.62	54.62	11.45	13.73	15.51	17.02	20.76

表 6 - 2 - 5　　　　柳州市市辖区及各县常住人口城镇化率和

城镇人口增长率法预测结果（中速方案）

区域	增长率（%）					城镇化率（%）					城镇人口（万人）				
	2020年	2025年	2030年	2035年	2050年	2020年	2025年	2030年	2035年	2050年	2020年	2025年	2030年	2035年	2050年
市辖区	5.50	0.52	0.49	0.46	0.43	85.88	88.48	90.93	93.23	99.68	202.68	225.63	251.88	279.23	318.98
柳城县	9.76	0.90	0.83	0.68	0.48	45.77	50.28	54.41	57.79	64.93	17.26	19.86	22.31	24.27	28.57
鹿寨县	18.05	1.41	0.88	0.58	0.44	52.49	59.52	63.92	66.82	73.35	19.11	22.91	26.21	29.07	35.21
融安县	8.44	0.69	0.49	0.29	0.09	40.55	44.02	46.49	47.97	49.38	12.37	14.09	15.34	16.31	17.78
融水苗族自治县	12.68	1.07	0.82	0.57	0.37	38.49	43.83	47.92	50.76	56.28	16.43	19.28	21.56	23.35	27.58
三江侗族自治县	25.23	1.02	0.77	0.57	0.37	34.69	39.80	43.67	46.53	52.12	11.00	13.13	14.85	16.29	19.81

表 6 - 2 - 6　　　　柳州市市辖区及各县常住人口城镇化率和

城镇人口增长率法预测结果（低速方案）

区域	增长率（%）					城镇化率（%）					城镇人口（万人）				
	2020年	2025年	2030年	2035年	2050年	2020年	2025年	2030年	2035年	2050年	2020年	2025年	2030年	2035年	2050年
市辖区	4.00	0.37	0.34	0.31	0.28	85.43	87.28	88.98	90.53	94.73	201.62	222.57	246.48	271.14	303.14
柳城县	7.94	0.69	0.59	0.49	0.29	45.23	48.69	51.66	54.13	58.53	17.05	19.23	21.18	22.73	25.76
鹿寨县	1.50	1.30	0.85	0.55	0.35	51.57	58.07	62.32	65.07	70.32	18.77	22.36	25.55	28.31	33.76
融安县	7.00	0.60	0.40	0.20	0.00	40.12	43.02	45.12	46.12	46.12	12.24	13.80	14.89	15.68	16.60
融水苗族自治县	11.50	0.95	0.75	0.55	0.35	38.13	42.88	46.64	49.39	54.64	16.28	18.87	20.99	22.72	26.77
三江侗族自治县	20.45	0.95	0.75	0.55	0.35	33.26	37.98	41.71	44.44	49.62	10.54	12.53	14.18	15.55	18.86

（三）一主三新常住人口城镇化率与城镇人口预测

根据一主三新的年均综合增长率情况，设定一主三新各区域 2020 年、2025 年、2030 年、2035 年和 2050 年城镇化率的综合增长率，并计算得到各规划时期的城镇化率和城镇人口（如表 6 - 2 - 7 ～ 表 6 - 2 - 9 所示）。

表 6 - 2 - 7　　　　柳州市一主三新增长率法预测结果（高速方案）

区域	增长率（%）					城镇化率（%）					城镇人口（万人）				
	2020年	2025年	2030年	2035年	2050年	2020年	2025年	2030年	2035年	2050年	2020年	2025年	2030年	2035年	2050年
主城区	2.00	1.70	1.40	1.10	0.80	100.00	100.00	100.00	100.00	100.00	117.93	127.43	138.42	149.66	159.91

续表

区域	增长率（%）					城镇化率（%）					城镇人口（万人）				
	2020年	2025年	2030年	2035年	2050年	2020年	2025年	2030年	2035年	2050年	2020年	2025年	2030年	2035年	2050年
柳江区（拉堡新兴组团）	4.80	3.80	2.80	1.80	0.80	100.00	100.00	100.00	100.00	100.00	38.02	41.08	44.63	48.25	51.55
柳东新区	8.60	6.60	4.60	2.60	0.60	100.00	100.00	100.00	100.00	100.00	47.75	51.60	56.05	60.60	64.75
北部生态新区	1.50	1.20	0.90	0.60	0.30	50.26	56.26	60.76	63.76	68.26	3.05	3.69	4.32	4.91	5.61

表 6-2-8　　　　　柳州市一主三新增长率法预测结果（中速方案）

区域	增长率（%）					城镇化率（%）					城镇人口（万人）				
	2020年	2025年	2030年	2035年	2050年	2020年	2025年	2030年	2035年	2050年	2020年	2025年	2030年	2035年	2050年
主城区	1.80	1.50	1.20	0.90	0.60	100.00	100.00	100.00	100.00	100.00	117.93	127.43	138.42	149.66	159.91
柳江区（拉堡新兴组团）	4.50	3.50	2.50	1.50	0.50	98.05	100.00	100.00	100.00	100.00	37.28	41.08	44.63	48.25	51.55
柳东新区	8.50	6.50	4.50	2.50	0.50	100.00	100.00	100.00	100.00	100.00	47.75	51.60	56.05	60.60	64.75
北部生态新区	1.20	0.90	0.60	0.30	0.30	47.86	52.36	55.36	56.86	61.36	2.90	3.43	3.94	4.37	5.04

表 6-2-9　　　　　柳州市一主三新增长率法预测结果（低速方案）

区域	增长率（%）					城镇化率（%）					城镇人口（万人）				
	2020年	2025年	2030年	2035年	2050年	2020年	2025年	2030年	2035年	2050年	2020年	2025年	2030年	2035年	2050年
主城区	1.60	1.30	1.00	0.70	0.40	100.00	100.00	100.00	100.00	100.00	117.93	127.43	138.42	149.66	159.91
柳江区（拉堡新兴组团）	4.40	3.40	2.40	1.40	0.40	97.75	100.00	100.00	100.00	100.00	37.17	41.08	44.63	48.25	51.55
柳东新区	8.40	6.40	4.40	2.40	0.40	100.00	100.00	100.00	100.00	100.00	47.75	51.60	56.05	60.60	64.75
北部生态新区	1.00	0.70	0.40	0.10	0.10	47.26	50.76	52.76	53.26	54.76	2.87	3.32	3.75	4.10	4.50

二、联合国法

主要依据两个年份的城镇人口和农村人口，求取城乡人口平均增长率之差。假设柳州市内城乡人口平均增长率之差在预测期内保持不变，通过联合国预测模型外推求得预测期末的城镇人口比重。公式如下：

$$\frac{PU_k}{1-PU_k}=\frac{PU_2}{1-PU_2}\times e^{URGD\times t},\ \ URGD=\ln\left(\frac{PU_2\times(1-PU_1)}{PU_1\times(1-PU_2)}\right)\Big/n$$

式中，PU_K 为 K 时的城镇人口比重；PU_1 和 PU_2 分别为前一时间周期初和周期末的城镇人口比重；$URGD$ 为城乡人口增长率差；t 为预测年份距前一周期初年数；n 为前一周期时长。

（一）市域常住人口城镇化率与城镇人口预测

运用联合国法计算得到柳州市市域 2020 年、2025 年、2030 年、2035 年和 2050 年的城镇化水平分别为 68.76%、73.14%、78.05%、82.27% 和 91.16%。结合前文所预测的规划年限内柳州市市域的常住人口，计算得出柳州市市域 2020 年、2025 年、2030 年、2035 年和 2050 年的城镇人口分别为 285.34 万人、323.30 万人、367.60 万人、411.35 万人和 487.73 万人（如表 6 - 2 - 10 所示）。

表 6 - 2 - 10　柳州市市域常住人口城镇化率和城镇人口联合国法预测结果

区域	城镇化率预测值（%）					城镇人口预测值（万人）				
	2020 年	2025 年	2030 年	2035 年	2050 年	2020 年	2025 年	2030 年	2035 年	2050 年
市域	68.76	73.14	78.05	82.27	91.16	285.34	323.30	367.60	411.35	487.73

（二）市辖区及各县常住人口城镇化率与城镇人口预测

选取柳州市市辖区及各县 2010～2017 年的城镇人口数据，通过联合国法计算公式得到市辖区及各县的城镇化率，结合前文所预测的规划年限内市辖区及各县常住人口数据计算得到城镇人口（如表 6 - 2 - 11 所示）。

表 6 - 2 - 11　柳州市市辖区及各县常住人口城镇化率和城镇人口联合国法预测结果

区域	城镇化率预测值（%）					城镇人口预测值（万人）				
	2020 年	2025 年	2030 年	2035 年	2050 年	2020 年	2025 年	2030 年	2035 年	2050 年
市辖区	87.04	89.41	91.83	93.73	97.24	205.41	227.99	254.36	280.73	311.18
柳城县	49.73	56.62	64.87	72.31	88.08	18.75	22.37	26.60	30.37	38.76
鹿寨县	56.75	65.93	75.88	83.64	95.64	20.66	25.38	31.11	36.38	45.91
融安县	43.46	49.07	56.10	62.88	79.80	13.26	15.70	18.51	21.38	28.73
融水苗族自治县	42.09	49.87	59.57	68.57	87.62	17.97	21.94	26.80	31.54	42.94
三江侗族自治县	36.47	46.97	60.37	72.37	93.01	11.56	15.50	20.52	25.33	35.35

(三) 一主三新常住人口城镇化率与城镇人口预测

选取柳州市一主三新 2010～2017 年的户籍城镇人口数据，通过联合国法计算公式得到一主三新各区域的城镇化率，结合前文所预测的规划年限内柳州市主城区的常住人口数据，计算得到常住城镇人口（如表 6 - 2 - 12 所示）。

表 6 - 2 - 12　　　　　　柳州市一主三新常住人口城镇化率
和城镇人口联合国法预测结果

区域	城镇化率预测值（%）					城镇人口预测值（万人）				
	2020 年	2025 年	2030 年	2035 年	2050 年	2020 年	2025 年	2030 年	2035 年	2050 年
主城区	99.51	99.90	99.98	100.0	100.0	117.36	127.30	138.39	149.66	159.91
柳江区（拉堡新兴组团）	91.63	96.30	98.41	99.33	99.95	34.84	39.56	43.92	47.92	51.53
柳东新区	89.56	96.30	98.75	99.58	99.98	42.77	49.68	55.34	60.35	64.74
北部生态新区	44.17	44.06	43.95	43.83	43.49	2.68	2.89	3.13	3.37	3.57

三、农村劳动力转移法

农村劳动力转移法预测城镇化率，主要根据规划期总人口、现状农村人口、预测规划期减少的农村人口等数据计算得到。公式如下：

$$城镇化率 = [规划期总人口 - (现状农村人口 - 预测规划期减少的农村人口)] / 规划期总人口$$

(一) 市域常住人口城镇化率与城镇人口预测

预测规划期内随着农业机械化、产业化和生产效率的提高，城市的经济也得到了进一步发展，农村劳动力得到解放，城市就业机会增多，导致农村人口有所转移，预测到 2020 年、2025 年、2030 年、2035 年、2050 年城镇化率分别为 69.47%、75.79%、81.33%、86.30%、92.00%，对应的城镇人口为 288.28 万人、334.98 万人、383.08 万人、431.48 万人、492.18 万人（如表 6 - 2 - 13 所示）。

表 6 - 2 - 13　　　　　　柳州市市域常住人口城镇化率和
城镇人口农村劳动力转移法预测结果

区域	城镇化率预测值（%）					城镇人口预测值（万人）				
	2020 年	2025 年	2030 年	2035 年	2050 年	2020 年	2025 年	2030 年	2035 年	2050 年
柳州市	69.47	75.79	81.33	86.30	92.00	288.28	334.98	383.08	431.48	492.18

（二）市辖区及各县常住人口城镇化率与城镇人口预测

根据柳州市市辖区及各县农村人口数据和规划年限内的常住人口数据，计算出农村人口减少的量，根据农村劳动力转移法计算公式预测出柳州市市辖区及各县城镇化率和城镇人口（如表 6－2－14、表 6－2－15 所示）。

表 6－2－14　　　　柳州市各县（区）农村人口减少数量预测结果　　　单位：万人

区域	2018~2020 年	2021~2025 年	2026~2030 年	2031~2035 年	2036~2050 年
市辖区	7.95	11.95	6.00	6.00	8.00
柳城县	1.80	5.00	3.00	3.00	4.30
鹿寨县	2.00	6.00	3.00	3.00	2.10
融安县	1.20	2.80	1.50	1.80	1.90
融水苗族自治县	2.50	6.40	3.20	3.20	6.90
三江侗族自治县	1.80	4.80	2.40	2.40	2.50

表 6－2－15　　　　柳州市市辖区及各县常住人口城镇化率和
城镇人口农村劳动力转移法预测结果

区域	城镇化率预测值（%）					城镇人口预测值（万人）				
	2020 年	2025 年	2030 年	2035 年	2050 年	2020 年	2025 年	2030 年	2035 年	2050 年
市辖区	88.36	90.80	93.70	96.17	98.92	208.54	231.54	259.54	288.04	316.54
柳城县	48.51	58.96	67.78	75.69	86.57	18.29	23.29	27.79	31.79	38.09
鹿寨县	54.31	67.19	76.51	84.76	90.56	19.77	25.87	31.37	36.87	43.47
融安县	42.95	50.63	56.67	63.24	70.56	13.10	16.21	18.70	21.50	25.40
融水苗族自治县	41.59	52.18	60.36	68.17	84.20	17.76	22.96	27.16	31.36	41.26
三江侗族自治县	34.13	45.82	54.47	62.63	72.16	10.82	15.12	18.52	21.92	27.42

（三）一主三新常住人口城镇化率与城镇人口预测

根据柳州市一主三新农村人口数据和规划年限内的常住人口数据，计算出农村人口减少的量，根据农村劳动力转移法计算公式预测出柳州市市辖区及各县城镇化率和城镇人口（如表 6－2－16 所示）。

表 6 – 2 – 16　　　　柳州市一主三新常住人口城镇化率和
城镇人口农村劳动力转移法预测结果

区域	城镇化率预测值（%）					城镇人口预测值（万人）				
	2020年	2025年	2030年	2035年	2050年	2020年	2025年	2030年	2035年	2050年
主城区	98.58	98.77	99.22	99.62	99.95	116.26	125.85	137.35	149.09	159.83
柳江区（拉堡新兴组团）	88.56	89.41	91.37	93.47	95.44	33.67	36.73	40.78	45.10	49.20
柳东新区	79.27	84.69	89.47	92.74	94.75	37.85	43.70	50.15	56.20	61.35
北部生态新区	59.14	69.82	75.02	78.20	86.90	3.58	4.57	5.34	6.02	7.14

四、常住人口视角下柳州市城镇化率及城镇人口预测综合评估

由于不同的预测方法存在一定的误差，故对增长率法的三种方案、联合国法以及农村劳动力转移法三种方法预测结果进行综合考虑，计算得出柳州市各县区城镇化率和城镇人口预测方案（如表 6 – 2 – 17 及图 6 – 2 – 1 所示）。

表 6 – 2 – 17　　柳州市各县（区）常住人口城镇化率和城镇人口预测结果

区域			常住人口城镇化率预测值（%）					常住城镇人口预测值（万人）				
			2020年	2025年	2030年	2035年	2050年	2020年	2025年	2030年	2035年	2050年
柳州市			68.21	72.91	76.57	79.63	85.04	283.05	322.25	360.63	398.16	454.97
市辖区	市辖区		85.50	87.70	90.00	91.50	95.00	201.78	223.64	249.30	274.04	304.00
	一主三新	主城区	98.60	99.00	99.50	99.70	99.96	116.28	126.15	137.73	149.21	159.84
		柳江区（拉堡新兴组团）	88.60	94.00	97.00	97.50	98.00	33.69	38.62	43.29	47.04	50.52
		柳东新区	80.00	83.00	86.70	90.00	90.00	38.20	42.82	48.59	54.54	62.16
		北部生态新区	58.50	70.00	75.00	78.00	86.00	3.55	4.58	5.34	6.00	7.07
柳城县			45.31	53.36	60.45	66.58	77.01	17.08	21.08	24.79	27.96	33.88
鹿寨县			53.45	61.09	65.49	69.41	73.25	19.46	23.52	26.85	30.20	35.16
融安县			40.87	47.53	55.82	62.41	75.65	12.47	15.21	18.42	21.22	27.23
融水苗族自治县			40.64	45.09	48.12	50.97	56.49	17.35	19.84	21.66	23.44	27.68
三江侗族自治县			35.28	40.94	46.02	48.96	53.26	11.18	13.51	15.65	17.13	20.24

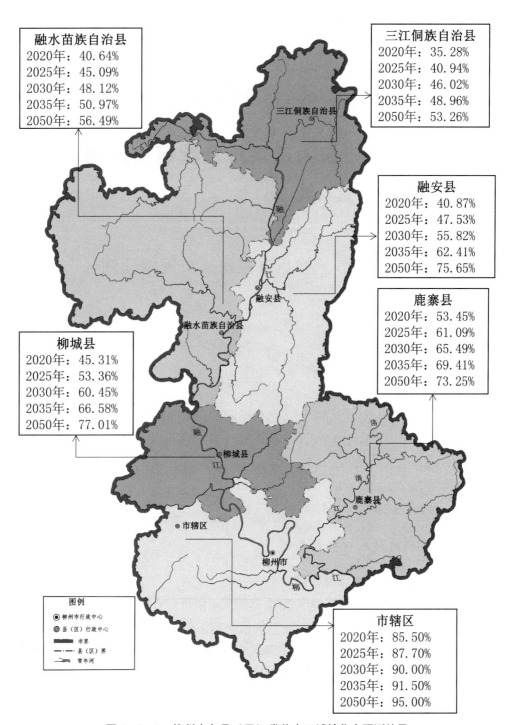

融水苗族自治县
2020年：40.64%
2025年：45.09%
2030年：48.12%
2035年：50.97%
2050年：56.49%

三江侗族自治县
2020年：35.28%
2025年：40.94%
2030年：46.02%
2035年：48.96%
2050年：53.26%

融安县
2020年：40.87%
2025年：47.53%
2030年：55.82%
2035年：62.41%
2050年：75.65%

鹿寨县
2020年：53.45%
2025年：61.09%
2030年：65.49%
2035年：69.41%
2050年：73.25%

柳城县
2020年：45.31%
2025年：53.36%
2030年：60.45%
2035年：66.58%
2050年：77.01%

图例
◉ 柳州市行政中心
◎ 县（区）行政中心
▬ 市界
–·– 县（区）界
～ 常年河

市辖区
2020年：85.50%
2025年：87.70%
2030年：90.00%
2035年：91.50%
2050年：95.00%

图6-2-1 柳州市各县（区）常住人口城镇化率预测结果

第七章

柳州市户籍人口规模及城镇化预测

■ 第一节　柳州市户籍人口规模预测

一、综合增长率法

综合增长率按下式计算：

$$P = P_0(1 + a)^n$$

式中：P——规划末人口数；

P_0——基准年人口数；

a——年平均综合增长率；

n——规划期年限。

（一）市域户籍人口规模预测

1. 市域户籍人口规模预测结果

根据历年统计数据，计算得出 2002～2017 年柳州市市域户籍总人口的年平均增长率为 6.9‰，综合考虑"十二五"期间我国人口自然增长率控制在 7.2‰ 以内、"十三五"期间我国人口自然增长率控制在 5‰ 左右等相关要求，在运用综合增长率预测柳州市市域户籍人口时分别设置低、中、高三种预测方案，以预测人口发展情况（如表 7–1–1、表 7–1–2 所示）。

表 7 - 1 - 1　　　　　　　**柳州市市域户籍人口综合增长率**

　　　　　　　　综合增长率法预测结果　　　　　　　　单位：‰

方案	预测综合增长率				
	2018~2020 年	2021~2025 年	2026~2030 年	2030~2035 年	2036~2050 年
低	6.9	6.9	4	3	1
中	7.1	7.1	5	4	2
高	7.2	7.2	6	5	3

表 7 - 1 - 2　　　　　**柳州市市域户籍人口综合增长率法预测结果**　　　　单位：万人

2017 年	方案	总人口预测				
		2020 年	2025 年	2030 年	2035 年	2050 年
386.60	低	394.66	408.47	416.70	422.99	429.38
	中	394.90	409.12	419.45	427.90	440.92
	高	395.01	409.44	421.87	432.53	452.40

　　低增长率方案的前提是柳州市产业优势未能很好地发挥，产业对经济的拉动作用不强，"全面二孩"政策对人口增长的积极作用不显著。预测柳州市至 2020 年、2025 年、2030 年、2035 年、2050 年总人口的综合增长率为 6.9‰、6.9‰、4‰、3‰、1‰。

　　中增长率方案的前提是区域经济环境总体看好，但有一定的结构调整，经济发展易受到市场需求的影响，就业人口呈波动增长模式，但总体上仍旧呈现较快的增长趋势，"全面二孩"政策起到积极作用。预测柳州市至 2020 年、2025 年、2030 年、2035 年、2050 年总人口的综合增长率为 7.1‰、7.1‰、5‰、4‰、2‰。

　　高增长率方案的前提是柳州市社会经济发展形势继续看好，区域地位不断加强，经济发展带动就业机会大幅增加，对外来人口的吸引力增强，且"全面二孩"政策对人口发展起到了正向的作用，人口老龄化的趋势对人口增长的影响不大。预测柳州市至 2020 年、2025 年、2030 年、2035 年、2050 年总人口的综合增长率为 7.2‰、7.2‰、6‰、5‰、3‰（如表 7 - 1 - 1、表 7 - 1 - 2 所示）。

　　2. 市域户籍人口综合增长率法模型校核

　　2002~2017 年柳州市市域统计年鉴户籍人口与综合增长率预测模型回推人口绝对误差除 2010 年、2011 年和 2013 年较大外，其余年份较小，考虑到绝对误差占柳州市市域总人口比重较小，属于误差范围内，故该模型可用来预测柳州市市域未来户籍人口（如表 7 - 1 - 3 所示）。

表 7 - 1 - 3 柳州市户籍人口综合增长率法模型验算结果 单位：万人

年份	2002 年	2003 年	2004 年	2005 年	2006 年	2007 年	2008 年	2009 年
实际统计人口	348.51	351.26	354.51	356.66	360.51	362.50	364.90	367.56
模型回推人口	348.63	351.05	353.48	355.94	358.41	360.89	363.40	365.92
绝对误差	0.12	0.21	1.02	0.72	2.10	1.60	1.50	1.64
年份	2010 年	2011 年	2012 年	2013 年	2014 年	2015 年	2016 年	2017 年
实际统计人口	372.69	374.80	372.30	372.35	377.94	381.62	385.67	386.60
模型回推人口	368.46	371.01	373.59	376.18	378.79	381.42	384.07	386.73
绝对误差	4.23	3.78	1.29	3.83	0.86	0.20	1.60	0.13

（二）市辖区及各县户籍人口规模预测

1. 市辖区及各县户籍人口规模预测结果

根据历年统计数据，计算得出 2002～2017 年柳州市市辖区户籍总人口的年均增长率为 9.7‰，柳城县为 0.5‰，鹿寨县为 3.9‰，融安县为 1.9‰，融水苗族自治县为 7.4‰，三江侗族自治县为 10.3‰。综合考虑柳州市各县（区）人口增长规律，运用综合增长率法预测柳州市市辖区和各县户籍人口规模，如表 7 - 1 - 4 所示。

表 7 - 1 - 4 柳州市市辖区及各县户籍人口综合增长率法预测结果

区域		2017 年总人口（万人）	人口综合增长率（‰）					人口总量预测值（万人）				
			2018～2020 年	2021～2025 年	2026～2030 年	2031～2035 年	2036～2050 年	2020 年	2025 年	2030 年	2035 年	2050 年
市辖区	低方案	179.68	9.7	9.6	9.3	6.0	4.0	184.96	194.01	203.20	209.37	222.29
	中方案		9.8	9.7	9.4	7.0	5.0	185.01	194.16	203.46	210.68	227.05
	高方案		9.9	9.8	9.5	8.0	6.0	185.07	194.32	203.72	212.01	231.91
柳城县	低方案	40.97	0.6	0.5	0.4	0.3	0.2	41.05	41.15	41.23	41.29	41.42
	中方案		0.7	0.6	0.5	0.4	0.3	41.06	41.18	41.28	41.37	41.55
	高方案		0.8	0.7	0.6	0.5	0.4	41.07	41.21	41.34	41.44	41.69

区域		2017年总人口（万人）	人口综合增长率（‰）					人口总量预测值（万人）				
			2018~2020年	2021~2025年	2026~2030年	2031~2035年	2036~2050年	2020年	2025年	2030年	2035年	2050年
鹿寨县	低方案	40.97	3.9	3.7	3.5	3.3	3.2	41.45	42.22	42.97	43.68	45.82
	中方案		4.0	3.8	3.6	3.4	3.3	41.46	42.26	43.02	43.76	45.97
	高方案		4.1	3.9	3.7	3.5	3.4	41.47	42.29	43.08	43.84	46.13
融安县	低方案	32.76	1.9	1.7	1.5	1.3	1.2	32.94	33.22	33.47	33.69	34.30
	中方案		2.0	1.8	1.6	1.4	1.3	32.95	33.25	33.52	33.75	34.42
	高方案		2.1	1.9	1.7	1.5	1.4	32.96	33.28	33.56	33.81	34.53
融水苗族自治县	低方案	51.97	7.4	7.2	7.0	6.8	6.7	53.13	55.07	57.02	58.99	65.20
	中方案		7.5	7.3	7.1	6.9	6.8	53.14	55.11	57.10	59.09	65.42
	高方案		7.6	7.4	7.2	7.0	6.9	53.16	55.16	57.17	59.20	65.63
三江侗族自治县	低方案	40.26	7.4	7.2	7.0	6.8	3.7	41.16	42.67	44.18	45.70	48.31
	中方案		10.4	10.2	10.0	9.8	9.7	41.53	43.69	45.92	48.22	55.73
	高方案		10.5	10.3	10.1	9.9	9.8	41.54	43.73	45.98	48.30	55.91

2. 市辖区及各县户籍人口综合增长率法模型校核

2002~2017年柳州市市辖区及各县统计年鉴户籍人口与综合增长率预测模型回推人口绝对误差均较小，模型精度较高，可用来预测柳州市市辖区及各县未来户籍人口规模（如表7-1-5所示）。

（三）一主三新户籍人口规模预测

1. 一主三新户籍人口规模预测结果

根据历年统计数据，计算得出2002~2017年柳州市主城区户籍总人口的年平均增长率为9.7‰，柳江区（拉堡新兴组团）为9.1‰，柳东新区为10.5‰，北部生态新区为9.1‰。综合考虑柳州市一主三新各区域人口增长规律，运用综合增长率法预测柳州市一主三新各区域户籍人口规模（如表7-1-6~表7-1-8所示）。

表 7－1－5　柳州市市辖区及各县户籍人口综合增长率模型法校核结果

单位：万人

分类	区域	2002年	2003年	2004年	2005年	2006年	2007年	2008年	2009年	2010年	2011年	2012年	2013年	2014年	2015年	2016年	2017年
实际统计人口	市辖区	147.31	149.02	150.81	152.40	154.79	155.21	156.42	157.84	160.54	170.15	169.93	170.56	173.37	175.87	178.45	179.68
	柳城县	40.64	40.68	40.61	40.53	40.76	40.91	40.65	40.80	41.45	41.68	41.23	40.75	40.78	40.94	41.10	40.97
	鹿寨县	47.68	48.21	48.21	48.26	48.21	48.23	48.56	48.81	49.55	41.36	40.59	40.50	40.87	40.93	41.12	40.97
	融安县	31.84	31.83	32.28	32.16	32.33	32.62	32.80	32.85	33.04	33.05	32.14	31.93	32.59	32.74	32.88	32.76
	融水苗族自治县	46.53	46.81	47.35	47.59	48.29	48.98	49.49	49.79	50.60	50.62	50.06	49.80	51.00	51.55	51.98	51.97
	三江侗族自治县	34.51	34.71	35.26	35.73	36.13	36.55	36.98	37.48	37.51	37.94	38.35	38.80	39.33	39.60	40.13	40.26
模型回推人口	市辖区	146.85	148.28	149.73	151.18	152.65	154.14	155.64	157.15	158.68	160.23	161.79	163.36	164.95	166.55	168.17	169.81
	柳城县	40.69	40.71	40.73	40.76	40.78	40.80	40.82	40.85	40.87	40.89	40.91	40.93	40.96	40.98	41.00	41.02
	鹿寨县	47.75	47.93	48.12	48.31	48.50	48.69	48.88	49.07	49.26	49.46	49.65	49.84	50.04	50.23	50.43	50.63
	融安县	31.97	32.03	32.09	32.15	32.21	32.27	32.33	32.39	32.45	32.51	32.58	32.64	32.70	32.76	32.82	32.88
	融水苗族自治县	46.71	47.05	47.40	47.75	48.10	48.46	48.82	49.18	49.54	49.91	50.28	50.65	51.02	51.40	51.78	52.16
	三江侗族自治县	34.64	35.00	35.36	35.73	36.09	36.47	36.84	37.22	37.61	38.00	38.39	38.79	39.19	39.59	40.00	40.41

表 7 - 1 - 6　柳州市一主三新户籍人口综合增长率法预测结果（低速方案）

区域	2017 年总人口（万人）	人口综合增长率（‰）					人口总量预测值（万人）				
		2018 ~ 2020 年	2021 ~ 2025 年	2026 ~ 2030 年	2031 ~ 2035 年	2036 ~ 2050 年	2020 年	2025 年	2030 年	2035 年	2050 年
主城区	100.00	7.1	4.9	2.9	1.9	0.9	102.14	104.67	106.20	107.21	108.67
柳江区（拉堡新兴组团）	36.76	7.1	4.9	3.2	2.2	0.9	37.55	38.48	39.10	39.53	40.07
柳东新区	23.92	7.1	4.9	3.4	2.4	0.9	24.43	25.03	25.46	25.77	26.12
北部生态新区	5.05	7.1	4.9	3.1	2.1	0.9	5.16	5.29	5.37	5.43	5.50

表 7 - 1 - 7　柳州市一主三新户籍人口综合增长率法预测结果（中速方案）

区域	2017 年总人口（万人）	人口综合增长率（‰）					人口总量预测值（万人）				
		2018 ~ 2020 年	2021 ~ 2025 年	2026 ~ 2030 年	2031 ~ 2035 年	2036 ~ 2050 年	2020 年	2025 年	2030 年	2035 年	2050 年
主城区	100.00	7.2	5.0	3.0	2.0	1.0	102.17	104.75	106.34	107.40	109.03
柳江区（拉堡新兴组团）	36.76	7.2	5.0	3.3	2.3	1.0	37.56	38.51	39.15	39.60	40.20
柳东新区	23.92	7.2	5.0	3.5	2.5	1.0	24.44	25.05	25.49	25.81	26.20
北部生态新区	5.05	7.2	5.0	3.2	2.2	1.0	5.16	5.29	5.38	5.44	5.52

表 7 - 1 - 8　柳州市一主三新户籍人口综合增长率法预测结果（高速方案）

区域	2017 年总人口（万人）	人口综合增长率（‰）					人口总量预测值（万人）				
		2018 ~ 2020 年	2021 ~ 2025 年	2026 ~ 2030 年	2031 ~ 2035 年	2036 ~ 2050 年	2020 年	2025 年	2030 年	2035 年	2050 年
主城区	100.00	7.3	5.1	3.1	2.1	1.1	102.21	104.84	106.47	107.60	109.39
柳江区（拉堡新兴组团）	36.76	7.3	5.1	3.4	2.4	1.1	37.57	38.54	39.20	39.67	40.33
柳东新区	23.92	7.3	5.1	3.6	2.6	1.1	24.44	25.07	25.53	25.86	26.29
北部生态新区	5.06	7.3	5.1	3.3	2.3	1.1	5.17	5.30	5.39	5.45	5.54

2. 一主三新户籍人口综合增长率法模型校核

2002 ~ 2017 年柳州市一主三新统计年鉴户籍人口与综合增长率预测模型回推人口绝对误差校核（如表 7 - 1 - 9 所示）。

表 7－1－9　　　　柳州市一主三新户籍人口综合增长率法模型校核结果

单位：万人

实际统计人口

区域	2002年	2003年	2004年	2005年	2006年	2007年	2008年	2009年
主城区	81.98	82.94	83.93	84.81	86.15	86.38	87.05	87.84
柳江区（拉堡新兴组团）	30.14	30.49	30.86	31.18	31.67	31.76	32.00	32.29
柳东新区	19.61	19.83	20.07	20.28	20.60	20.66	20.82	21.01
北部生态新区	4.14	4.19	4.24	4.29	4.35	4.37	4.40	4.44

区域	2010年	2011年	2012年	2013年	2014年	2015年	2016年	2017年
主城区	89.35	94.70	94.57	94.92	96.49	97.88	99.31	100.00
柳江区（拉堡新兴组团）	32.85	34.81	34.77	34.90	35.47	35.98	36.51	36.76
柳东新区	21.37	22.65	22.62	22.70	23.08	23.41	23.75	23.92
北部生态新区	4.52	4.79	4.78	4.80	4.88	4.95	5.02	5.05

模型回推人口

区域	2002年	2003年	2004年	2005年	2006年	2007年	2008年	2009年
主城区	81.73	82.52	83.33	84.14	84.96	85.78	86.62	87.46
柳江区（拉堡新兴组团）	30.03	30.30	30.58	30.86	31.14	31.43	31.72	32.01
柳东新区	19.56	19.77	19.97	20.18	20.39	20.61	20.82	21.04
北部生态新区	6.71	6.77	6.83	6.90	6.96	7.02	7.09	7.15

区域	2010年	2011年	2012年	2013年	2014年	2015年	2016年	2017年
主城区	88.31	89.17	90.04	90.92	91.80	92.69	93.60	94.51
柳江区（拉堡新兴组团）	32.30	32.59	32.89	33.19	33.50	33.80	34.11	34.42
柳东新区	21.26	21.48	21.71	21.93	22.16	22.40	22.63	22.87
北部生态新区	7.22	7.28	7.35	7.42	7.48	7.55	7.62	7.69

二、回归分析法

依据柳州市户籍总人口的历史数据，以时间为自变量进行外推，发现户籍总人口与所处年份存在如下关系：

$$Y = a + bx$$

式中：Y——预测期总人口；

x——年份；

a、b——常数。

（一）市域户籍人口规模预测

1. 市域户籍人口规模预测结果

依据柳州市 2002～2017 年市域户籍总人口的历史数据，以时间为自变量进行外推，运用 Excel 回归分析工具预测计算，发现柳州市市域户籍总人口与所处年份存在如下关系（见图 7 – 1 – 1）：

$$Y = -4582.4 + 2.4635x$$

$$R^2 = 0.9757$$

式中：

Y——预测目标年末人口规模；

x——预测年限。

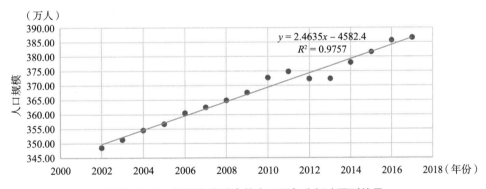

图 7 – 1 – 1　柳州市市域户籍人口回归分析法预测结果

预测柳州市 2020 年市域户籍总人口为 393.87 万人，2025 年市域户籍总人口为 406.19 万人，2030 年市域户籍总人口为 418.51 万人，2035 年市域户籍总人口为 430.82 万人，2050 年市域户籍总人口为 467.78 万人（如表 7 – 1 – 10 所示）。

表 7 - 1 - 10　　　　　柳州市市域户籍人口回归分析法预测结果

区域	a	b	R²	人口总量预测值（万人）				
				2020 年	2025 年	2030 年	2035 年	2050 年
市域	-4582.4	2.4635	0.9757	393.87	406.19	418.51	430.82	467.78

2. 市域户籍人口回归分析法模型校核

2002 ~ 2017 年柳州市市域统计年鉴户籍人口与回归分析预测模型回推人口绝对误差如下，除 2010 年、2011 年和 2013 年绝对误差较大外，其他年份绝对误差均较小，考虑到回归分析预测模型 R² 达到 0.9757，模型精度较高，故可用来预测柳州市市域未来户籍人口（如表 7 - 1 - 11 所示）。

表 7 - 1 - 11　　　　柳州市市域户籍人口回归分析法模型校核结果　　　　单位：万人

年份	2002 年	2003 年	2004 年	2005 年	2006 年	2007 年	2008 年	2009 年
实际统计人口	348.51	351.26	354.51	356.66	360.51	362.50	364.90	367.56
模型回推人口	349.53	351.99	354.45	356.92	359.38	361.84	364.31	366.77
绝对误差	1.01	0.73	0.05	0.26	1.13	0.65	0.59	0.79
年份	2010 年	2011 年	2012 年	2013 年	2014 年	2015 年	2016 年	2017 年
实际统计人口	372.69	374.80	372.30	372.35	377.94	381.62	385.67	386.60
模型回推人口	369.24	371.70	374.16	376.63	379.09	381.55	384.02	386.48
绝对误差	3.46	3.10	1.86	4.28	1.15	0.07	1.65	0.12

（二）市辖区及各县户籍人口规模预测

1. 市辖区及各县户籍人口规模预测结果

依据柳州市市辖区及各县 2002 ~ 2017 年户籍总人口的历史数据，以时间为自变量进行外推，通过回归分析计算，得到柳州市市辖区及各县（区）2020 年、2025 年、2035 年、2050 年的规划总人口预测值，其中市辖区及各县的回归模型的决定系数 R² 均在 0.9 以上，拟合优势度高，因此认为该回归模型适用于市辖区及各县的常住人口预测（如表 7 - 1 - 12 所示）。

表7-1-12　　　柳州市市辖区及各县回归分析法户籍人口预测结果

区域	a	b	R²	人口总量预测值（万人）				
				2020年	2025年	2030年	2035年	2050年
市辖区	-4448.6	2.2947	0.9672	186.69	198.17	209.64	221.11	255.54
柳城县	-709.36	0.3735	0.9409	45.11	46.98	48.85	50.71	56.31
鹿寨县	-794.94	0.4201	0.9384	53.66	55.76	57.86	59.96	66.26
融安县	-265.37	0.1484	0.9539	34.20	34.94	35.68	36.42	38.65
融水苗族自治县	-412.03	0.2249	0.9903	42.27	43.39	44.52	45.64	49.02
三江侗族自治县	-752.79	0.3933	0.9963	41.68	43.64	45.61	47.58	53.48

2. 市辖区及各县户籍人口回归分析法模型校核

通过对市辖区及各县的2002~2017年现状户籍人口的回归分析法模型校核，得到户籍人口与实际统计的户籍人口数（如表7-1-13~表7-1-18所示）。

表7-1-13　　　柳州市市辖区户籍人口回归分析法模型校核结果　　　单位：万人

年份	2002年	2003年	2004年	2005年	2006年	2007年	2008年	2009年
实际统计人口	147.31	149.02	150.81	152.40	154.79	155.21	156.42	157.84
模型回推人口	145.39	147.68	149.98	152.27	154.57	156.86	159.16	161.45
绝对误差	1.92	1.34	0.83	0.12	0.23	1.66	2.74	3.62
年份	2010年	2011年	2012年	2013年	2014年	2015年	2016年	2017年
实际统计人口	160.54	170.15	169.93	170.56	173.37	175.87	178.45	179.68
模型回推人口	163.75	166.04	168.34	170.63	172.93	175.22	177.52	179.81
绝对误差	3.20	4.11	1.60	0.07	0.44	0.65	0.94	0.13

表7-1-14　　　柳州市柳城县户籍人口回归分析法模型校核结果　　　单位：万人

年份	2002年	2003年	2004年	2005年	2006年	2007年	2008年	2009年
实际统计人口	40.64	40.68	40.61	40.53	40.76	40.91	40.65	40.80
模型回推人口	38.39	38.76	39.13	39.51	39.88	40.25	40.63	41.00
绝对误差	2.25	1.92	1.47	1.02	0.87	0.66	0.02	0.20

续表

年份	2010 年	2011 年	2012 年	2013 年	2014 年	2015 年	2016 年	2017 年
实际统计人口	41.45	41.68	41.23	40.75	40.78	40.94	41.10	40.97
模型回推人口	41.38	41.75	42.12	42.50	42.87	43.24	43.62	43.99
绝对误差	0.07	0.07	0.89	1.74	2.09	2.30	2.52	3.02

表 7 - 1 - 15　　　柳州市鹿寨县户籍人口回归分析法模型校核结果　　　单位：万人

年份	2002 年	2003 年	2004 年	2005 年	2006 年	2007 年	2008 年	2009 年
实际统计人口	47.68	48.21	48.21	48.26	48.21	48.23	48.56	48.81
模型回推人口	46.10	46.52	46.94	47.36	47.78	48.20	48.62	49.04
绝对误差	1.58	1.69	1.27	0.90	0.43	0.03	0.06	0.23
年份	2010 年	2011 年	2012 年	2013 年	2014 年	2015 年	2016 年	2017 年
实际统计人口	49.55	41.36	40.59	40.50	40.87	40.93	41.12	40.97
模型回推人口	49.46	49.88	50.30	50.72	51.14	51.56	51.98	52.40
绝对误差	0.09	8.52	9.71	10.22	10.27	10.63	10.86	11.43

表 7 - 1 - 16　　　柳州市融安县户籍人口回归分析法模型校核结果　　　单位：万人

年份	2002 年	2003 年	2004 年	2005 年	2006 年	2007 年	2008 年	2009 年
实际统计人口	31.84	31.83	32.28	32.16	32.33	32.62	32.80	32.85
模型回推人口	31.53	31.68	31.82	31.97	32.12	32.27	32.42	32.57
绝对误差	0.32	0.15	0.45	0.19	0.21	0.35	0.38	0.29
年份	2010 年	2011 年	2012 年	2013 年	2014 年	2015 年	2016 年	2017 年
实际统计人口	33.04	33.05	32.14	31.93	32.59	32.74	32.88	32.76
模型回推人口	32.71	32.86	33.01	33.16	33.31	33.46	33.60	33.75
绝对误差	0.33	0.19	0.87	1.23	0.71	0.72	0.72	1.00

表 7 - 1 - 17　　　柳州市融水苗族自治县户籍人口回归分析法模型校核结果　　　单位：万人

年份	2002 年	2003 年	2004 年	2005 年	2006 年	2007 年	2008 年	2009 年
实际统计人口	46.53	46.81	47.35	47.59	48.29	48.98	49.49	49.79
模型回推人口	38.22	38.44	38.67	38.89	39.12	39.34	39.57	39.79
绝对误差	8.31	8.36	8.68	8.70	9.17	9.64	9.92	10.00

续表

年份	2010 年	2011 年	2012 年	2013 年	2014 年	2015 年	2016 年	2017 年
实际统计人口	50.60	50.62	50.06	49.80	51.00	51.55	51.98	51.97
模型回推人口	40.02	40.24	40.47	40.69	40.92	41.14	41.37	41.59
绝对误差	10.58	10.37	9.59	9.11	10.08	10.40	10.62	10.37

表 7 - 1 - 18　　　柳州市三江侗族自治县户籍人口回归分析法模型校核结果　　单位：万人

年份	2002 年	2003 年	2004 年	2005 年	2006 年	2007 年	2008 年	2009 年
实际统计人口	34.51	34.71	35.26	35.73	36.13	36.55	36.98	37.48
模型回推人口	34.60	34.99	35.38	35.78	36.17	36.56	36.96	37.35
绝对误差	0.09	0.28	0.13	0.05	0.04	0.01	0.02	0.13
年份	2010 年	2011 年	2012 年	2013 年	2014 年	2015 年	2016 年	2017 年
实际统计人口	37.51	37.94	38.35	38.80	39.33	39.60	40.13	40.26
模型回推人口	37.74	38.14	38.53	38.92	39.32	39.71	40.10	40.50
绝对误差	0.23	0.20	0.18	0.13	0.02	0.11	0.03	0.23

（三）一主三新户籍总人口规模预测

1. 一主三新户籍人口规模预测结果

依据柳州市一主三新 2002 ~ 2017 年户籍总人口的数据，通过回归分析计算，得到柳州市一主三新 2020 年、2025 年、2035 年、2050 年的规划总人口预测值（如表 7 - 1 - 19 所示）。

表 7 - 1 - 19　　　　柳州市一主三新户籍人口回归分析法预测结果

区域	a	b	R²	人口总量预测值（万人）				
				2020 年	2025 年	2030 年	2035 年	2050 年
主城区	-2475.8	1.2771	0.9672	103.94	110.33	116.71	123.10	142.26
柳江区（拉堡新兴组团）	-910.19	0.4695	0.9672	38.20	40.55	42.89	45.24	52.28
柳东新区	-592.11	0.3054	0.9672	24.80	26.33	27.85	29.38	33.96
北部生态新区	-203.37	0.1049	0.9672	5.35	5.68	6.00	6.32	7.29

2. 一主三新户籍人口回归分析法模型校核

通过对一主三新的 2010 ~ 2017 年现状户籍人口的回归分析法预测模型校核，

得出主城区 2002 年的户籍人口为 80.95 万人，比实际统计人口数少 1.03 万人，2017 年为 100.11 万人，比实际统计人口数多 0.11 万人；柳江区（拉堡新兴组团）2002 年人口数为 29.75 万人，比实际统计人口数少 0.39 万人，2017 年为 36.79 万人，比实际统计人口数多 0.03 万人；柳东新区 2002 年人口数为 19.30 万人，比实际统计人口数少 0.31 万人，2017 年人口数为 23.88 万人，比实际统计人口数少 0.03 万人；北部生态新区 2002 年人口数为 4.19 万人，比实际统计人口数多 0.05 万人，2017 年人口数为 5.16 万人，比实际统计人口数多 0.10 万人。根据回归分析法预测模型核验的 2002～2017 年的一主三新常住人口与实际统计的常住人口数差值在 0.03 万～0.3 万人之间，基本符合现状，因此认为该模型适用于柳州市一主三新的常住人口规模预测（如表 7-1-20～表 7-1-23 所示）。

表 7-1-20　　　　柳州市主城区户籍人口回归分析法模型校核结果　　　单位：万人

年份	2002 年	2003 年	2004 年	2005 年	2006 年	2007 年	2008 年	2009 年
实际统计人口	81.98	82.94	83.93	84.81	86.15	86.38	87.05	87.84
模型回推人口	80.95	82.23	83.51	84.79	86.06	87.34	88.62	89.89
绝对误差	1.03	0.71	0.42	0.03	0.09	0.96	1.57	2.05
年份	2010 年	2011 年	2012 年	2013 年	2014 年	2015 年	2016 年	2017 年
实际统计人口	89.35	94.70	94.57	94.92	96.49	97.88	99.31	100.00
模型回推人口	91.17	92.45	93.73	95.00	96.28	97.56	98.83	100.11
绝对误差	1.82	2.25	0.85	0.08	0.21	0.32	0.48	0.11

表 7-1-21　　　　　柳州市柳江区（拉堡新兴组团）户籍人口

回归分析法模型校核结果　　　单位：万人

年份	2002 年	2003 年	2004 年	2005 年	2006 年	2007 年	2008 年	2009 年
实际统计人口	30.14	30.49	30.86	31.18	31.67	31.76	32.00	32.29
模型回推人口	29.75	30.22	30.69	31.16	31.63	32.10	32.57	33.04
绝对误差	0.39	0.27	0.17	0.02	0.04	0.34	0.56	0.74
年份	2010 年	2011 年	2012 年	2013 年	2014 年	2015 年	2016 年	2017 年
实际统计人口	32.85	34.81	34.77	34.90	35.47	35.98	36.51	36.76
模型回推人口	33.50	33.97	34.44	34.91	35.38	35.85	36.32	36.79
绝对误差	0.66	0.84	0.32	0.02	0.09	0.13	0.19	0.03

表7-1-22 柳州市柳东新区户籍人口回归分析法模型校核结果 单位：万人

年份	2002年	2003年	2004年	2005年	2006年	2007年	2008年	2009年
实际统计人口	19.61	19.83	20.07	20.28	20.60	20.66	20.82	21.01
模型回推人口	19.30	19.61	19.91	20.22	20.52	20.83	21.13	21.44
绝对误差	0.31	0.23	0.16	0.07	0.08	0.17	0.31	0.43
年份	2010年	2011年	2012年	2013年	2014年	2015年	2016年	2017年
实际统计人口	21.37	22.65	22.62	22.70	23.08	23.41	23.75	23.92
模型回推人口	21.74	22.05	22.35	22.66	22.97	23.27	23.58	23.88
绝对误差	0.38	0.60	0.26	0.04	0.11	0.14	0.18	0.03

表7-1-23 柳州市北部生态新区户籍人口回归分析法模型校核结果 单位：万人

年份	2002年	2003年	2004年	2005年	2006年	2007年	2008年	2009年
实际统计人口	4.14	4.19	4.24	4.29	4.35	4.37	4.40	4.44
模型回推人口	4.19	4.25	4.32	4.38	4.45	4.51	4.58	4.64
绝对误差	0.05	0.06	0.08	0.10	0.09	0.15	0.18	0.20
年份	2010年	2011年	2012年	2013年	2014年	2015年	2016年	2017年
实际统计人口	4.52	4.79	4.78	4.80	4.88	4.95	5.02	5.05
模型回推人口	4.71	4.77	4.84	4.90	4.96	5.03	5.09	5.16
绝对误差	0.19	0.02	0.05	0.10	0.09	0.08	0.07	0.10

三、灰色预测法

根据柳州市历年户籍总人口变化趋势，根据人口数量与时间变化情况，发现户籍人口数量与时间变化可形成如下灰色预测模型关系：

$$\hat{x}_t^{(1)} = \left[x_0^{(0)} - \frac{u}{a} \right] e^{-at} + \frac{u}{a}$$

式中：$\hat{x}_t^{(1)}$——预测值人口数量叠加值；

$x_0^{(0)}$——起始年份人口数量；

t——年份；

a、u——常数。

（一）市域户籍人口规模预测

1. 市域户籍人口规模预测结果

根据柳州市市域2002～2017年户籍总人口变化趋势，构建人口与所处年份灰色预测模型（见图7-1-2）。

$$\hat{x}_t = 43729.7642e^{0.008t} - 43381.25$$

通过灰色模型可以预测柳州市市域户籍总人口，经过递减还原，可预测柳州市市域2020年、2025年、2030年、2035年、2050年户籍总人口分别为402.41万人、418.83万人、435.93万人、453.72万人、511.56万人。

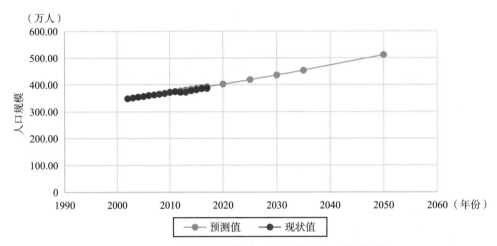

图7-1-2　柳州市市域灰色预测法户籍人口预测结果

2. 市域户籍人口灰色预测模型校核

2002～2017年柳州市市域统计年鉴户籍人口与灰色预测模型递减还原值绝对误差如表7-1-24所示，考虑到灰色预测模型拟合度达到0.9928，模型精度高，可用来预测柳州市市域未来户籍人口规模。

表7-1-24　　　　　柳州市市域户籍人口灰色预测法模型校核结果　　　　单位：万人

年份	2002年	2003年	2004年	2005年	2006年	2007年	2008年	2009年
实际统计人口	348.51	351.24	354.06	356.91	359.77	362.66	365.58	368.51
递减还原值	348.51	351.26	354.51	356.66	360.51	362.50	364.90	367.56
绝对误差	0.00	0.01	0.44	0.25	0.73	0.17	0.68	0.95
年份	2010年	2011年	2012年	2013年	2014年	2015年	2016年	2017年
实际统计人口	371.47	374.46	377.46	380.50	383.55	386.63	389.74	392.87
递减还原值	372.69	374.80	372.30	372.35	377.94	381.62	385.67	386.60
绝对误差	1.22	0.34	5.17	8.15	5.62	5.01	4.07	6.26

（二）市辖区及各县户籍人口规模预测

1. 市辖区及各县户籍人口规模预测结果

根据柳州市主城区 2002 ~ 2017 年总人口变化趋势，构建人口与所处年份灰色预测模型可对市辖区及各县总人口规模进行预测（如表 7 - 1 - 25 所示）。

表 7 - 1 - 25　　　柳州市市辖区及各县户籍人口灰色预测法预测结果

区域	预测模型	人口总量预测值（万人）				
		2020 年	2025 年	2030 年	2035 年	2050 年
市辖区	$y = 11197.68304e^{0.004t} - 11050.38$	187.96	200.88	214.70	229.46	280.12
柳城县	$y = 9729.638e^{0.004t} - 9689.00$	41.74	42.58	43.44	44.32	47.06
鹿寨县	$y = 7825.1836e^{0.006t} - 7777.50$	52.15	53.74	55.37	57.06	62.43
融安县	$y = 6929.218604e^{0.0046t} - 6897.39$	34.55	35.35	36.17	37.01	39.66
融水苗族自治县	$y = 6639.280141e^{0.0071t} - 6591.69$	53.38	55.30	57.30	59.37	66.05
三江侗族自治县	$y = 3317.972938e^{0.0104t} - 3283.46$	41.40	43.60	45.93	48.38	56.55

2. 市辖区及各县户籍人口灰色预测法模型校核

根据灰色预测法的户籍人口预测模型对市辖区及各县的户籍人口进行回推校核，发现各个区域的模型回推人口与现状户籍人口基本符合，灰色预测模型拟合度均达到 0.9，模型精度良好，因此认为该综合预测模型适用于市辖区及各县的户籍人口预测（如表 7 - 1 - 26 ~ 表 7 - 1 - 31 所示）。

表 7 - 1 - 26　　　柳州市市辖区户籍人口灰色预测法模型校核结果　　　单位：万人

年份	2002 年	2003 年	2004 年	2005 年	2006 年	2007 年	2008 年	2009 年
实际统计人口	147.31	149.92	151.93	153.97	156.03	158.12	160.23	162.38
递减还原值	147.31	149.02	150.81	152.40	154.79	155.21	156.42	157.84
绝对误差	0.00	0.90	1.12	1.57	1.23	2.91	3.82	4.54
年份	2010 年	2011 年	2012 年	2013 年	2014 年	2015 年	2016 年	2017 年
实际统计人口	164.55	166.76	168.99	171.25	173.54	175.87	178.22	180.61
递减还原值	160.54	170.15	169.93	170.56	173.37	175.87	178.45	179.68
绝对误差	4.01	3.40	0.94	0.69	0.18	0.00	0.23	0.93

表 7-1-27 柳州市柳城县户籍人口灰色预测法模型校核结果 单位：万人

年份	2002 年	2003 年	2004 年	2005 年	2006 年	2007 年	2008 年	2009 年
实际统计人口	40.64	39.00	39.15	39.31	39.47	39.63	39.78	39.94
递减还原值	40.64	40.68	40.61	40.53	40.91	40.65	40.65	40.80
绝对误差	0.00	1.68	1.45	1.22	1.44	1.03	0.87	0.86
年份	2010 年	2011 年	2012 年	2013 年	2014 年	2015 年	2016 年	2017 年
实际统计人口	40.10	40.26	40.43	40.59	40.75	40.91	41.08	41.24
递减还原值	41.45	41.68	41.23	40.75	40.78	40.94	41.10	40.97
绝对误差	1.34	1.42	0.80	0.17	0.02	0.03	0.02	0.27

表 7-1-28 柳州市鹿寨县户籍人口灰色预测法模型校核结果 单位：万人

年份	2002 年	2003 年	2004 年	2005 年	2006 年	2007 年	2008 年	2009 年
实际统计人口	47.68	47.09	47.38	47.66	47.95	48.24	48.53	48.82
递减还原值	47.68	48.21	48.21	48.26	48.21	48.23	48.56	48.81
绝对误差	0.00	1.12	0.83	0.59	0.26	0.01	0.03	0.01
年份	2010 年	2011 年	2012 年	2013 年	2014 年	2015 年	2016 年	2017 年
实际统计人口	49.11	49.41	49.71	50.00	50.31	50.61	50.91	51.22
递减还原值	49.55	41.36	40.59	40.50	40.87	40.93	41.12	40.97
绝对误差	0.44	8.05	9.11	9.50	9.44	9.68	9.79	10.25

表 7-1-29 柳州市融安县户籍人口灰色预测法模型校核结果 单位：万人

年份	2002 年	2003 年	2004 年	2005 年	2006 年	2007 年	2008 年	2009 年
实际统计人口	31.84	31.95	32.10	32.24	32.39	32.54	32.69	32.84
递减还原值	31.84	31.83	32.28	32.16	32.33	32.62	32.80	32.85
绝对误差	0.00	0.12	0.18	0.09	0.07	0.08	0.11	0.01
年份	2010 年	2011 年	2012 年	2013 年	2014 年	2015 年	2016 年	2017 年
实际统计人口	32.99	33.15	33.30	33.45	33.61	33.76	33.92	34.07
递减还原值	33.04	33.05	32.14	31.93	32.59	32.74	32.88	32.76
绝对误差	0.05	0.09	1.16	1.52	1.01	1.02	1.03	1.32

表7-1-30　　柳州市融水苗族自治县户籍人口灰色预测法模型校核结果　　单位：万人

年份	2002 年	2003 年	2004 年	2005 年	2006 年	2007 年	2008 年	2009 年
实际统计人口	46.53	47.31	47.64	47.98	48.33	48.67	49.02	49.37
递减还原值	46.53	46.81	47.35	47.59	48.29	48.98	49.49	49.79
绝对误差	0.00	0.50	0.29	0.39	0.04	0.31	0.47	0.43
年份	2010 年	2011 年	2012 年	2013 年	2014 年	2015 年	2016 年	2017 年
实际统计人口	49.72	50.07	50.43	50.79	51.15	51.51	51.88	52.25
递减还原值	50.60	50.62	50.06	49.80	51.00	51.55	51.98	51.97
绝对误差	0.88	0.55	0.37	0.98	0.15	0.03	0.10	0.29

表7-1-31　　柳州市三江侗族自治县户籍人口灰色预测法模型校核结果　　单位：万人

年份	2002 年	2003 年	2004 年	2005 年	2006 年	2007 年	2008 年	2009 年
实际统计人口	34.51	34.69	35.05	35.42	35.79	36.16	36.54	36.92
递减还原值	34.51	34.71	35.26	35.73	36.13	36.55	36.98	37.48
绝对误差	0.00	0.02	0.21	0.31	0.35	0.39	0.44	0.56
年份	2010 年	2011 年	2012 年	2013 年	2014 年	2015 年	2016 年	2017 年
实际统计人口	37.31	37.70	38.09	38.49	38.89	39.30	39.71	40.12
递减还原值	37.51	37.94	38.35	38.80	39.33	39.60	40.13	40.26
绝对误差	0.20	0.24	0.25	0.31	0.44	0.30	0.42	0.14

（三）一主三新户籍人口规模预测

1. 一主三新户籍人口规模预测结果

综合 2002～2017 年柳州市一主三新户籍总人口规模的变化规律，构建灰色预测模型对一主三新户籍总人口规模进行预测（如表 7-1-32 所示）。

表7-1-32　　　柳州市一主三新户籍人口灰色预测法预测结果

区域	预测模型	人口总量预测值（万人）				
		2020 年	2025 年	2030 年	2035 年	2050 年
主城区	$y = 5667.676717e^{0.0144t} - 5585.69$	105.01	112.85	121.27	130.32	161.74
柳江区（拉堡新兴组团）	$y = 2083.611365e^{0.0144t} - 2053.47$	38.60	41.49	44.58	47.91	59.46
柳东新区	$y = 1355.439908e^{0.0144t} - 19.24$	25.11	26.99	29.00	31.17	38.68
北部生态新区	$y = 285.7827947e^{0.0144t} - 281.64$	5.29	5.69	6.11	6.57	8.16

2. 一主三新户籍人口灰色预测法模型校核

将 2002 ~ 2017 年的户籍人口现状数据代入柳州市市域的灰色预测法预测模型中进行核验，得出一主三新根据灰色预测法预测模型核验的 2002 ~ 2017 年的户籍人口与实际统计的户籍人口差值在 0 ~ 2.45 万人之间，基本符合现状，因此认为该模型适用于柳州市一主三新的户籍人口规模预测（如表 7 - 1 - 33 ~ 表 7 - 1 - 36 所示）。

表 7 - 1 - 33　　柳州市主城区户籍人口灰色预测法模型校核结果　　单位：万人

年份	2002 年	2003 年	2004 年	2005 年	2006 年	2007 年	2008 年	2009 年
实际统计人口	81.98	82.21	83.40	84.61	85.83	87.08	88.34	89.62
递减还原值	81.98	82.94	83.93	84.81	86.15	86.38	87.05	87.84
绝对误差	0.00	0.73	0.54	0.21	0.31	0.70	1.29	1.78
年份	2010 年	2011 年	2012 年	2013 年	2014 年	2015 年	2016 年	2017 年
实际统计人口	90.92	92.24	93.58	94.94	96.31	97.71	99.13	100.57
递减还原值	89.35	94.70	94.57	94.92	96.49	97.88	99.31	100.00
绝对误差	1.58	2.45	0.99	0.01	0.17	0.17	0.19	0.56

表 7 - 1 - 34　　柳州市柳江区（拉堡新兴组团）户籍人口灰色
预测法模型校核结果　　单位：万人

年份	2002 年	2003 年	2004 年	2005 年	2006 年	2007 年	2008 年	2009 年
实际统计人口	30.14	30.22	30.66	31.10	31.56	32.01	32.48	32.95
递减还原值	30.14	30.49	30.86	31.18	31.67	31.76	32.00	32.29
绝对误差	0.00	0.27	0.20	0.08	0.12	0.26	0.47	0.65
年份	2010 年	2011 年	2012 年	2013 年	2014 年	2015 年	2016 年	2017 年
实际统计人口	33.43	33.91	34.40	34.90	35.41	35.92	36.44	36.97
递减还原值	32.85	34.81	34.77	34.90	35.47	35.98	36.51	36.76
绝对误差	0.58	0.90	0.37	0.00	0.06	0.06	0.07	0.21

表 7 - 1 - 35　　　　柳州市柳东新区户籍人口灰色预测法模型校核结果　　　　单位：万人

年份	2002 年	2003 年	2004 年	2005 年	2006 年	2007 年	2008 年	2009 年
实际统计人口	19.61	19.66	19.94	20.23	20.53	20.83	21.13	21.43
递减还原值	19.61	19.83	20.07	20.28	20.60	20.66	20.82	21.01
绝对误差	0.00	0.18	0.13	0.05	0.08	0.17	0.31	0.43
年份	2010 年	2011 年	2012 年	2013 年	2014 年	2015 年	2016 年	2017 年
实际统计人口	21.74	22.06	22.38	22.70	23.03	23.37	23.71	24.05
递减还原值	21.37	22.65	22.62	22.70	23.08	23.41	23.75	23.92
绝对误差	0.38	0.59	0.24	0.00	0.04	0.04	0.04	0.14

表 7 - 1 - 36　　　　柳州市北部生态新区户籍人口灰色预测法模型校核结果　　　　单位：万人

年份	2002 年	2003 年	2004 年	2005 年	2006 年	2007 年	2008 年	2009 年
实际统计人口	4.14	4.15	4.21	4.27	4.33	4.39	4.45	4.52
递减还原值	4.14	4.19	4.24	4.29	4.35	4.37	4.40	4.44
绝对误差	0.00	0.05	0.04	0.02	0.03	0.02	0.05	0.08
年份	2010 年	2011 年	2012 年	2013 年	2014 年	2015 年	2016 年	2017 年
实际统计人口	4.58	4.65	4.72	4.79	4.86	4.93	5.00	5.07
递减还原值	4.52	4.79	4.78	4.80	4.88	4.95	5.02	5.05
绝对误差	0.07	0.14	0.06	0.01	0.02	0.02	0.02	0.02

四、户籍人口综合预测结果

（一）各县区户籍人口综合预测区间及预测结果

　　根据柳州市公安局提供的 2002 ~ 2017 年的柳州市各县（区）户籍人口，运用综合增长率法、回归分析法和灰色预测法三种方法对柳州市各县（区）2020 年、2025 年、2030 年、2035 年、2050 年的户籍人口进行预测，并最终确定了低方案、中方案、高方案，各县区户籍人口预测结果见图 7 - 1 - 3 ~ 图 7 - 1 - 5，综合预测区间及结果如表 7 - 1 - 37 ~ 表 7 - 1 - 47 所示。

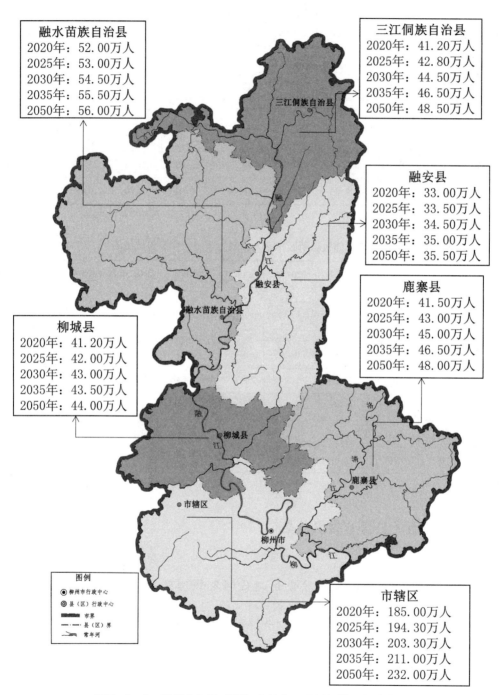

融水苗族自治县
2020年：52.00万人
2025年：53.00万人
2030年：54.50万人
2035年：55.50万人
2050年：56.00万人

三江侗族自治县
2020年：41.20万人
2025年：42.80万人
2030年：44.50万人
2035年：46.50万人
2050年：48.50万人

融安县
2020年：33.00万人
2025年：33.50万人
2030年：34.50万人
2035年：35.00万人
2050年：35.50万人

鹿寨县
2020年：41.50万人
2025年：43.00万人
2030年：45.00万人
2035年：46.50万人
2050年：48.00万人

柳城县
2020年：41.20万人
2025年：42.00万人
2030年：43.00万人
2035年：43.50万人
2050年：44.00万人

图例
◎ 柳州市行政中心
◎ 县（区）行政中心
▬ 市界
—·— 县（区）界
〜 常年河

市辖区
2020年：185.00万人
2025年：194.30万人
2030年：203.30万人
2035年：211.00万人
2050年：232.00万人

图 7 - 1 - 3　柳州市各县（区）户籍人口预测规模（低方案）

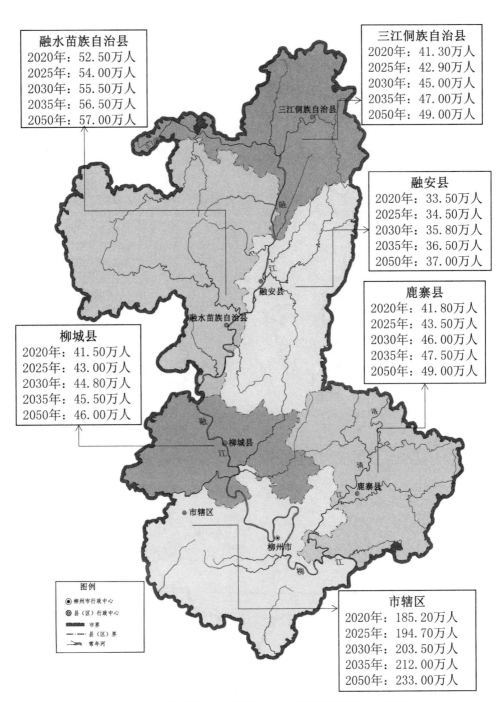

融水苗族自治县
2020年：52.50万人
2025年：54.00万人
2030年：55.50万人
2035年：56.50万人
2050年：57.00万人

三江侗族自治县
2020年：41.30万人
2025年：42.90万人
2030年：45.00万人
2035年：47.00万人
2050年：49.00万人

融安县
2020年：33.50万人
2025年：34.50万人
2030年：35.80万人
2035年：36.50万人
2050年：37.00万人

鹿寨县
2020年：41.80万人
2025年：43.50万人
2030年：46.00万人
2035年：47.50万人
2050年：49.00万人

柳城县
2020年：41.50万人
2025年：43.00万人
2030年：44.80万人
2035年：45.50万人
2050年：46.00万人

图例
◉ 柳州市行政中心
◎ 县（区）行政中心
━━ 市界
━·━ 县（区）界
✕ 常年河

市辖区
2020年：185.20万人
2025年：194.70万人
2030年：203.50万人
2035年：212.00万人
2050年：233.00万人

图 7 - 1 - 4 柳州市各县（区）户籍人口预测规模（中方案）

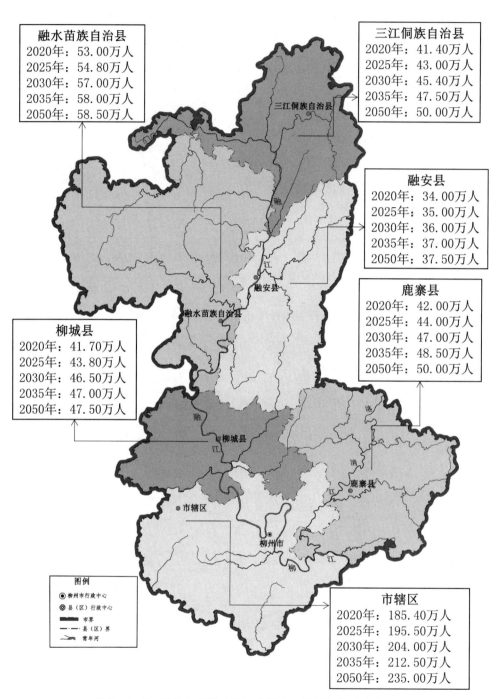

图7-1-5　柳州市各县（区）户籍人口预测规模（高方案）

表 7 - 1 - 37　　　　　　　　　　　柳州市市域户籍人口预测结果　　　　　　　　　单位：万人

预测方法			2017 年现状	市域户籍人口预测				
				2020 年	2025 年	2030 年	2035 年	2050 年
综合增长率法	$P = P_0(1+a)^n$	低	386.60	394.66	408.47	416.70	422.99	429.38
		中		394.90	408.91	420.28	428.76	441.80
		高		395.01	409.24	422.71	433.39	453.30
回归分析法	$Y = 2.4635x - 4582.4$			393.87	406.19	418.51	430.82	467.78
灰色预测法	$\hat{x}_t = 43729.7642e^{0.008t} - 43381.25$			402.41	418.83	435.93	453.72	511.56
总人口预测区间				393.87 ~ 402.41	406.19 ~ 418.83	416.70 ~ 435.93	422.99 ~ 453.72	429.38 ~ 511.56
低方案综合预测结果				393.90	408.60	424.80	438.00	464.00
中方案综合预测结果				395.80	412.60	430.60	445.00	471.00
高方案综合预测结果				397.50	416.10	435.90	450.50	478.50

表 7 - 1 - 38　　　　　　　　　　　柳州市市辖区户籍人口预测结果　　　　　　　　单位：万人

预测方法			2017 年现状	市辖区户籍人口预测				
				2020 年	2025 年	2030 年	2035 年	2050 年
综合增长率法	$P = P_0(1+a)^n$	低	179.68	184.96	194.01	203.20	209.37	222.29
		中		185.01	194.16	203.46	210.68	227.05
		高		185.07	194.32	203.72	212.01	231.91
回归分析法	$Y = 2.2947x - 4448.6$			186.69	198.17	209.64	221.11	255.54
灰色预测法	$\hat{x}_t = 11197.68e^{0.0133t} - 11050.3759$			187.96	200.88	214.70	229.46	280.12
总人口预测区间				184.96 ~ 187.96	194.01 ~ 200.88	203.20 ~ 214.70	209.37 ~ 229.46	222.29 ~ 280.12
低方案综合预测结果				185.00	194.30	203.30	211.00	232.00
中方案综合预测结果				185.20	194.70	203.50	212.00	233.00
高方案综合预测结果				185.40	195.50	204.00	212.50	235.00

表 7 - 1 - 39　　　　　　　　　　　柳州市柳城县户籍人口预测结果　　　　　　　　单位：万人

预测方法			2017 年现状	柳城县户籍人口预测				
				2020 年	2025 年	2030 年	2035 年	2050 年
综合增长率法	$P = P_0(1+a)^n$	低	40.97	41.05	41.15	41.23	41.29	41.42
		中		41.06	41.18	41.28	41.37	41.55
		高		41.07	41.21	41.34	41.44	41.69

预测方法	2017 年现状	柳城县户籍人口预测				
		2020 年	2025 年	2030 年	2035 年	2050 年
回归分析法 $Y=0.3735x-709.36$	40.97	45.11	46.98	48.85	50.71	56.31
灰色预测法 $\hat{x}_t=9729.638e^{0.004t}-9689$		41.74	42.58	43.44	44.32	47.06
总人口预测区间		41.05~45.11	41.15~46.98	41.23~48.85	41.29~50.71	41.42~56.31
低方案综合预测结果		41.20	42.00	43.00	43.50	44.00
中方案综合预测结果		41.50	43.00	44.80	45.50	46.00
高方案综合预测结果		41.70	43.80	46.50	47.00	47.50

表 7-1-40　　　　　柳州市鹿寨县户籍人口预测结果　　　　　单位：万人

预测方法			2017 年现状	鹿寨县户籍人口预测				
				2020 年	2025 年	2030 年	2035 年	2050 年
综合增长率法	$P=P_0(1+a)^n$	低	40.97	41.45	42.22	42.97	43.68	45.82
		中		41.46	42.26	43.02	43.76	45.97
		高		41.47	42.29	43.08	43.84	46.13
回归分析法 $Y=0.4201x-794.94$				53.66	55.76	57.86	59.96	66.26
灰色预测法 $\hat{x}_t=7825.1836e^{0.006t}-7777.5$				52.15	53.74	55.37	57.06	62.43
总人口预测区间				41.45~53.66	42.22~55.76	42.97~57.86	43.68~59.96	45.82~66.26
低方案综合预测结果				41.50	43.00	45.00	46.50	48.00
中方案综合预测结果				41.80	43.50	46.00	47.50	49.00
高方案综合预测结果				42.00	44.00	47.00	48.50	50.00

表 7-1-41　　　　　柳州市融安县户籍人口预测结果　　　　　单位：万人

预测方法			2017 年现状	融安县户籍人口预测				
				2020 年	2025 年	2030 年	2035 年	2050 年
综合增长率法	$P=P_0(1+a)^n$	低	32.76	32.94	33.22	33.47	33.69	34.30
		中		32.95	33.25	33.52	33.75	34.42
		高		32.96	33.28	33.56	33.81	34.53
回归分析法 $Y=0.1484x-265.57$				34.20	34.94	35.68	36.42	38.65
灰色预测法 $\hat{x}_t=6929.218e^{0.0046t}-6897.3913$				34.55	35.35	36.17	37.01	39.66

续表

预测方法	2017年现状	融安县户籍人口预测				
		2020年	2025年	2030年	2035年	2050年
总人口预测区间		32.94 ~ 34.55	33.22 ~ 35.35	33.47 ~ 36.17	33.69 ~ 37.01	34.30 ~ 39.66
低方案综合预测结果		33.00	33.50	34.50	35.00	35.50
中方案综合预测结果		33.50	34.50	35.80	36.50	37.00
高方案综合预测结果		34.00	35.00	36.00	37.00	37.50

表 7 – 1 – 42　　**柳州市融水苗族自治县户籍人口预测结果**　　单位：万人

预测方法			2017年现状	融水苗族自治县户籍人口预测				
				2020年	2025年	2030年	2035年	2050年
综合增长率法	$P = P_0(1+a)^n$	低	51.97	53.13	55.07	57.02	58.99	65.20
		中		53.14	55.11	57.10	59.09	65.42
		高		53.16	55.16	57.17	59.20	65.63
回归分析法	$Y = 0.2249x - 412.03$			42.27	43.39	44.52	45.64	49.02
灰色预测法	$\hat{x}_t = 6639.2801e^{0.0046t} - 6591.6901$			53.38	55.30	57.30	59.37	66.05
总人口预测区间				42.27 ~ 53.38	43.39 ~ 55.30	44.52 ~ 57.30	45.64 ~ 59.37	49.02 ~ 66.05
低方案综合预测结果				52.00	53.00	54.50	55.50	56.00
中方案综合预测结果				52.50	54.00	55.50	56.50	57.00
高方案综合预测结果				53.00	54.80	57.00	58.00	58.50

表 7 – 1 – 43　　**柳州市三江侗族自治县户籍人口预测结果**　　单位：万人

预测方法			2017年现状	三江侗族自治县户籍人口预测				
				2020年	2025年	2030年	2035年	2050年
综合增长率法	$P = P_0(1+a)^n$	低	40.26	41.16	42.67	44.18	45.70	48.31
		中		41.53	43.69	45.92	48.22	55.73
		高		41.54	43.73	45.98	48.30	55.91
回归分析法	$Y = 0.3933x - 752.79$			41.68	43.64	45.61	47.58	53.48
灰色预测法	$\hat{x}_t = 3317.9729e^{0.0104t} - 3283.4615$			41.40	43.60	45.93	48.38	56.55
总人口预测区间				41.16 ~ 41.68	42.67 ~ 43.73	44.18 ~ 45.98	45.70 ~ 48.38	48.31 ~ 56.55

续表

预测方法	2017 年现状	三江侗族自治县户籍人口预测				
		2020 年	2025 年	2030 年	2035 年	2050 年
低方案综合预测结果		41.20	42.80	44.50	46.50	48.50
中方案综合预测结果		41.30	42.90	45.00	47.00	49.00
高方案综合预测结果		41.40	43.00	45.40	47.50	50.00

表 7-1-44　　　　　　　柳州市主城区户籍人口预测结果　　　　　　　单位：万人

预测方法			2017 年现状	主城区户籍人口预测				
				2020 年	2025 年	2030 年	2035 年	2050 年
综合增长率法	$P = P_0(1+a)^n$	低	100.00	102.14	104.67	106.20	107.21	108.67
		中		102.17	104.75	106.34	107.40	109.03
		高		102.21	104.84	106.47	107.60	109.39
回归分析法	$Y = 1.2771x - 2475.8$			103.94	110.33	116.71	123.10	142.26
灰色预测法	$\hat{x}_t = 5667.676717e^{0.0144t} - 5585.69$			105.01	112.85	121.27	130.32	161.74
总人口预测区间				102.14 ~ 105.01	104.67 ~ 112.85	105.20 ~ 121.27	107.21 ~ 130.32	108.67 ~ 161.74
低方案综合预测结果				102.96	108.14	113.14	117.43	129.12
中方案综合预测结果				103.07	108.36	113.26	117.99	129.67
高方案综合预测结果				103.18	108.80	113.53	118.26	130.79

表 7-1-45　　　　柳州市柳江区（拉堡新兴组团）户籍人口预测结果　　　　单位：万人

预测方法			2017 年现状	柳江区（拉堡新兴组团）户籍人口预测				
				2020 年	2025 年	2030 年	2035 年	2050 年
综合增长率法	$P = P_0(1+a)^n$	低	36.76	37.55	38.48	39.10	39.53	40.07
		中		37.56	38.51	39.15	39.60	40.20
		高		37.57	38.54	39.20	39.67	40.33
回归分析法	$Y = 0.4695x - 910.19$			38.20	40.55	42.89	45.24	52.28
灰色预测法	$\hat{x}_t = 2083.611365e^{0.0144t} - 2053.47$			38.60	41.49	44.58	47.91	59.46
总人口预测区间				37.56 ~ 38.60	38.48 ~ 41.49	39.10 ~ 44.58	39.53 ~ 47.91	40.07 ~ 59.46
低方案综合预测结果				37.85	39.75	41.60	43.17	47.47
中方案综合预测结果				37.89	39.84	41.64	43.38	47.67
高方案综合预测结果				37.93	40.00	41.74	43.48	48.08

表7-1-46 　　　　　　　　　　**柳州市柳东新区户籍人口预测结果**　　　　　　　　单位: 万人

预测方法			2017年现状	柳东新区户籍人口预测				
				2020年	2025年	2030年	2035年	2050年
综合增长率法	$P = P_0(1+a)^n$	低	23.92	23.92	24.43	25.03	25.46	25.77
		中		23.92	24.44	25.05	25.49	25.81
		高		24.44	25.07	25.53	25.86	26.29
回归分析法	$Y = 0.3054x - 592.11$			24.80	26.33	27.85	29.38	33.96
灰色预测法	$\hat{x}_t = 1355.439908e^{0.0144t} - 19.236$			25.11	26.99	29.00	31.17	38.68
总人口预测区间				23.92~25.11	24.43~26.99	25.03~29.00	25.46~31.17	25.77~38.68
低方案综合预测结果				24.62	25.86	27.06	28.08	30.88
中方案综合预测结果				24.65	25.91	27.09	28.22	31.01
高方案综合预测结果				24.68	26.02	27.15	28.28	31.28

表7-1-47 　　　　　　　　**柳州市北部生态新区户籍人口预测结果**　　　　　　　　单位: 万人

预测方法			2017年现状	北部生态新区户籍人口预测				
				2020年	2025年	2030年	2035年	2050年
综合增长率法	$P = P_0(1+a)^n$	低	5.05	5.16	5.29	5.37	5.43	5.50
		中		5.16	5.29	5.38	5.44	5.52
		高		5.17	5.30	5.39	5.45	5.54
回归分析法	$Y = 0.1049x - 203.37$			5.35	5.68	6.00	6.32	7.29
灰色预测法	$\hat{x}_t = 285.7828e^{0.0144t} - 281.638889$			5.29	5.69	6.11	6.57	8.16
总人口预测区间				5.16~5.35	5.29~5.69	5.37~6.11	5.43~6.57	5.50~8.16
低方案综合预测结果				5.20	5.47	5.72	5.94	6.53
中方案综合预测结果				5.21	5.48	5.72	5.96	6.55
高方案综合预测结果				5.22	5.50	5.74	5.98	6.61

（二）柳州市户籍人口预测汇总（见表7-1-48）

表7-1-48　柳州市及各县（区）户籍人口综合预测结果

单位：万人

区域	低速方案户籍总人口预测值					中速方案户籍总人口预测值					高速方案户籍总人口预测值				
	2020年	2025年	2030年	2035年	2050年	2020年	2025年	2030年	2035年	2050年	2020年	2025年	2030年	2035年	2050年
柳州市	393.90	408.60	424.80	438.00	464.00	395.80	412.60	430.60	445.00	471.00	397.50	416.10	435.90	450.50	478.50
市辖区合计	185.00	194.30	203.30	211.00	232.00	185.20	194.70	203.50	212.00	233.00	185.40	195.50	204.00	212.50	235.00
市辖区 一主三新 主城区	102.96	108.14	113.14	117.43	129.12	103.07	108.36	113.26	117.99	129.67	103.18	108.80	113.53	118.26	130.79
柳江区	37.85	39.75	41.60	43.17	47.47	37.89	39.84	41.64	43.38	47.67	37.93	40.00	41.74	43.48	48.08
柳东新区（柳东新兴组团、拉堡新兴组团）	24.62	25.86	27.06	28.08	30.88	24.65	25.91	27.09	28.22	31.01	24.68	26.02	27.15	28.28	31.28
北部生态新区	5.20	5.47	5.72	5.94	6.53	5.21	5.48	5.72	5.96	6.55	5.22	5.50	5.74	5.98	6.61
一主三新外	14.36	15.08	15.78	16.38	18.01	14.38	15.11	15.80	16.46	18.09	14.39	15.18	15.84	16.50	18.24
柳城县	41.20	42.00	43.00	43.50	44.00	41.50	43.00	44.80	45.50	46.00	41.70	43.80	46.50	47.00	47.50
鹿寨县	41.50	43.00	45.00	46.50	48.00	41.80	43.50	46.00	47.50	49.00	42.00	44.00	47.00	48.50	50.00
融安县	33.00	33.50	34.50	35.00	35.50	33.50	34.50	35.80	36.50	37.00	34.00	35.00	36.00	37.00	37.50
融水苗族自治县	52.00	53.00	54.50	55.50	56.00	52.50	54.00	55.50	56.50	57.00	53.00	54.80	57.00	58.00	58.50
三江侗族自治县	41.20	42.80	44.50	46.50	48.50	41.30	42.90	45.00	47.00	49.00	41.40	43.00	45.40	47.50	50.00

第二节　户籍人口视角下柳州市城镇化率 与城镇人口预测

根据柳州市市域、市辖区及各县历年的城镇化率及城镇人口发展趋势，采用增长率法、联合国法和农村劳动力转移法确定不同规划时期的城镇化水平和城镇人口规模数量，使预测结果和规划目标更有弹性和适应性，符合柳州市各县（区）的社会经济和城市建设发展的实际。

一、增长率法

（一）市域户籍人口城镇化率与城镇人口预测

柳州市相关统计数据显示，2010 年城镇化水平为 33.9%，至 2017 年上升到 49.53%，7 年时间增长了 15.63 个百分点，年均增长了 2.23 个百分点。随着我国新型城镇化政策的实施，城镇化发展更多地转移至城镇化质量和城镇人口市民化上，其中，柳州市作为国家首批新型城镇化综合试点城市，会不同程度地减缓城镇化进程，城镇化率增幅将会进一步放缓。综合考虑柳州市目前的城镇化率和城镇人口增长率情况，结合《广西壮族自治区新型城镇化规划（2014~2020 年)》《柳州市国民经济和社会发展第十三个五年规划纲要（2016~2020 年)》相关要求，设定高速、中速和低速增长方案。高速增长方案分别设定 2018~2020 年、2021~2025 年、2026~2030 年、2031~2035 年和 2036~2050 年城镇化率的年均增加量分别为 2.5%、2.0%、1.5%、1.0%、0.8%；中速增长方案分别设定分别为 2.0%、1.5%、1.0%、0.8%、0.5%；低速增长方案分别设定分别为 1.5%、1.3%、1.0%、0.8%、0.5%，分别计算得到城镇化率和城镇人口（如表 7-2-1 所示）。

表 7-2-1　　柳州市户籍人口城镇化率和城镇人口增长率法预测结果

方案	增长率（%）					城镇化率（%）					城镇人口（万人）				
	2020 年	2025 年	2030 年	2035 年	2050 年	2020 年	2025 年	2030 年	2035 年	2050 年	2020 年	2025 年	2030 年	2035 年	2050 年
高速方案	2.50	2.00	1.50	1.00	0.80	57.03	67.03	74.53	79.53	91.53	221.62	265.07	300.47	419.96	383.01

续表

方案	增长率（%）					城镇化率（%）					城镇人口（万人）				
	2020年	2025年	2030年	2035年	2050年	2020年	2025年	2030年	2035年	2050年	2020年	2025年	2030年	2035年	2050年
中速方案	2.00	1.50	1.00	0.80	0.50	55.53	63.03	68.03	72.03	79.53	215.66	254.01	287.69	315.96	372.17
低速方案	1.50	1.30	1.00	0.80	0.50	54.03	60.53	65.53	69.53	77.03	209.70	238.02	263.18	282.59	327.12

（二）市辖区及各县户籍人口城镇化率与城镇人口预测

根据市辖区及各县 2010～2017 年统计数据，分别计算得到市辖区及各县的年均综合增长率，从而设定市辖区及各县 2020 年、2025 年、2030 年、2035 年和 2050 年的城镇化率的综合增长率，并计算得到各规划时期的城镇化率和城镇人口（如表 7-2-2～表 7-2-4 所示）。

表 7-2-2　　柳州市市辖区及各县户籍人口城镇化率和城镇人口增长率法预测结果（高速方案）

区域	增长率（%）					城镇化率（%）					城镇人口（万人）				
	2020年	2025年	2030年	2035年	2050年	2020年	2025年	2030年	2035年	2050年	2020年	2025年	2030年	2035年	2050年
市辖区	2.00	1.50	1.00	0.80	0.50	79.92	87.42	92.42	96.42	100.00	148.17	170.91	188.54	212.50	235.00
柳城县	2.00	1.50	1.00	0.80	0.50	45.57	53.07	58.07	62.07	69.57	19.00	23.24	27.00	47.00	33.04
鹿寨县	2.50	2.00	1.50	1.00	0.80	48.17	58.17	65.67	70.67	82.67	20.23	25.60	30.87	48.50	41.34
融安县	2.00	1.50	1.00	0.80	0.50	36.40	43.90	48.90	52.90	60.40	12.38	15.37	17.61	37.00	22.65
融水苗族自治县	2.00	1.50	1.00	0.80	0.50	26.21	33.71	38.71	42.71	50.21	13.89	18.47	22.07	58.00	29.37
三江侗族自治县	2.00	1.50	1.00	0.80	0.50	19.20	26.70	31.70	35.70	43.20	7.95	11.48	14.39	16.96	21.60

表 7 – 2 – 3　　　　柳州市市辖区及各县户籍人口城镇化率和
城镇人口增长率法预测结果（中速方案）

区域	增长率（%）					城镇化率（%）					城镇人口（万人）				
	2020年	2025年	2030年	2035年	2050年	2020年	2025年	2030年	2035年	2050年	2020年	2025年	2030年	2035年	2050年
市辖区	1.50	1.30	1.00	0.80	0.50	78.42	84.92	89.92	93.92	100.00	145.39	166.02	183.44	199.58	235.00
柳城县	1.50	1.30	1.00	0.80	0.50	44.07	50.57	55.57	59.57	67.07	18.38	22.15	25.84	28.00	31.86
鹿寨县	2.00	1.50	1.00	0.80	0.50	46.67	54.17	59.17	63.17	70.67	19.60	23.84	27.81	30.64	35.34
融安县	1.50	1.30	1.00	0.80	0.50	34.90	41.40	46.40	50.40	57.90	11.87	14.49	16.71	18.65	21.71
融水苗族自治县	1.50	1.30	1.00	0.80	0.50	24.71	31.21	36.21	40.21	47.71	13.10	17.10	20.64	23.32	27.91
三江侗族自治县	1.50	1.30	1.00	0.80	0.50	17.70	24.20	29.20	33.20	40.70	7.33	10.41	13.26	15.77	20.35

表 7 – 2 – 4　　　　柳州市市辖区及各县户籍人口城镇化率和
城镇人口增长率法预测结果（低速方案）

区域	增长率（%）					城镇化率（%）					城镇人口（万人）				
	2020年	2025年	2030年	2035年	2050年	2020年	2025年	2030年	2035年	2050年	2020年	2025年	2030年	2035年	2050年
市辖区	1.00	0.80	0.60	0.40	0.30	76.92	80.92	83.92	85.92	90.42	142.61	158.20	171.20	182.58	212.49
柳城县	1.00	0.80	0.60	0.40	0.30	42.57	46.57	49.57	51.57	56.07	17.75	20.40	23.05	24.24	26.63
鹿寨县	1.50	1.30	1.00	0.80	0.50	45.17	51.67	56.67	60.67	68.17	18.97	22.74	26.64	29.43	34.09
融安县	1.00	0.80	0.60	0.40	0.30	33.40	37.40	40.40	42.40	46.90	11.36	13.09	14.55	15.69	17.59
融水苗族自治县	1.00	0.80	0.60	0.40	0.30	23.21	27.21	30.21	32.21	36.71	12.30	14.91	17.22	18.68	21.48
三江侗族自治县	1.00	0.80	0.60	0.40	0.30	16.20	20.20	23.20	25.20	29.70	6.71	8.69	10.53	11.97	14.85

（三）一主三新户籍人口城镇化率与城镇人口预测

根据一主三新 2010～2017 年柳州市公安局数据，分别计算得到一主三新各区域的年均综合增长率，设定一主三新各区域 2020 年、2025 年、2030 年、2035 年和 2050 年的城镇化率的综合增长率，并计算得到各规划时期的城镇化率和城镇人口（如表 7 – 2 – 5～表 7 – 2 – 7 所示）。

表 7 – 2 – 5 　　　　　　柳州市一主三新增长率法预测结果（高速方案）

区域	增长率（%）					城镇化率（%）					城镇人口（万人）				
	2020年	2025年	2030年	2035年	2050年	2020年	2025年	2030年	2035年	2050年	2020年	2025年	2030年	2035年	2050年
主城区	2.00	1.50	1.00	0.80	0.50	99.66	100.00	100.00	100.00	100.00	102.72	108.36	113.26	117.99	129.67
柳江区（拉堡新兴组团）	3.00	2.50	1.80	1.20	0.80	59.27	71.77	80.79	86.81	98.81	22.46	28.59	33.64	37.65	47.11
柳东新区	4.00	3.50	2.50	2.00	1.00	74.90	92.40	100.00	100.00	100.00	18.46	23.95	27.09	28.22	31.01
北部生态新区	4.00	3.50	2.50	1.50	1.00	64.69	82.19	94.69	100.00	100.00	3.83	5.04	6.05	6.55	6.70

表 7 – 2 – 6 　　　　　　柳州市一主三新增长率法预测结果（中速方案）

区域	增长率（%）					城镇化率（%）					城镇人口（万人）				
	2020年	2025年	2030年	2035年	2050年	2020年	2025年	2030年	2035年	2050年	2020年	2025年	2030年	2035年	2050年
主城区	1.50	1.00	0.80	0.50	0.30	98.16	100.00	100.00	100.00	100.00	101.17	108.36	113.26	117.99	129.67
柳江区（拉堡新兴组团）	2.50	2.00	1.50	1.00	0.80	57.77	67.77	75.27	80.27	92.27	21.89	27.00	31.34	34.82	43.99
柳东新区	3.50	3.00	2.00	1.00	0.50	73.40	88.40	98.40	100.00	100.00	18.09	22.91	26.65	28.22	31.01
北部生态新区	3.50	3.00	2.00	1.00	0.50	63.19	78.19	88.19	93.19	100.00	3.74	4.79	5.63	6.11	6.70

表 7 – 2 – 7 　　　　　　柳州市一主三新增长率法预测结果（低速方案）

区域	增长率（%）					城镇化率（%）					城镇人口（万人）				
	2020年	2025年	2030年	2035年	2050年	2020年	2025年	2030年	2035年	2050年	2020年	2025年	2030年	2035年	2050年
主城区	1.00	0.80	0.50	0.30	0.10	96.66	100.00	100.00	100.00	100.00	99.62	108.36	113.26	117.99	129.67
柳江区（拉堡新兴组团）	1.50	1.00	0.80	0.50	0.30	54.77	59.77	63.77	66.27	70.77	20.75	23.81	26.55	28.75	33.74

续表

区域	增长率（%）					城镇化率（%）					城镇人口（万人）				
	2020年	2025年	2030年	2035年	2050年	2020年	2025年	2030年	2035年	2050年	2020年	2025年	2030年	2035年	2050年
柳东新区	2.50	1.50	1.00	0.80	0.50	70.40	77.90	82.90	86.90	94.40	17.35	20.19	22.45	24.52	29.28
北部生态新区	2.50	1.50	1.00	0.80	0.50	60.19	67.69	72.69	76.69	84.19	3.57	4.15	4.64	5.03	5.64

二、联合国法

主要依据两个年份的城镇人口和农村人口，求取城乡人口平均增长率之差，假设柳州市内城乡人口平均增长率之差在预测期内保持不变，通过联合国预测模型外推求得预测期末的城镇人口比重。公式如下：

$$\frac{PU_k}{1-PU_k} = \frac{PU_2}{1-PU_2} \times e^{URGD \times t}, \quad URGD = \ln\left(\frac{PU_2 \times (1-PU_1)}{PU_1 \times (1-PU_2)}\right)\Big/n$$

式中，PU_k 为 k 时的城镇人口比重；PU_1 和 PU_2 分别为前一时间周期初和周期末的城镇人口比重；$URGD$ 为城乡人口增长率差；t 为预测年份距前一周期初年数；n 为前一周期时长。

（一）市域户籍人口城镇化率与城镇人口预测

选取 2010 ~ 2017 年的城镇人口比重数据为基础数据，运用联合国法计算预测出柳州市 2020 年、2025 年、2030 年、2035 年和 2050 年的城镇化水平分别为 56.44%、67.32%、76.60%、83.88%、95.43%（如表 7 - 2 - 8 所示）。

结合前文所预测的规划年限内柳州市的户籍总人口，计算得出柳州市 2020 年、2025 年、2030 年、2035 年和 2050 年的城镇人口分别为 223.19 万人、276.93 万人、326.42 万人、365.98 万人、443.59 万人（如表 7 - 2 - 8 所示）。

表 7 - 2 - 8　柳州市市域户籍人口城镇化率和城镇人口联合国法预测结果

区域	城镇化率预测值（%）					城镇人口预测值（万人）				
	2020年	2025年	2030年	2035年	2050年	2020年	2025年	2030年	2035年	2050年
柳州市	56.44	67.32	76.60	83.88	95.43	223.19	276.93	326.42	365.98	443.59

（二）市辖区及各县户籍人口城镇化率与城镇人口预测

选取柳州市市辖区及各县 2010～2017 年的城镇人口数据进行预测，通过联合国法计算得到市辖区、柳城县、鹿寨县、融安县、融水苗族自治县、三江侗族自治县的城镇化率，结合前文市辖区及各县户籍总人口，计算得到城镇人口（如表 7-2-9 所示）。

表 7-2-9　　　　　　柳州市市辖区及各县户籍人口
城镇化率和城镇人口联合国法预测结果

区域	城镇化率预测值（%）					城镇人口预测值（万人）				
	2020 年	2025 年	2030 年	2035 年	2050 年	2020 年	2025 年	2030 年	2035 年	2050 年
市辖区	78.82	85.43	90.23	93.57	98.27	146.14	167.01	184.06	198.83	230.93
柳城县	53.89	75.43	88.97	95.49	99.74	22.47	33.04	41.37	44.88	47.38
鹿寨县	52.24	70.45	83.85	91.88	99.15	21.94	31.00	39.41	44.56	49.58
融安县	38.02	51.94	65.56	77.02	94.82	12.93	18.18	23.60	28.50	35.56
融水苗族自治县	24.63	33.30	43.28	53.83	80.62	13.05	18.25	24.67	31.22	47.16
三江侗族自治县	16.09	21.99	29.30	37.87	65.97	6.66	9.46	13.30	17.99	32.98

（三）一主三新户籍人口城镇化率与城镇人口预测

选取柳州市一主三新 2010～2017 年的户籍城镇人口数据进行预测，通过联合国法计算得到一主三新各区域的城镇化率，结合前文一主三新户籍总人口，计算得到户籍城镇人口（如表 7-2-10 所示）。

表 7-2-10　柳州一主三新户籍人口城镇化率和城镇人口联合国法预测结果

区域	城镇化率预测值（%）					城镇人口预测值（万人）				
	2020 年	2025 年	2030 年	2035 年	2050 年	2020 年	2025 年	2030 年	2035 年	2050 年
主城区	94.33	95.50	96.39	97.10	98.51	97.22	103.49	109.16	114.56	127.75
柳江区（拉堡新兴组团）	52.30	56.46	60.25	63.91	73.86	19.82	22.49	25.08	27.72	35.21
柳东新区	68.87	79.31	86.45	91.40	98.00	16.98	20.55	23.42	25.79	30.39
北部生态新区	57.87	67.90	75.96	82.51	94.02	3.43	4.16	4.85	5.41	6.29

三、农村劳动力转移法

农村劳动力转移法预测城镇化率，主要根据规划期总人口、现状农村人口、预测规划期减少的农村人口等数据计算得到。公式如下：

城镇化率＝［规划期总人口－（现状农村人口－预测规划期减少的农村人口）］/
规划期总人口

（一）市域户籍人口城镇化率与城镇人口预测

预测规划期内随着城市经济的飞速发展，城乡收入差距逐渐扩大，导致农村人口转移，预测到 2020 年、2025 年、2030 年、2035 年、2050 年户籍人口城镇化率分别为54.49%、59.01%、67.92%、77.50%、87.66%，对应的城镇人口分别为 216.33 万人、245.26 万人、295.48 万人、348.59 万人、419.03 万人（如表 7－2－11 所示）。

表 7－2－11　　柳州市市域户籍人口城镇化率和城镇人口农村劳动力转移法预测结果

区域	城镇化率预测值（%）					城镇人口预测值（万人）				
	2020 年	2025 年	2030 年	2035 年	2050 年	2020 年	2025 年	2030 年	2035 年	2050 年
市域	54.49	59.01	67.92	77.50	87.66	216.33	245.26	295.48	348.59	419.03

（二）市辖区及各县户籍人口城镇化率与城镇人口预测

根据柳州市市辖区及各县 2010 年、2017 年农村人口数据和规划年限内的总人口数据，计算出农村人口减少的量，根据农村劳动力转移法计算公式预测出柳州市市辖区及各县城镇化率和城镇人口（如表 7－2－12～表 7－2－13 所示）。

表 7－2－12　　　　柳州市各县（区）农村人口减少数量预测结果

区域	减少的农村人口数（万人）				
	2018~2020 年	2021~2025 年	2026~2030 年	2031~2035 年	2036~2050 年
市辖区	6.00	10.00	10.00	12.00	13.00
柳城县	2.50	4.00	5.00	6.00	7.00
鹿寨县	3.00	5.00	6.00	7.00	5.00
融安县	1.50	3.00	4.00	5.00	7.00
融水苗族自治县	1.00	2.00	3.00	4.00	5.00
三江侗族自治县	1.00	2.00	3.00	4.00	5.00

表 7－2－13　　　　柳州市市辖区及各县户籍人口城镇化率和
城镇人口农村劳动力转移法预测结果

区域	城镇化率预测值（%）					城镇人口预测值（万人）				
	2020 年	2025 年	2030 年	2035 年	2050 年	2020 年	2025 年	2030 年	2035 年	2050 年
市辖区	77.94	81.07	86.80	92.99	99.20	144.50	158.49	177.07	197.60	233.12
柳城县	46.36	51.72	64.82	78.55	94.00	19.33	22.65	30.14	36.92	44.65

区域	城镇化率预测值（%）					城镇人口预测值（万人）				
	2020 年	2025 年	2030 年	2035 年	2050 年	2020 年	2025 年	2030 年	2035 年	2050 年
鹿寨县	49.03	55.62	71.08	86.73	97.34	20.59	24.47	33.41	42.06	48.67
融安县	36.43	42.62	55.87	70.42	89.74	12.38	14.92	20.11	26.05	33.65
融水苗族自治县	22.93	26.92	34.30	42.55	51.82	12.15	14.75	19.55	24.68	30.32
三江侗族自治县	17.80	23.20	33.45	44.79	57.25	7.37	9.98	15.19	21.28	28.63

（三）一主三新户籍人口城镇化率与城镇人口预测

根据柳州市一主三新 2010 年、2017 年农村人口数据和规划年限内的总人口数据，计算出农村人口减少的量，根据农村劳动力转移法计算公式预测出柳州市市辖区及各县城镇化率和城镇人口（如表 7 - 2 - 14 所示）。

表 7 - 2 - 14　　　　　柳州市一主三新户籍人口城镇化率和
城镇人口农村劳动力转移法预测结果

区域	城镇化率预测值（%）					城镇人口预测值（万人）				
	2020 年	2025 年	2030 年	2035 年	2050 年	2020 年	2025 年	2030 年	2035 年	2050 年
主城区	94.81	95.53	96.61	97.59	98.58	97.73	103.51	109.41	115.14	127.83
柳江区（拉堡新兴组团）	54.39	59.13	66.90	73.99	78.85	20.61	23.55	27.85	32.09	37.59
柳东新区	56.58	60.24	66.39	71.28	77.10	13.95	15.61	17.98	20.11	23.91
北部生态新区	66.39	70.78	75.09	78.77	82.21	3.93	4.34	4.80	5.16	5.50

四、户籍人口视角下柳州市城镇化率及城镇人口预测综合评估

由于不同的预测方法均存在一定的误差，故对柳州市市辖区及各县的增长率法的三种方案、联合国法以及农村劳动力转移法三种方法预测结果进行综合考虑，得出最后预测结果，并统计得出柳州市 2020 年、2025 年、2030 年、2035 年、2050 年城镇化率综合预测结果分别为 53.07%、59.32%、65.49%、69.90%、75.38%；由上文柳州市以户籍人口预测中方案中的总人口与城镇化率相乘，得出 2020 年、2025 年、2030 年、2035 年、2050 年城镇人口分别为 210.05 万人、244.74 万人、281.98 万人、311.05 万人、355.05 万人。柳州市市辖区 2020 年、2025 年、2030 年、2035 年、2050 年城镇化率综合预测结果分别为 76.92%、82.05%、87.39%、89.90%、91.99%，其中市辖区 2035 年户籍城镇人口为 190.58 万人。具体柳州市各区域城镇化率预测和城镇人口见图 7 - 2 - 1 及表 7 - 2 - 15 ~ 表 7 - 2 - 16。

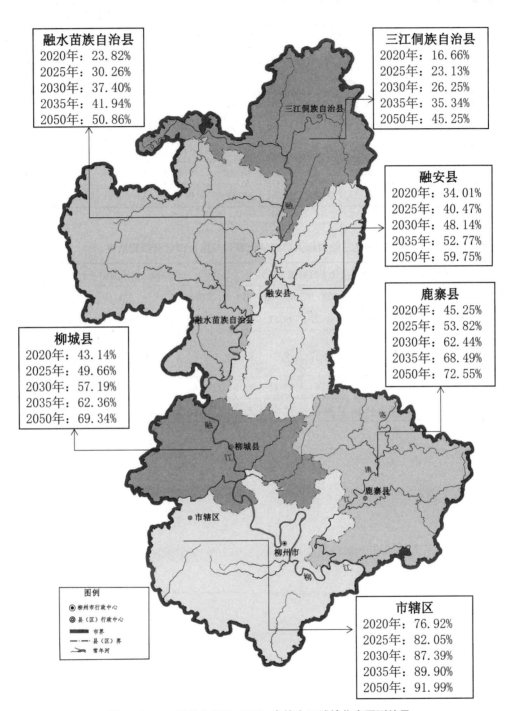

融水苗族自治县
2020年：23.82%
2025年：30.26%
2030年：37.40%
2035年：41.94%
2050年：50.86%

三江侗族自治县
2020年：16.66%
2025年：23.13%
2030年：26.25%
2035年：35.34%
2050年：45.25%

融安县
2020年：34.01%
2025年：40.47%
2030年：48.14%
2035年：52.77%
2050年：59.75%

鹿寨县
2020年：45.25%
2025年：53.82%
2030年：62.44%
2035年：68.49%
2050年：72.55%

柳城县
2020年：43.14%
2025年：49.66%
2030年：57.19%
2035年：62.36%
2050年：69.34%

市辖区
2020年：76.92%
2025年：82.05%
2030年：87.39%
2035年：89.90%
2050年：91.99%

图例
◎ 柳州市行政中心
◎ 县（区）行政中心
━━ 市界
—·— 县（区）界
⤳ 常年河

图7-2-1 柳州市各县（区）户籍人口城镇化率预测结果

表 7 – 2 – 15   柳州市及各县（区）户籍人口城镇化率和城镇人口综合预测结果

区域	综合城镇化率预测值（%）					城镇人口预测值（万人）				
	2020 年	2025 年	2030 年	2035 年	2050 年	2020 年	2025 年	2030 年	2035 年	2050 年
柳州市	53.07	59.32	65.49	69.90	75.38	210.05	244.74	281.98	311.05	355.05
市辖区	76.92	82.05	87.39	89.90	91.99	142.46	159.75	177.84	190.58	214.34
柳城县	43.14	49.66	57.19	62.36	69.34	17.90	21.35	25.62	28.37	31.90
鹿寨县	45.25	53.82	62.44	68.49	72.55	18.91	23.41	28.72	32.53	35.55
融安县	34.01	40.47	48.14	52.77	59.75	11.39	13.96	17.23	19.26	22.11
融水苗族自治县	23.82	30.26	37.40	41.94	50.86	12.51	16.34	20.76	23.70	28.99
三江侗族自治县	16.66	23.13	26.25	35.34	45.25	6.88	9.92	11.81	16.61	22.17

表 7 – 2 – 16   柳州市一主三新户籍人口城镇化率和城镇人口综合预测结果

区域	综合城镇化率预测值（%）					城镇人口预测值（万人）				
	2020 年	2025 年	2030 年	2035 年	2050 年	2020 年	2025 年	2030 年	2035 年	2050 年
主城区	94.79	98.21	99.20	99.52	99.63	97.70	106.42	112.35	117.42	129.19
柳江区（拉堡新兴组团）	56.03	70.97	80.79	86.81	92.93	21.23	28.27	33.64	37.65	44.30
柳东新区	68.33	80.22	87.64	93.12	95.91	16.84	20.79	23.74	26.27	29.74
北部生态新区	58.10	68.62	74.32	77.86	85.10	3.44	4.21	4.75	5.10	5.70

第八章

柳州市实有人口规模预测结果

■ 第一节 柳州市流动人口规模预测结果

鉴于流动人口信息的准确度、时效性不高，且当下技术手段无法获取流动人口的详细信息，因此，本书采用定性预测方法，对居住半年以上及居住半年以下流动人口规模的影响要素进行分析，发现流动人口规模受地理位置和交通条件制约，同时政治、经济、文化等是影响流动人口规模的重要因素。以 2010～2017 年居住半年以上及居住半年以下的流动人口的年均增速 83.42‰、84.44‰ 作为基准数据，并综合考虑 2010～2017 年居住半年以上及居住半年以下流动人口的年均增速 −25.55‰、−59.24‰ 的设定方案预测柳州市流动人口规模，从而设定高中低三种方案，预测柳州市流动人口规模。

一、居住半年以上流动人口规模预测结果

根据流动人口预测方案设定预测柳州市规划期居住半年以上流动人口规模。在低方案中，假设柳州市产业政策、基础设施条件等没有发生太大的变化，规划期柳州市居住半年以上流动人口规模保持稳定，维持在 2010～2017 年的平均水平。在中方案中，考虑柳州市经济不断发展、产业结构不断优化，对流动人口的吸引力略有增强，2017～2035 年居住半年以上流动人口规模由 32.55 万人增加至 48.83 万人，年均增速略低于 2010～2017 年的平均水平，为 22.8‰；2036～2050 年，人口不再是快速流入的趋势，年均增速放缓为 11.4‰，到 2050 年，市域居住半年以上流动人口达到 57.87 万人。在高方案中，考虑柳州市经济加速发展、第三产业比重增大，对流动人口的吸引力大大增强，至 2035 年市域居住半年以上流动人口规模

将由 32.55 万人增加到 65.11 万人，年均增速为 39.3‰；2036～2050 年，年均增速放缓为 19.6‰，到 2050 年居住半年以上流动人口规模达到 87.15 万人（如表 8-1-1～表 8-1-3 所示）。

表 8-1-1　　柳州市居住半年以上流动人口规模预测结果（低方案）　　单位：万人

区域			2010～2017 年平均值	2020 年	2025 年	2030 年	2035 年	2050 年
柳州市			32.55	32.55	32.55	32.55	32.55	32.55
市辖区	市辖区合计		47.44	47.44	47.44	47.44	47.44	47.44
	一主三新	主城区	14.23	14.23	14.23	14.23	14.23	14.23
		柳江区（拉堡新兴组团）	9.49	9.49	9.49	9.49	9.49	9.49
		柳东新区	14.23	14.23	14.23	14.23	14.23	14.23
		北部生态新区	7.12	7.12	7.12	7.12	7.12	7.12
	一主三新外		2.37	2.37	2.37	2.37	2.37	2.37
柳城县			0.17	0.17	0.17	0.17	0.17	0.17
鹿寨县			0.18	0.18	0.18	0.18	0.18	0.18
融安县			0.14	0.14	0.14	0.14	0.14	0.14
融水苗族自治县			0.21	0.21	0.21	0.21	0.21	0.21
三江侗族自治县			0.15	0.15	0.15	0.15	0.15	0.15

表 8-1-2　　柳州市居住半年以上流动人口规模预测结果（中方案）　　单位：万人

区域			2010～2017 年平均值	2020 年	2025 年	2030 年	2035 年	2050 年
柳州市			32.55	34.83	38.98	43.63	48.83	57.87
市辖区	市辖区合计		47.44	50.76	56.81	63.58	71.17	84.34
	一主三新	主城区	14.23	15.23	17.04	19.08	21.35	25.30
		柳江区（拉堡新兴组团）	9.49	10.15	11.36	12.72	14.23	16.87
		柳东新区	14.23	15.23	17.04	19.08	21.35	25.30
		北部生态新区	7.12	7.61	8.52	9.54	10.67	12.65
	一主三新外		2.37	2.54	2.84	3.18	3.56	4.22

区域	2010～2017 年平均值	2020 年	2025 年	2030 年	2035 年	2050 年
柳城县	0.17	0.18	0.20	0.23	0.26	0.30
鹿寨县	0.18	0.20	0.22	0.25	0.28	0.33
融安县	0.14	0.15	0.17	0.19	0.21	0.25
融水苗族自治县	0.21	0.23	0.25	0.28	0.32	0.38
三江侗族自治县	0.15	0.16	0.18	0.20	0.22	0.27

表 8 - 1 - 3　　　　柳州市居住半年以上流动人口规模预测结果（高方案）　　　单位：万人

区域			2010～2017 年平均值	2020 年	2025 年	2030 年	2035 年	2050 年
柳州市			32.55	36.54	44.30	53.70	65.11	87.15
市辖区	市辖区合计		47.44	53.25	64.56	78.27	94.89	127.01
	一主三新	主城区	14.23	15.98	19.37	23.48	28.47	38.10
		柳江区（拉堡新兴组团）	9.49	10.65	12.91	15.65	18.98	25.40
		柳东新区	14.23	15.98	19.37	23.48	28.47	38.10
		北部生态新区	7.12	7.99	9.68	11.74	14.23	19.05
	一主三新外		2.37	2.66	3.23	3.91	4.74	6.35
柳城县			0.17	0.19	0.23	0.28	0.34	0.46
鹿寨县			0.18	0.21	0.25	0.30	0.37	0.49
融安县			0.14	0.16	0.19	0.23	0.28	0.37
融水苗族自治县			0.21	0.24	0.29	0.35	0.43	0.57
三江侗族自治县			0.15	0.17	0.20	0.25	0.30	0.40

二、居住半年以下流动人口规模预测结果

根据流动人口预测方案设定预测柳州市规划期居住半年以下流动人口规模。在低方案中，柳州市居住半年以下流动人口规模保持稳定，维持在 2010～2017 年的

年平均水平。在中方案中,考虑柳州市经济得到进一步发展,对流动人口的吸引力略有增强,增长相对平缓,2017~2035 年市域居住半年以下流动人口规模将由 15.00 万人增加到 22.50 万人,年均增速为 22.8‰;2036~2050 年,年均增速放缓为 11.4‰,到 2050 年市域居住半年以下流动人口达到 26.67 万人。在高方案中,考虑柳州市经济加速发展、第三产业比重增大,对流动人口的吸引力大大增强,流动人口加速增长,2017~2035 年市域居住半年以下流动人口规模将由 15.00 万人增加到 30.01 万人,年均增速为 39.3‰;2036~2050 年,年均增速放缓为 19.6‰,到 2050 年居住半年以下流动人口规模达到 40.16 万人(如表 8-1-4~表 8-1-6 所示)。

表 8-1-4　　柳州市居住半年以下流动人口规模预测结果(低方案)　　单位:万人

区域			2010~2017 年平均值	2020 年	2025 年	2030 年	2035 年	2050 年
柳州市			15.00	15.00	15.00	15.00	15.00	15.00
市辖区	市辖区合计		17.03	17.03	17.03	17.03	17.03	17.03
	一主三新	主城区	5.11	5.11	5.11	5.11	5.11	5.11
		柳江区(拉堡新兴组团)	3.41	3.41	3.41	3.41	3.41	3.41
		柳东新区	5.11	5.11	5.11	5.11	5.11	5.11
		北部生态新区	2.55	2.55	2.55	2.55	2.55	2.55
	一主三新外		0.85	0.85	0.85	0.85	0.85	0.85
柳城县			0.20	0.20	0.20	0.20	0.20	0.20
鹿寨县			0.19	0.19	0.19	0.19	0.19	0.19
融安县			0.17	0.17	0.17	0.17	0.17	0.17
融水苗族自治县			0.23	0.23	0.23	0.23	0.23	0.23
三江侗族自治县			0.17	0.17	0.17	0.17	0.17	0.17

表 8-1-5　　柳州市居住半年以下流动人口规模预测结果(中方案)　　单位:万人

区域	2010~2017 年平均值	2020 年	2025 年	2030 年	2035 年	2050 年
柳州市	15.00	16.05	17.97	20.11	22.50	26.67

续表

区域			2010~2017年平均值	2020年	2025年	2030年	2035年	2050年
市辖区		市辖区合计	17.03	18.22	20.39	22.83	25.55	30.28
	一主三新	主城区	5.11	5.47	6.12	6.85	7.66	9.08
		柳江区（拉堡新兴组团）	3.41	3.64	4.08	4.57	5.11	6.06
		柳东新区	5.11	5.47	6.12	6.85	7.66	9.08
		北部生态新区	2.55	2.73	3.06	3.42	3.83	4.54
	一主三新外		0.85	0.91	1.02	1.14	1.28	1.51
柳城县			0.20	0.22	0.24	0.27	0.31	0.36
鹿寨县			0.19	0.21	0.23	0.26	0.29	0.34
融安县			0.17	0.18	0.20	0.22	0.25	0.29
融水苗族自治县			0.23	0.25	0.28	0.31	0.35	0.41
三江侗族自治县			0.17	0.18	0.20	0.23	0.26	0.30

表8-1-6 　柳州市居住半年以下流动人口规模预测结果（高方案） 　　单位：万人

区域			2010~2017年平均值	2020年	2025年	2030年	2035年	2050年
柳州市			15.00	16.84	20.42	24.75	30.01	40.16
市辖区		市辖区合计	17.03	19.12	23.18	28.10	34.06	45.59
	一主三新	主城区	5.11	5.73	6.95	8.43	10.22	13.68
		柳江区（拉堡新兴组团）	3.41	3.82	4.64	5.62	6.81	9.12
		柳东新区	5.11	5.73	6.95	8.43	10.22	13.68
		北部生态新区	2.55	2.87	3.48	4.21	5.11	6.84
	一主三新外		0.85	0.96	1.16	1.40	1.70	2.28
柳城县			0.20	0.23	0.28	0.34	0.41	0.54
鹿寨县			0.19	0.22	0.26	0.32	0.39	0.52
融安县			0.17	0.19	0.22	0.27	0.33	0.44
融水苗族自治县			0.23	0.26	0.31	0.38	0.46	0.62
三江侗族自治县			0.17	0.19	0.23	0.28	0.34	0.46

三、总流动人口规模预测结果

根据流动人口预测方案设定得到居住半年以上流动人口及居住半年以下流动人口规模，两者之和即为柳州市总流动人口规模。低方案中，规划期柳州市居住半年以上流动人口规模保持在 2010～2017 年的年平均水平，其中 2035 年市域流动人口为 47.56 万人；在中方案中，2035 年市域流动人口规模增加至 71.33 万人；在高方案，2035 年市域流动人口规模增加至 95.11 万人（如表 8－1－7～表 8－1－9 所示，见图 8－1－1）。

表 8－1－7　　　　柳州市总流动人口规模预测结果（低方案）　　　单位：万人

区域			2010～2017 年平均值	2020 年	2025 年	2030 年	2035 年	2050 年
柳州市			47.56	47.56	47.56	47.56	47.56	47.56
市辖区		市辖区合计	64.47	64.47	64.47	64.47	64.47	64.47
	一主三新	主城区	19.34	19.34	19.34	19.34	19.34	19.34
		柳江区（拉堡新兴组团）	12.89	12.89	12.89	12.89	12.89	12.89
		柳东新区	19.34	19.34	19.34	19.34	19.34	19.34
		北部生态新区	9.67	9.67	9.67	9.67	9.67	9.67
	一主三新外		3.22	3.22	3.22	3.22	3.22	3.22
柳城县			0.37	0.37	0.37	0.37	0.37	0.37
鹿寨县			0.38	0.38	0.38	0.38	0.38	0.38
融安县			0.30	0.30	0.30	0.30	0.30	0.30
融水苗族自治县			0.44	0.44	0.44	0.44	0.44	0.44
三江侗族自治县			0.32	0.32	0.32	0.32	0.32	0.32

表 8－1－8　　　　柳州市总流动人口规模预测结果（中方案）　　　单位：万人

区域	2010～2017 年平均值	2020 年	2025 年	2030 年	2035 年	2050 年
柳州市	47.56	50.88	56.95	63.74	71.33	84.54

续表

区域			2010 ~ 2017 年平均值	2020 年	2025 年	2030 年	2035 年	2050 年
市辖区	市辖区合计		64.47	68.98	77.21	86.41	96.71	114.62
	一主三新	主城区	19.34	20.69	23.16	25.92	29.01	34.39
		柳江区（拉堡新兴组团）	12.89	13.80	15.44	17.28	19.34	22.92
		柳东新区	19.34	20.69	23.16	25.92	29.01	34.39
		北部生态新区	9.67	10.35	11.58	12.96	14.51	17.19
	一主三新外		3.22	3.45	3.86	4.32	4.84	5.73
柳城县			0.37	0.40	0.45	0.50	0.56	0.66
鹿寨县			0.38	0.40	0.45	0.51	0.57	0.67
融安县			0.30	0.33	0.36	0.41	0.46	0.54
融水苗族自治县			0.44	0.47	0.53	0.59	0.66	0.79
三江侗族自治县			0.32	0.34	0.38	0.43	0.48	0.57

表 8 - 1 - 9　　　　柳州市总流动人口规模预测结果（高方案）　　　　单位：万人

区域			2010 ~ 2017 年平均值	2020 年	2025 年	2030 年	2035 年	2050 年
柳州市			47.56	53.38	64.71	78.45	95.11	127.31
市辖区	市辖区合计		64.47	72.37	87.74	106.37	128.95	172.61
	一主三新	主城区	19.34	21.71	26.32	31.91	38.68	51.78
		柳江区（拉堡新兴组团）	12.89	14.47	17.55	21.27	25.79	34.52
		柳东新区	19.34	21.71	26.32	31.91	38.68	51.78
		北部生态新区	9.67	10.86	13.16	15.95	19.34	25.89
	一主三新外		3.22	3.62	4.39	5.32	6.45	8.63
柳城县			0.37	0.42	0.51	0.62	0.75	1.00
鹿寨县			0.38	0.42	0.51	0.62	0.76	1.01
融安县			0.30	0.34	0.41	0.50	0.61	0.82
融水苗族自治县			0.44	0.50	0.60	0.73	0.89	1.19
三江侗族自治县			0.32	0.36	0.44	0.53	0.64	0.86

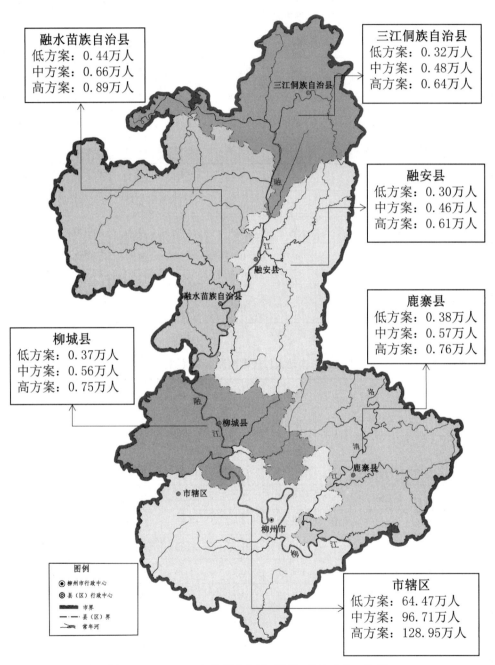

融水苗族自治县
低方案：0.44万人
中方案：0.66万人
高方案：0.89万人

三江侗族自治县
低方案：0.32万人
中方案：0.48万人
高方案：0.64万人

融安县
低方案：0.30万人
中方案：0.46万人
高方案：0.61万人

鹿寨县
低方案：0.38万人
中方案：0.57万人
高方案：0.76万人

柳城县
低方案：0.37万人
中方案：0.56万人
高方案：0.75万人

市辖区
低方案：64.47万人
中方案：96.71万人
高方案：128.95万人

图例
◉ 柳州市行政中心
◎ 县（区）行政中心
━━ 市界
—·— 县（区）界
〰 常年河

图 8-1-1　2035 年柳州市各县（区）总流动人口规模

第二节　柳州市流量人口规模预测结果

根据柳州市 2010～2017 年统计年鉴数据，计算得到柳州市各区域的日均流量人口规模。在低方案中，设定平均日流量人口规模保持稳定，维持在 2010～2017 年间的平均水平。在中方案中，考虑柳州市公共服务设施进一步完善，对流量人口的吸引力加强，流量人口增长相对平缓，2017～2035 年全市平均日流量人口规模将由 9.42 万人增加到 14.13 万人，年均增速略高于 2010～2017 年均增长率，为 22.8‰；2036～2050 年，年均增速放缓为 11.4‰，到 2050 年平均日流量达到 16.74 万人。在高方案中，考虑柳州市对流量人口的吸引力和承载力大大加强，流量人口快速增长，2017～2035 年全市平均日流量人口规模将由 9.42 万人增加到 18.84 万人，年均增速为 39.3‰；2036～2050 年，年均增速放缓为 19.7‰，到 2050 年平均日流量达到 25.21 万人（如表 8-2-1～表 8-2-3 所示，见图 8-2-1）。

表 8-2-1　　　　柳州市平均日流量人口规模预测结果（低方案）　　　单位：万人

区域			2010～2017 年平均值	2020 年	2025 年	2030 年	2035 年	2050 年
柳州市			9.42	9.42	9.42	9.42	9.42	9.42
市辖区	市辖区合计		6.14	6.14	6.14	6.14	6.14	6.14
	一主三新	主城区	1.84	1.84	1.84	1.84	1.84	1.84
		柳江区（拉堡新兴组团）	1.23	1.23	1.23	1.23	1.23	1.23
		柳东新区	1.84	1.84	1.84	1.84	1.84	1.84
		北部生态新区	0.92	0.92	0.92	0.92	0.92	0.92
	一主三新外		0.31	0.31	0.31	0.31	0.31	0.31
柳城县			0.48	0.48	0.48	0.48	0.48	0.48
鹿寨县			0.56	0.56	0.56	0.56	0.56	0.56
融安县			0.75	0.75	0.75	0.75	0.75	0.75
融水苗族自治县			0.94	0.94	0.94	0.94	0.94	0.94
三江侗族自治县			0.55	0.55	0.55	0.55	0.55	0.55

表 8-2-2　　**柳州市平均日流量人口规模预测结果（中方案）**　　单位：万人

区域			2010~2017年平均值	2020年	2025年	2030年	2035年	2050年
柳州市			9.42	10.08	11.28	12.62	14.13	16.74
市辖区	市辖区合计		6.14	6.57	7.35	8.23	9.21	10.92
	一主三新	主城区	1.84	1.97	2.21	2.47	2.76	3.28
		柳江区（拉堡新兴组团）	1.23	1.31	1.47	1.65	1.84	2.18
		柳东新区	1.84	1.97	2.21	2.47	2.76	3.28
		北部生态新区	0.92	0.99	1.10	1.23	1.38	1.64
	一主三新外		0.31	0.33	0.37	0.41	0.46	0.55
柳城县			0.48	0.51	0.57	0.64	0.72	0.85
鹿寨县			0.56	0.60	0.67	0.75	0.84	0.99
融安县			0.75	0.81	0.90	1.01	1.13	1.34
融水苗族自治县			0.94	1.01	1.13	1.27	1.42	1.68
三江侗族自治县			0.55	0.58	0.65	0.73	0.82	0.97

表 8-2-3　　**柳州市平均日流量人口规模预测结果（高方案）**　　单位：万人

区域			2010~2017年平均值	2020年	2025年	2030年	2035年	2050年
柳州市			9.42	10.57	12.82	15.54	18.84	25.21
市辖区	市辖区合计		6.14	6.89	8.36	10.13	12.28	16.44
	一主三新	主城区	1.84	2.07	2.51	3.04	3.68	4.93
		柳江区（拉堡新兴组团）	1.23	1.38	1.67	2.03	2.46	3.29
		柳东新区	1.84	2.07	2.51	3.04	3.68	4.93
		北部生态新区	0.92	1.03	1.25	1.52	1.84	2.47
	一主三新外		0.31	0.34	0.42	0.51	0.61	0.82
柳城县			0.48	0.54	0.65	0.79	0.96	1.28
鹿寨县			0.56	0.63	0.76	0.92	1.12	1.49
融安县			0.75	0.85	1.03	1.24	1.51	2.02
融水苗族自治县			0.94	1.06	1.29	1.56	1.89	2.53
三江侗族自治县			0.55	0.61	0.74	0.90	1.09	1.46

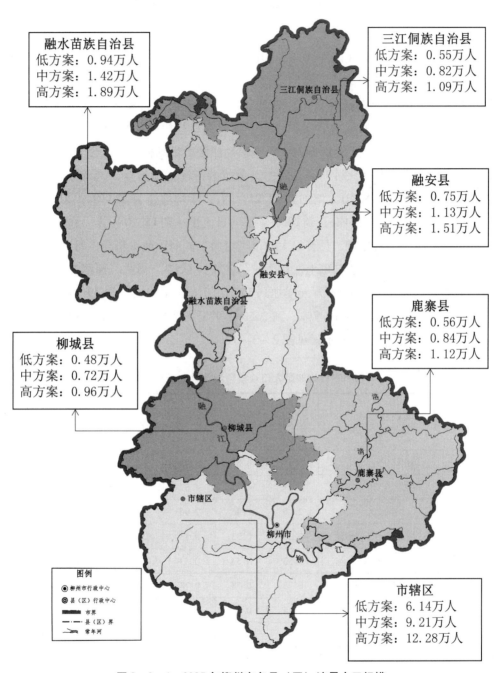

融水苗族自治县
低方案：0.94万人
中方案：1.42万人
高方案：1.89万人

三江侗族自治县
低方案：0.55万人
中方案：0.82万人
高方案：1.09万人

融安县
低方案：0.75万人
中方案：1.13万人
高方案：1.51万人

鹿寨县
低方案：0.56万人
中方案：0.84万人
高方案：1.12万人

柳城县
低方案：0.48万人
中方案：0.72万人
高方案：0.96万人

市辖区
低方案：6.14万人
中方案：9.21万人
高方案：12.28万人

图例
◉ 柳州市行政中心
◎ 县（区）行政中心
▅ 市界
—·— 县（区）界
〉 常年河

图 8 – 2 – 1　2035 年柳州市各县（区）流量人口规模

第三节　柳州市旅游人口规模预测结果

根据柳州市及各县（区）2014～2017年统计数据，分别计算得到柳州市及各县（区）日均旅游人口规模，预测出柳州市及各县（区）旅游人口低方案、中方案、高方案。其中，在低方案中，日均旅游人口规模保持稳定，维持在2014～2017年间的平均水平；在中方案中，基于现状人口规模及年均增长率，考虑柳州市的产业发展在旅游业上有所倾斜，希望借助旅游业带动柳州的社会经济发展，因此积极开发旅游产品和旅游商品，大力繁荣旅游市场，预测至2035年，全市日均旅游人口规模将由8.83万人增加到13.25万人，年均增速为22.8‰；2036～2050年，年均增速放缓为11.4‰，到2050年平均日流量达到15.70万人。在高方案中，柳州市旅游资源丰富独特，具有很大的市场潜力，同时因政策指导、行业规划等手段，柳州市在自身的工业基础上，衍生了"工业＋旅游"模式，预测2035年全市日均旅游人口规模将由8.83万人增加到17.67万人，年均增速为39.3‰；2036～2050年，年均增速放缓为19.7‰，到2050年平日均旅游人口达到23.65万人（如表8－3－1～表8－3－3所示，见图8－3－1）。

表8－3－1　　　柳州市日均旅游人口规模预测结果（低方案）　　　单位：万人

区域			2010～2017年平均值	2020年	2025年	2030年	2035年	2050年
柳州市			8.83	8.83	8.83	8.83	8.83	8.83
市辖区	一主三新	市辖区合计	4.87	4.87	4.87	4.87	4.87	4.87
		主城区	2.96	2.96	2.96	2.96	2.96	2.96
		柳江区（拉堡新兴组团）	0.33	0.33	0.33	0.33	0.33	0.33
		柳东新区	0.53	0.53	0.53	0.53	0.53	0.53
		北部生态新区	0.78	0.78	0.78	0.78	0.78	0.78
	一主三新外		0.28	0.28	0.28	0.28	0.28	0.28
柳城县			0.38	0.38	0.38	0.38	0.38	0.38
鹿寨县			0.56	0.56	0.56	0.56	0.56	0.56
融安县			0.38	0.38	0.38	0.38	0.38	0.38
融水苗族自治县			1.07	1.07	1.07	1.07	1.07	1.07
三江侗族自治县			1.57	1.57	1.57	1.57	1.57	1.57

表 8－3－2　　　　**柳州市日均旅游人口规模预测结果（中方案）**　　　单位：万人

区域			2010～2017年平均值	2020年	2025年	2030年	2035年	2050年
柳州市			8.83	9.45	10.58	11.84	13.25	15.70
市辖区	市辖区合计		4.87	5.22	5.84	6.53	7.31	8.67
	一主三新	主城区	2.96	3.16	3.54	3.96	4.44	5.26
		柳江区（拉堡新兴组团）	0.33	0.35	0.39	0.44	0.49	0.58
		柳东新区	0.53	0.56	0.63	0.70	0.79	0.93
		北部生态新区	0.78	0.84	0.94	1.05	1.18	1.39
	一主三新外		0.28	0.30	0.34	0.38	0.42	0.50
柳城县			0.38	0.41	0.46	0.51	0.57	0.68
鹿寨县			0.56	0.60	0.67	0.75	0.84	0.99
融安县			0.38	0.40	0.45	0.50	0.56	0.67
融水苗族自治县			1.07	1.15	1.28	1.43	1.61	1.90
三江侗族自治县			1.57	1.68	1.88	2.11	2.36	2.80

表 8－3－3　　　　**柳州市日均旅游人口规模预测结果（高方案）**　　　单位：万人

区域			2010～2017年平均值	2020年	2025年	2030年	2035年	2050年
柳州市			8.83	9.92	12.02	14.57	17.67	23.65
市辖区	市辖区合计		4.87	5.47	6.63	8.04	9.75	13.05
	一主三新	主城区	2.96	3.32	4.02	4.88	5.91	7.92
		柳江区（拉堡新兴组团）	0.33	0.37	0.44	0.54	0.65	0.87
		柳东新区	0.53	0.59	0.71	0.87	1.05	1.41
		北部生态新区	0.78	0.88	1.07	1.29	1.57	2.10
	一主三新外		0.28	0.32	0.38	0.46	0.56	0.75
柳城县			0.38	0.43	0.52	0.63	0.76	1.02
鹿寨县			0.56	0.63	0.76	0.92	1.12	1.49
融安县			0.38	0.42	0.51	0.62	0.75	1.01
融水苗族自治县			1.07	1.20	1.46	1.77	2.14	2.87
三江侗族自治县			1.57	1.77	2.14	2.60	3.15	4.21

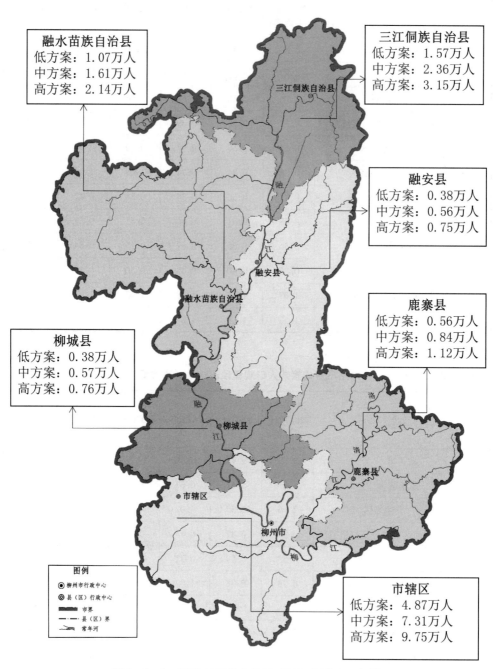

融水苗族自治县
低方案：1.07万人
中方案：1.61万人
高方案：2.14万人

三江侗族自治县
低方案：1.57万人
中方案：2.36万人
高方案：3.15万人

融安县
低方案：0.38万人
中方案：0.56万人
高方案：0.75万人

鹿寨县
低方案：0.56万人
中方案：0.84万人
高方案：1.12万人

柳城县
低方案：0.38万人
中方案：0.57万人
高方案：0.76万人

图例
◎ 柳州市行政中心
◉ 县（区）行政中心
▨ 市界
—·— 县（区）界
～ 常年河

市辖区
低方案：4.87万人
中方案：7.31万人
高方案：9.75万人

图 8 − 3 − 1 2035 年柳州市各县（区）旅游人口规模

第四节 柳州市迁徙大数据人口规模预测结果

迁徙大数据人口指基于手机基站状态产生的信令反映出的柳州市日均到访人口，由于只有一年的现状数据，因此按照流量人口的方案设定预测其规模，2010～2017年市域流量人口年均增速为15.6‰。在低方案中，柳州市的日均迁徙人口以稳定的状态增长，2035年日均外来迁徙人口维持在2018年的平均水平，为5.35万人。在中方案中，考虑柳州市产业结构演进趋于多元化，除柳州市是广西最大的工业城市这张名片外，柳州市的服务业也占据了一席之位，城市间、各县区间的人口迁徙也成为人口流动的新特征，预测至2035年柳州市的日均外来迁徙人口为8.02万人，年均增速为24.14‰。在高方案中，基于柳州是一座以工业为主、综合发展的区域性中心城市和交通枢纽城市，社会经济发展水平、三产比重、公共设施规模等对人口迁徙产生了更为深刻的影响的考量，预测2035年柳州市的日均外来迁徙人口有10.70万人，年均增速为41.62‰（如表8-4-1～表8-4-3所示，见图8-4-1）。

表8-4-1　　柳州市日均迁徙大数据人口规模预测结果（低方案）　　单位：万人

区域			2010～2017年平均值	2020年	2025年	2030年	2035年	2050年
柳州市			5.35	5.35	5.35	5.35	5.35	5.35
市辖区	市辖区合计		3.13	3.13	3.13	3.13	3.13	3.13
	一主三新	主城区	0.94	0.94	0.94	0.94	0.94	0.94
		柳江区（拉堡新兴组团）	0.63	0.63	0.63	0.63	0.63	0.63
		柳东新区	0.94	0.94	0.94	0.94	0.94	0.94
		北部生态新区	0.47	0.47	0.47	0.47	0.47	0.47
	一主三新外		0.16	0.16	0.16	0.16	0.16	0.16
柳城县			0.40	0.40	0.40	0.40	0.40	0.40
鹿寨县			0.43	0.43	0.43	0.43	0.43	0.43
融安县			0.36	0.36	0.36	0.36	0.36	0.36
融水苗族自治县			0.41	0.41	0.41	0.41	0.41	0.41
三江侗族自治县			0.61	0.61	0.61	0.61	0.61	0.61

表 8 − 4 − 2　　　柳州市日均迁徙大数据人口规模预测结果（中方案）　　　单位：万人

			2010 ~ 2017 年平均值	2020 年	2025 年	2030 年	2035 年	2050 年
		柳州市	5.35	5.61	6.32	7.12	8.02	9.61
市辖区		市辖区合计	3.13	3.28	3.70	4.17	4.69	5.62
	一主三新	主城区	0.94	0.98	1.11	1.25	1.41	1.69
		柳江区（拉堡新兴组团）	0.63	0.66	0.74	0.83	0.94	1.12
		柳东新区	0.94	0.98	1.11	1.25	1.41	1.69
		北部生态新区	0.47	0.49	0.55	0.62	0.70	0.84
		一主三新外	0.16	0.16	0.18	0.21	0.23	0.28
		柳城县	0.40	0.42	0.47	0.53	0.60	0.72
		鹿寨县	0.43	0.45	0.51	0.57	0.64	0.77
		融安县	0.36	0.38	0.43	0.49	0.55	0.65
		融水苗族自治县	0.41	0.43	0.49	0.55	0.62	0.74
		三江侗族自治县	0.61	0.64	0.73	0.82	0.92	1.10

表 8 − 4 − 3　　　柳州市日均迁徙大数据人口规模预测结果（高方案）　　　单位：万人

			2010 ~ 2017 年平均值	2020 年	2025 年	2030 年	2035 年	2050 年
		柳州市	5.35	5.80	7.12	8.73	10.70	14.57
市辖区		市辖区合计	3.13	3.39	4.16	5.10	6.26	8.52
	一主三新	主城区	0.94	1.02	1.25	1.53	1.88	2.56
		柳江区（拉堡新兴组团）	0.63	0.68	0.83	1.02	1.25	1.70
		柳东新区	0.94	1.02	1.25	1.53	1.88	2.56
		北部生态新区	0.47	0.51	0.62	0.77	0.94	1.28
		一主三新外	0.16	0.17	0.21	0.26	0.31	0.43
		柳城县	0.40	0.43	0.53	0.65	0.80	1.09
		鹿寨县	0.43	0.46	0.57	0.70	0.86	1.17
		融安县	0.36	0.40	0.48	0.59	0.73	0.99
		融水苗族自治县	0.41	0.45	0.55	0.68	0.83	1.13
		三江侗族自治县	0.61	0.67	0.82	1.00	1.23	1.67

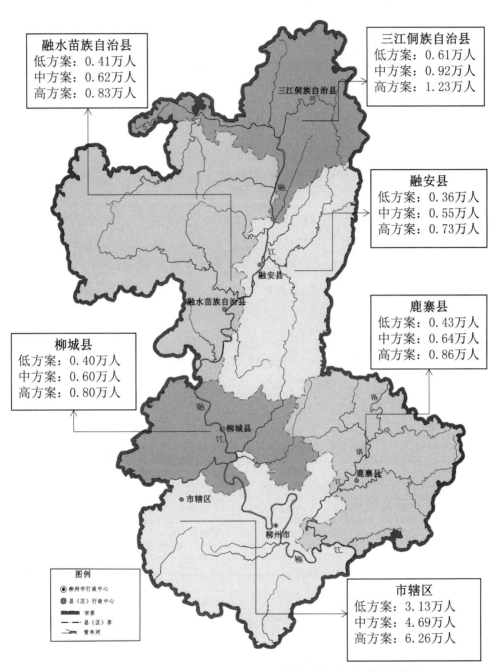

图 8 - 4 - 1　2035 年柳州市各县（区）迁徙大数据人口规模预测结果

第五节　柳州市实有人口规模方案一预测结果

实有人口方案一由户籍人口、流动半年以上人口、流动半年以下人口、流量人口组成，根据上文户籍人口、流动半年以上人口、流动半年以下人口、流量人口的预测可得出柳州市 2035 年实有人口方案一的低方案为 494.97 万人，中方案为 530.46 万人，高方案为 564.45 万人。

一、市域实有人口方案一预测结果

在现有户籍政策以及"全面二孩"等人口政策的基础下，柳州市户籍人口由 2017 年的 386.60 万人增长到 2035 年的约 440 万人，年增长率为 0.72% 左右，2035 年柳州市市域日均流动人口与日均流量人口分别为 47.56 万人、9.42 万人。柳州市市域的实有人口方案一低方案中 2017～2035 年保持在平均水平，即流动人口与流量人口分别为 47.56 万人和 9.42 万人；中方案流动人口与流量人口 2035 年以 22.8‰的增速增长，分别为 71.33 万人、14.13 万人；高方案流动人口与流量人口 2035 年以 39.3‰的增速增长，分为 95.11 万人、18.84 万人；柳州市市域实有人口至 2035 年，低方案为 494.97 万人，中方案为 530.46 万人，高方案为 564.45 万人（如表 8-5-1～表 8-5-3 所示）。

表 8-5-1　　　　柳州市市域实有人口方案一预测结果（低方案）　　　单位：万人

年份	户籍人口	居住半年以上流动人口	居住半年以下流动人口	流量人口	实有人口
2020	393.90	32.55	15.00	9.42	450.87
2025	408.60	32.55	15.00	9.42	465.57
2030	424.80	32.55	15.00	9.42	481.77
2035	438.00	32.55	15.00	9.42	494.97
2050	464.00	32.55	15.00	9.42	520.97

表 8-5-2　　　　柳州市市域实有人口方案一预测结果（中方案）　　　单位：万人

年份	户籍人口	居住半年以上流动人口	居住半年以下流动人口	流量人口	实有人口
2020	395.80	34.83	16.05	10.08	456.76
2025	412.60	38.98	17.97	11.28	480.82

年份	户籍人口	居住半年以上流动人口	居住半年以下流动人口	流量人口	实有人口
2030	430.60	43.63	20.11	12.62	506.96
2035	445.00	48.83	22.50	14.13	530.46
2050	471.00	57.87	26.67	16.74	572.29

表 8 – 5 – 3　　　　柳州市市域实有人口方案一预测结果（高方案）　　单位：万人

年份	户籍人口	居住半年以上流动人口	居住半年以下流动人口	流量人口	实有人口
2020	397.50	36.54	16.84	10.57	461.45
2025	416.10	44.30	20.42	12.82	493.63
2030	435.90	53.70	24.75	15.54	529.89
2035	450.50	65.11	30.01	18.84	564.45
2050	478.50	87.15	40.16	25.21	631.03

二、市辖区及各县实有人口方案一预测结果

柳州市市辖区 2017 年户籍人口为 179.68 万人，实有人口为 257.96 万人，户籍人口占实有人口的 69.84%，流动人口 71.46 万人，占实有人口比重为 27.78%，流量人口 6.82 万人，占实有人口比重为 2.64%。到 2035 年，柳州市市辖区的实有人口方案一低方案为 281.62 万人，中方案为 317.92 万人，高方案为 353.73 万人。各县域具体预测结果见表 8 – 5 – 4 ~ 表 8 – 5 – 21。

表 8 – 5 – 4　　　　柳州市市辖区实有人口方案一预测结果（低方案）　　单位：万人

年份	户籍人口	居住半年以上流动人口	居住半年以下流动人口	流量人口	实有人口
2020	185.00	47.44	17.03	6.14	255.62
2025	194.30	47.44	17.03	6.14	264.92
2030	203.30	47.44	17.03	6.14	273.92
2035	211.00	47.44	17.03	6.14	281.62
2050	232.00	47.44	17.03	6.14	302.62

表 8 – 5 – 5　　　　柳州市市辖区实有人口方案一预测结果（中方案）　　单位：万人

年份	户籍人口	居住半年以上流动人口	居住半年以下流动人口	流量人口	实有人口
2020	185.20	50.76	18.22	6.57	260.75

年份	户籍人口	居住半年以上流动人口	居住半年以下流动人口	流量人口	实有人口
2025	194.70	56.81	20.39	7.35	279.26
2030	203.50	63.58	22.83	8.23	298.14
2035	212.00	71.17	25.55	9.21	317.92
2050	233.00	84.34	30.28	10.92	358.54

表 8-5-6　　**柳州市市辖区实有人口方案一预测结果（高方案）**　　单位：万人

年份	户籍人口	居住半年以上流动人口	居住半年以下流动人口	流量人口	实有人口
2020	185.40	53.25	19.12	6.89	264.66
2025	195.50	64.56	23.18	8.36	291.59
2030	204.00	78.27	28.10	10.13	320.50
2035	212.50	94.89	34.06	12.28	353.73
2050	235.00	127.01	45.59	16.44	424.05

表 8-5-7　　**柳州市柳城县实有人口方案一预测结果（低方案）**　　单位：万人

年份	户籍人口	居住半年以上流动人口	居住半年以下流动人口	流量人口	实有人口
2020 年	41.20	0.17	0.20	0.48	42.05
2025 年	42.00	0.17	0.20	0.48	42.85
2030 年	43.00	0.17	0.20	0.48	43.85
2035 年	43.50	0.17	0.20	0.48	44.35
2050 年	44.00	0.17	0.20	0.48	44.85

表 8-5-8　　**柳州市柳城县实有人口方案一预测结果（中方案）**　　单位：万人

年份	户籍人口	居住半年以上流动人口	居住半年以下流动人口	流量人口	实有人口
2020 年	41.50	0.18	0.22	0.51	42.41
2025 年	43.00	0.20	0.24	0.57	44.02
2030 年	44.80	0.23	0.27	0.64	45.94
2035 年	45.50	0.26	0.31	0.72	46.78
2050 年	46.00	0.30	0.36	0.85	47.51

表 8 - 5 - 9　　　　柳州市柳城县实有人口方案一预测结果（高方案）　　　单位：万人

年份	户籍人口	居住半年以上流动人口	居住半年以下流动人口	流量人口	实有人口
2020 年	41.70	0.19	0.23	0.54	42.66
2025 年	43.80	0.23	0.28	0.65	44.96
2030 年	46.50	0.28	0.34	0.79	47.91
2035 年	47.00	0.34	0.41	0.96	48.70
2050 年	47.50	0.46	0.54	1.28	49.78

表 8 - 5 - 10　　　柳州市鹿寨县实有人口方案一预测结果（低方案）　　　单位：万人

年份	户籍人口	居住半年以上流动人口	居住半年以下流动人口	流量人口	实有人口
2020 年	41.50	0.18	0.19	0.56	42.44
2025 年	43.00	0.18	0.19	0.56	43.94
2030 年	45.00	0.18	0.19	0.56	45.94
2035 年	46.50	0.18	0.19	0.56	47.44
2050 年	48.00	0.18	0.19	0.56	48.94

表 8 - 5 - 11　　　柳州市鹿寨县实有人口方案一预测结果（中方案）　　　单位：万人

年份	户籍人口	居住半年以上流动人口	居住半年以下流动人口	流量人口	实有人口
2020 年	41.80	0.20	0.21	0.60	42.80
2025 年	43.50	0.22	0.23	0.67	44.62
2030 年	46.00	0.25	0.26	0.75	47.25
2035 年	47.50	0.28	0.29	0.84	48.90
2050 年	49.00	0.33	0.34	0.99	50.66

表 8 - 5 - 12　　　柳州市鹿寨县实有人口方案一预测结果（高方案）　　　单位：万人

年份	户籍人口	居住半年以上流动人口	居住半年以下流动人口	流量人口	实有人口
2020 年	42.00	0.21	0.22	0.63	43.05
2025 年	44.00	0.25	0.26	0.76	45.27
2030 年	47.00	0.30	0.32	0.92	48.54
2035 年	48.50	0.37	0.39	1.12	50.37
2050 年	50.00	0.49	0.52	1.49	52.50

表 8 – 5 – 13　　　　柳州市融安县实有人口方案一预测结果（低方案）　　　单位：万人

年份	户籍人口	居住半年以上流动人口	居住半年以下流动人口	流量人口	实有人口
2020 年	33.00	0.14	0.17	0.75	34.06
2025 年	33.50	0.14	0.17	0.75	34.56
2030 年	34.50	0.14	0.17	0.75	35.56
2035 年	35.00	0.14	0.17	0.75	36.06
2050 年	35.50	0.14	0.17	0.75	36.56

表 8 – 5 – 14　　　　柳州市融安县实有人口方案一预测结果（中方案）　　　单位：万人

年份	户籍人口	居住半年以上流动人口	居住半年以下流动人口	流量人口	实有人口
2020 年	33.50	0.15	0.18	0.81	34.63
2025 年	34.50	0.17	0.20	0.90	35.77
2030 年	35.80	0.19	0.22	1.01	37.22
2035 年	36.50	0.21	0.25	1.13	38.09
2050 年	37.00	0.25	0.29	1.34	38.88

表 8 – 5 – 15　　　　柳州市融安县实有人口方案一预测结果（高方案）　　　单位：万人

年份	户籍人口	居住半年以上流动人口	居住半年以下流动人口	流量人口	实有人口
2020 年	34.00	0.16	0.19	0.85	35.19
2025 年	35.00	0.19	0.22	1.03	36.44
2030 年	36.00	0.23	0.27	1.24	37.75
2035 年	37.00	0.28	0.33	1.51	39.12
2050 年	37.50	0.37	0.44	2.02	40.33

表 8 – 5 – 16　　　　柳州市融水苗族自治县实有人口方案一预测结果（低方案）　　　单位：万人

年份	户籍人口	居住半年以上流动人口	居住半年以下流动人口	流量人口	实有人口
2020 年	52.00	0.21	0.23	0.94	53.39
2025 年	53.00	0.21	0.23	0.94	54.39
2030 年	54.50	0.21	0.23	0.94	55.89
2035 年	55.50	0.21	0.23	0.94	56.89
2050 年	56.00	0.21	0.23	0.94	57.39

表 8 - 5 - 17　**柳州市融水苗族自治县实有人口方案一预测结果（中方案）**　单位：万人

年份	户籍人口	居住半年以上流动人口	居住半年以下流动人口	流量人口	实有人口
2020 年	52.50	0.23	0.25	1.01	53.99
2025 年	54.00	0.25	0.28	1.13	55.66
2030 年	55.50	0.28	0.31	1.27	57.36
2035 年	56.50	0.32	0.35	1.42	58.58
2050 年	57.00	0.38	0.41	1.68	59.47

表 8 - 5 - 18　**柳州市融水苗族自治县实有人口方案一预测结果（高方案）**　单位：万人

年份	户籍人口	居住半年以上流动人口	居住半年以下流动人口	流量人口	实有人口
2020 年	53.00	0.24	0.26	1.06	54.56
2025 年	54.80	0.29	0.31	1.29	56.69
2030 年	57.00	0.35	0.38	1.56	59.29
2035 年	58.00	0.43	0.46	1.89	60.78
2050 年	58.50	0.57	0.62	2.53	62.22

表 8 - 5 - 19　**柳州市三江侗族自治县实有人口方案一预测结果（低方案）**　单位：万人

年份	户籍人口	居住半年以上流动人口	居住半年以下流动人口	流量人口	实有人口
2020 年	41.20	0.15	0.17	0.55	42.07
2025 年	42.80	0.15	0.17	0.55	43.67
2030 年	44.50	0.15	0.17	0.55	45.37
2035 年	46.50	0.15	0.17	0.55	47.37
2050 年	48.50	0.15	0.17	0.55	49.37

表 8 - 5 - 20　**柳州市三江侗族自治县实有人口方案一预测结果（中方案）**　单位：万人

年份	户籍人口	居住半年以上流动人口	居住半年以下流动人口	流量人口	实有人口
2020 年	41.30	0.16	0.18	0.58	42.23
2025 年	42.90	0.18	0.20	0.65	43.94
2030 年	45.00	0.20	0.23	0.73	46.16
2035 年	47.00	0.22	0.26	0.82	48.30
2050 年	49.00	0.27	0.30	0.97	50.54

表 8-5-21　　柳州市三江侗族自治县实有人口方案一预测结果（高方案）　　单位：万人

年份	户籍人口	居住半年以上流动人口	居住半年以下流动人口	流量人口	实有人口
2020 年	41.40	0.17	0.19	0.61	42.37
2025 年	43.00	0.20	0.23	0.74	44.18
2030 年	45.40	0.25	0.28	0.90	46.83
2035 年	47.50	0.30	0.34	1.09	49.23
2050 年	50.00	0.40	0.46	1.46	52.32

三、一主三新实有人口方案一预测结果

一主三新是柳州市的重点发展区域，其中柳江区（拉堡新兴组团）、柳东新区、北部生态新区是柳州市未来产业转型、发展先进制造业及高新科技产业的主要区域，产业集聚能为它们吸纳人口。由预测结果可知主城区和三个新区在 2035 年的实有人口方案一中的低方案分别为 138.61 万人和 123.09 万人；中方案分别为 149.76 万人和 146.41 万人，高方案分别为 160.63 万人和 169.54 万人，（如表 8-5-22 ~ 表 8-5-33 所示）。

表 8-5-22　　　　柳州市主城区实有人口方案一预测结果（低方案）　　单位：万人

年份	户籍人口	居住半年以上流动人口	居住半年以下流动人口	流量人口	实有人口
2020 年	102.96	14.23	5.11	1.84	124.14
2025 年	108.14	14.23	5.11	1.84	129.32
2030 年	113.14	14.23	5.11	1.84	134.33
2035 年	117.43	14.23	5.11	1.84	138.61
2050 年	129.12	14.23	5.11	1.84	150.30

表 8-5-23　　　　柳州市主城区实有人口方案一预测结果（中方案）　　单位：万人

年份	户籍人口	居住半年以上流动人口	居住半年以下流动人口	流量人口	实有人口
2020 年	103.07	15.23	5.47	1.97	125.74
2025 年	108.36	17.04	6.12	2.21	133.73
2030 年	113.26	19.08	6.85	2.47	141.65
2035 年	117.99	21.35	7.66	2.76	149.76
2050 年	129.67	25.30	9.08	3.28	167.34

表 8－5－24　　　　柳州市主城区实有人口方案一预测结果（高方案）　　　单位：万人

年份	户籍人口	居住半年以上流动人口	居住半年以下流动人口	流量人口	实有人口
2020 年	103.18	15.98	5.73	2.07	126.96
2025 年	108.80	19.37	6.95	2.51	137.63
2030 年	113.53	23.48	8.43	3.04	148.48
2035 年	118.26	28.47	10.22	3.68	160.63
2050 年	130.79	38.10	13.68	4.93	187.50

表 8－5－25　　　　柳州市柳江区（拉堡新兴组团）实有人口

方案一预测结果（低方案）　　　单位：万人

年份	户籍人口	居住半年以上流动人口	居住半年以下流动人口	流量人口	实有人口
2020 年	37.85	9.49	3.41	1.23	51.97
2025 年	39.75	9.49	3.41	1.23	53.88
2030 年	41.60	9.49	3.41	1.23	55.72
2035 年	43.17	9.49	3.41	1.23	57.29
2050 年	47.47	9.49	3.41	1.23	61.59

表 8-5-26　　　　柳州市柳江区（拉堡新兴组团）实有人口

方案一预测结果（中方案）　　　单位：万人

年份	户籍人口	居住半年以上流动人口	居住半年以下流动人口	流量人口	实有人口
2020 年	37.89	10.15	3.64	1.31	53.00
2025 年	39.84	11.36	4.08	1.47	56.75
2030 年	41.64	12.72	4.57	1.65	60.56
2035 年	43.38	14.23	5.11	1.84	64.56
2050 年	47.67	16.87	6.06	2.18	72.78

表 8-5-27　　　　柳州市柳江区（拉堡新兴组团）实有人口

方案一预测结果（高方案）　　　单位：万人

年份	户籍人口	居住半年以上流动人口	居住半年以下流动人口	流量人口	实有人口
2020 年	37.93	10.65	3.82	1.38	53.79
2025 年	40.00	12.91	4.64	1.67	59.22
2030 年	41.74	15.65	5.62	2.03	65.04

续表

年份	户籍人口	居住半年以上流动人口	居住半年以下流动人口	流量人口	实有人口
2035 年	43.48	18.98	6.81	2.46	71.72
2050 年	48.08	25.40	9.12	3.29	85.89

表 8-5-28　　柳州市柳东新区实有人口方案一预测结果（低方案）　　单位：万人

年份	户籍人口	居住半年以上流动人口	居住半年以下流动人口	流量人口	实有人口
2020 年	24.62	14.23	5.11	1.84	45.81
2025 年	25.86	14.23	5.11	1.84	47.05
2030 年	27.06	14.23	5.11	1.84	48.24
2035 年	28.08	14.23	5.11	1.84	49.27
2050 年	30.88	14.23	5.11	1.84	52.06

表 8-5-29　　柳州市柳东新区实有人口方案一预测结果（中方案）　　单位：万人

年份	户籍人口	居住半年以上流动人口	居住半年以下流动人口	流量人口	实有人口
2020 年	24.65	15.23	5.47	1.97	47.32
2025 年	25.91	17.04	6.12	2.21	51.28
2030 年	27.09	19.08	6.85	2.47	55.48
2035 年	28.22	21.35	7.66	2.76	59.99
2050 年	31.01	25.30	9.08	3.28	68.67

表 8-5-30　　柳州市柳东新区实有人口方案一预测结果（高方案）　　单位：万人

年份	户籍人口	居住半年以上流动人口	居住半年以下流动人口	流量人口	实有人口
2020 年	24.68	15.98	5.73	2.07	48.46
2025 年	26.02	19.37	6.95	2.51	54.85
2030 年	27.15	23.48	8.43	3.04	62.10
2035 年	28.28	28.47	10.22	3.68	70.65
2050 年	31.28	38.10	13.68	4.93	87.99

表 8 − 5 − 31　柳州市北部生态新区实有人口方案一预测结果（低方案）　单位：万人

年份	户籍人口	居住半年以上流动人口	居住半年以下流动人口	流量人口	实有人口
2020 年	5.20	7.12	2.55	0.92	15.80
2025 年	5.47	7.12	2.55	0.92	16.06
2030 年	5.72	7.12	2.55	0.92	16.31
2035 年	5.94	7.12	2.55	0.92	16.53
2050 年	6.53	7.12	2.55	0.92	17.12

表 8 − 5 − 32　柳州市北部生态新区实有人口方案一预测结果（中方案）　单位：万人

年份	户籍人口	居住半年以上流动人口	居住半年以下流动人口	流量人口	实有人口
2020 年	5.21	7.61	2.73	0.99	16.54
2025 年	5.48	8.52	3.06	1.10	18.16
2030 年	5.72	9.54	3.42	1.23	19.92
2035 年	5.96	10.67	3.83	1.38	21.85
2050 年	6.55	12.65	4.54	1.64	25.39

表 8 − 5 − 33　柳州市北部生态新区实有人口方案一预测结果（高方案）　单位：万人

年份	户籍人口	居住半年以上流动人口	居住半年以下流动人口	流量人口	实有人口
2020 年	5.22	7.99	2.87	1.03	17.10
2025 年	5.50	9.68	3.48	1.25	19.91
2030 年	5.74	11.74	4.21	1.52	23.21
2035 年	5.98	14.23	5.11	1.84	27.16
2050 年	6.61	19.05	6.84	2.47	34.97

四、实有人口方案−预测结果汇总

在考虑人口发展政策、产业吸纳人口、政策支持的背景下，综合得出柳州市各区域的实有人口方案一的低中高方案结果（如表 8 − 5 − 34 ~ 表 8 − 5 − 36 所示，见图 8 − 5 − 1）。

表 8 - 5 - 34　　　　　　　**柳州市实有人口方案一预测结果（低方案）**　　　　单位：万人

区域			2017 年现状	实有人口方案一				
				2020 年	2025 年	2030 年	2035 年	2050 年
柳州市			445.33	450.87	465.57	481.77	494.97	520.97
市辖区	市辖区合计		257.96	255.62	264.92	273.92	281.62	302.62
	一主三新	主城区	126.88	124.14	129.32	134.33	138.61	150.30
		柳江区（拉堡新兴组团）	52.92	51.97	53.88	55.72	57.29	61.59
		柳东新区	47.12	45.81	47.05	48.24	49.27	52.06
		北部生态新区	15.14	15.80	16.06	16.31	16.53	17.12
	一主三新外		15.91	17.89	18.61	19.31	19.91	21.54
柳城县			41.59	42.05	42.85	43.85	44.35	44.85
鹿寨县			41.81	42.44	43.94	45.94	47.44	48.94
融安县			33.71	34.06	34.56	35.56	36.06	36.56
融水苗族自治县			53.61	53.39	54.39	55.89	56.89	57.39
三江侗族自治县			41.15	42.07	43.67	45.37	47.37	49.37

表 8 - 5 - 35　　　　　　　**柳州市实有人口方案一预测结果（中方案）**　　　　单位：万人

区域			2017 年现状	实有人口方案一				
				2020 年	2025 年	2030 年	2035 年	2050 年
柳州市			445.33	456.76	480.82	506.96	530.46	572.29
市辖区	市辖区合计		257.96	260.75	279.26	298.14	317.92	358.54
	一主三新	主城区	126.88	125.74	133.73	141.65	149.76	167.34
		柳江区（拉堡新兴组团）	52.92	53.00	56.75	60.56	64.56	72.78
		柳东新区	47.12	47.32	51.28	55.48	59.99	68.67
		北部生态新区	15.14	16.54	18.16	19.92	21.85	25.39
	一主三新外		15.91	18.15	19.34	20.53	21.75	24.36
柳城县			41.59	42.41	44.02	45.94	46.78	47.51
鹿寨县			41.81	42.80	44.62	47.25	48.90	50.66
融安县			33.71	34.63	35.77	37.22	38.09	38.88
融水苗族自治县			53.61	53.99	55.66	57.36	58.58	59.47
三江侗族自治县			41.15	42.23	43.94	46.16	48.30	50.54

表 8-5-36　　柳州市实有人口方案一预测结果（高方案）

单位：万人

区域				2017年现状	实有人口方案一					
					2020年	2025年	2030年	2035年	2050年
柳州市				445.33	461.45	493.63	529.89	564.45	631.03
市辖区	市辖区合计			257.96	264.66	291.59	320.50	353.73	424.05
	一主三新	主城区		126.88	126.96	137.63	148.48	160.63	187.50
		柳江区（拉堡新兴组团）		52.92	53.79	59.22	65.04	71.72	85.89
		柳东新区		47.12	48.46	54.85	62.10	70.65	87.99
		北部生态新区		15.14	17.10	19.91	23.21	27.16	34.97
	一主三新外			15.91	18.36	19.98	21.66	23.56	27.69
柳城县				41.59	42.66	44.96	47.91	48.70	49.78
鹿寨县				41.81	43.05	45.27	48.54	50.37	52.50
融安县				33.71	35.19	36.44	37.75	39.12	40.33
融水苗族自治县				53.61	54.56	56.69	59.29	60.78	62.22
三江侗族自治县				41.15	42.37	44.18	46.83	49.23	52.32

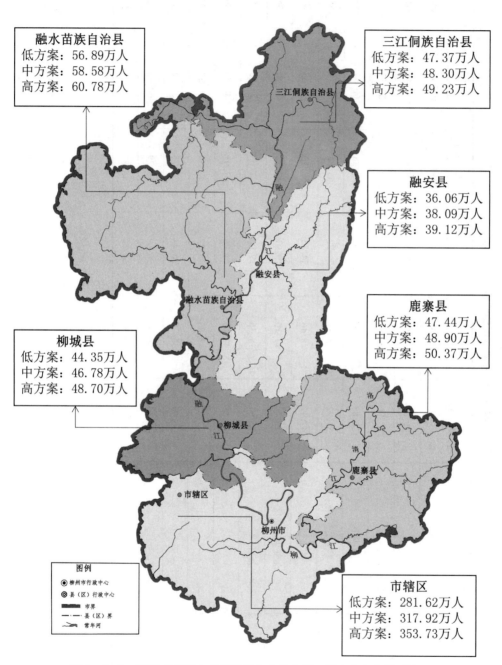

融水苗族自治县
低方案：56.89万人
中方案：58.58万人
高方案：60.78万人

三江侗族自治县
低方案：47.37万人
中方案：48.30万人
高方案：49.23万人

融安县
低方案：36.06万人
中方案：38.09万人
高方案：39.12万人

柳城县
低方案：44.35万人
中方案：46.78万人
高方案：48.70万人

鹿寨县
低方案：47.44万人
中方案：48.90万人
高方案：50.37万人

市辖区
低方案：281.62万人
中方案：317.92万人
高方案：353.73万人

图例
◎ 柳州市行政中心
◉ 县（区）行政中心
▬ 市界
—·— 县（区）界
⤳ 常年河

图 8 – 5 – 1　2035 年柳州市各县区实有人口方案—低中高方案预测结果

■ 第六节　柳州市实有人口规模方案二预测结果

实有人口方案二由户籍人口、流动半年以上人口、流动半年以下人口、旅游人口组成。根据上文户籍人口、流动半年以上人口、流动半年以下人口、旅游人口的预测结果可得出柳州市实有人口方案二2035年的低方案为494.39万人，中方案为529.58万人，高方案为563.28万人。

一、市域实有人口方案二预测结果

如果柳州市市域的流动人口和旅游人口保持2010～2017年平均水平，即市外流动人口保持在47.56万人，旅游人口保持在日均8.83万人次的水平，则2035年柳州市市域实有人口方案二的低方案人口为494.39万人；在中方案中柳州市市域的流动人口和旅游人口至2035年的年均增速均为22.8‰，实有人口为529.58万人；在高方案中柳州市市域的流动人口和旅游人口年均增速均为39.3‰，2035～2050年增速减缓为2035年的19.6‰，则2035年高方案的实有人口方案二为563.28万人，2050年为629.46万人。（如表8－6－1～表8－6－3所示）。

表8－6－1　　　　柳州市市域实有人口方案二预测结果（低方案）　　　单位：万人

年份	户籍人口	居住半年以上流动人口	居住半年以下流动人口	旅游人口	实有人口
2020 年	393.90	32.55	15.00	8.83	450.29
2025 年	408.60	32.55	15.00	8.83	464.99
2030 年	424.80	32.55	15.00	8.83	481.19
2035 年	438.00	32.55	15.00	8.83	494.39
2050 年	464.00	32.55	15.00	8.83	520.39

表8－6－2　　　　柳州市市域实有人口方案二预测结果（中方案）　　　单位：万人

年份	户籍人口	居住半年以上流动人口	居住半年以下流动人口	旅游人口	实有人口
2020 年	395.80	34.83	16.05	9.45	456.13
2025 年	412.60	38.98	17.97	10.58	480.12
2030 年	430.60	43.63	20.11	11.84	506.17

续表

年份	户籍人口	居住半年 以上流动人口	居住半年 以下流动人口	旅游人口	实有人口
2035 年	445.00	48.83	22.50	13.25	529.58
2050 年	471.00	57.87	26.67	15.70	571.25

表 8 - 6 - 3 　　　　柳州市市域实有人口方案二预测结果（高方案）　　　单位：万人

年份	户籍人口	居住半年 以上流动人口	居住半年 以下流动人口	旅游人口	实有人口
2020 年	397.50	36.54	16.84	9.92	460.80
2025 年	416.10	44.30	20.42	12.02	492.83
2030 年	435.90	53.70	24.75	14.57	528.93
2035 年	450.50	65.11	30.01	17.67	563.28
2050 年	478.50	87.15	40.16	23.65	629.46

二、市辖区及各县实有人口方案二预测结果

柳州市市辖区实有人口方案二低方案中 2017 年至 2035 年由 256.73 万人增长到 280.35 万人，共增长了 23.62 万人，市辖区 2035 年实有人口方案二的中方案和高方案分别为 316.03 万人和 351.20 万人。柳城县实有人口方案二 2035 年低方案人口为 44.26 万人，中方案和高方案人口分别为 46.63 万人、48.51 万人。鹿寨县 2035 年低方案人口为 47.44 万人，中方案为 48.90 万人，高方案为 50.37 万人；融安县 2035 年低方案人口为 35.68 万人，中方案为 37.52 万人，高方案为 38.36 万人；融水苗族自治县 2035 年低方案为 57.01 万人，中方案为 58.77 万人，高方案为 61.03 万人；三江侗族自治县 2035 年低方案人口为 48.39 万人，中方案为 49.84 万人，高方案为 51.29 万人（如表 8 - 6 - 4 ~ 表 8 - 6 - 21 所示）。

表 8 - 6 - 4 　　　　柳州市市辖区实有人口方案二预测结果（低方案）　　　单位：万人

年份	户籍人口	居住半年 以上流动人口	居住半年 以下流动人口	旅游人口	实有人口
2020 年	185.00	47.44	17.03	4.87	254.35
2025 年	194.30	47.44	17.03	4.87	263.65
2030 年	203.30	47.44	17.03	4.87	272.65

年份	户籍人口	居住半年以上流动人口	居住半年以下流动人口	旅游人口	实有人口
2035 年	211.00	47.44	17.03	4.87	280.35
2050 年	232.00	47.44	17.03	4.87	301.35

表 8-6-5　　　　　柳州市市辖区实有人口方案二预测结果（中方案）　　　　单位：万人

年份	户籍人口	居住半年以上流动人口	居住半年以下流动人口	旅游人口	实有人口
2020 年	185.20	50.76	18.22	5.22	259.40
2025 年	194.70	56.81	20.39	5.84	277.74
2030 年	203.50	63.58	22.83	6.53	296.44
2035 年	212.00	71.17	25.55	7.31	316.03
2050 年	233.00	84.34	30.28	8.67	356.29

表 8-6-6　　　　　柳州市市辖区实有人口方案二预测结果（高方案）　　　　单位：万人

年份	户籍人口	居住半年以上流动人口	居住半年以下流动人口	旅游人口	实有人口
2020 年	185.40	53.25	19.12	5.47	263.24
2025 年	195.50	64.56	23.18	6.63	289.87
2030 年	204.00	78.27	28.10	8.04	318.41
2035 年	212.50	94.89	34.06	9.75	351.20
2050 年	235.00	127.01	45.59	13.05	420.66

表 8-6-7　　　　　柳州市柳城县实有人口方案二预测结果（低方案）　　　　单位：万人

年份	户籍人口	居住半年以上流动人口	居住半年以下流动人口	旅游人口	实有人口
2020 年	41.20	0.17	0.20	0.38	41.96
2025 年	42.00	0.17	0.20	0.38	42.76
2030 年	43.00	0.17	0.20	0.38	43.76
2035 年	43.50	0.17	0.20	0.38	44.26
2050 年	44.00	0.17	0.20	0.38	44.76

表 8-6-8　　　　柳州市柳城县实有人口方案二预测结果（中方案）　　　单位：万人

年份	户籍人口	居住半年以上流动人口	居住半年以下流动人口	旅游人口	实有人口
2020 年	41.50	0.18	0.22	0.41	42.31
2025 年	43.00	0.20	0.24	0.46	43.90
2030 年	44.80	0.23	0.27	0.51	45.81
2035 年	45.50	0.26	0.31	0.57	46.63
2050 年	46.00	0.30	0.36	0.68	47.34

表 8-6-9　　　　柳州市柳城县实有人口方案二预测结果（高方案）　　　单位：万人

年份	户籍人口	居住半年以上流动人口	居住半年以下流动人口	旅游人口	实有人口
2020 年	41.70	0.19	0.23	0.43	42.55
2025 年	43.80	0.23	0.28	0.52	44.83
2030 年	46.50	0.28	0.34	0.63	47.75
2035 年	47.00	0.34	0.41	0.76	48.51
2050 年	47.50	0.46	0.54	1.02	49.52

表 8-6-10　　　　柳州市鹿寨县实有人口方案二预测结果（低方案）　　　单位：万人

年份	户籍人口	居住半年以上流动人口	居住半年以下流动人口	旅游人口	实有人口
2020 年	41.50	0.18	0.19	0.56	42.44
2025 年	43.00	0.18	0.19	0.56	43.94
2030 年	45.00	0.18	0.19	0.56	45.94
2035 年	46.50	0.18	0.19	0.56	47.44
2050 年	48.00	0.18	0.19	0.56	48.94

表 8-6-11　　　　柳州市鹿寨县实有人口方案二预测结果（中方案）　　　单位：万人

年份	户籍人口	居住半年以上流动人口	居住半年以下流动人口	旅游人口	实有人口
2020 年	41.80	0.20	0.21	0.60	42.80
2025 年	43.50	0.22	0.23	0.67	44.62
2030 年	46.00	0.25	0.26	0.75	47.25
2035 年	47.50	0.28	0.29	0.84	48.90
2050 年	49.00	0.33	0.34	0.99	50.66

表 8 – 6 – 12　　　　柳州市鹿寨县实有人口方案二预测结果（高方案）　　单位：万人

年份	户籍人口	居住半年以上流动人口	居住半年以下流动人口	旅游人口	实有人口
2020 年	42.00	0.21	0.22	0.63	43.05
2025 年	44.00	0.25	0.26	0.76	45.27
2030 年	47.00	0.30	0.32	0.92	48.54
2035 年	48.50	0.37	0.39	1.12	50.37
2050 年	50.00	0.49	0.52	1.49	52.51

表 8 – 6 – 13　　　　柳州市融安县实有人口方案二预测结果（低方案）　　单位：万人

年份	户籍人口	居住半年以上流动人口	居住半年以下流动人口	旅游人口	实有人口
2020 年	33.00	0.14	0.17	0.38	33.68
2025 年	33.50	0.14	0.17	0.38	34.18
2030 年	34.50	0.14	0.17	0.38	35.18
2035 年	35.00	0.14	0.17	0.38	35.68
2050 年	35.50	0.14	0.17	0.38	36.18

表 8 – 6 – 14　　　　柳州市融安县实有人口方案二预测结果（中方案）　　单位：万人

年份	户籍人口	居住半年以上流动人口	居住半年以下流动人口	旅游人口	实有人口
2020 年	33.50	0.15	0.18	0.40	34.23
2025 年	34.50	0.17	0.20	0.45	35.31
2030 年	35.80	0.19	0.22	0.50	36.71
2035 年	36.50	0.21	0.25	0.56	37.52
2050 年	37.00	0.25	0.29	0.67	38.21

表 8 – 6 – 15　　　　柳州市融安县实有人口方案二预测结果（高方案）　　单位：万人

年份	户籍人口	居住半年以上流动人口	居住半年以下流动人口	旅游人口	实有人口
2020 年	34.00	0.16	0.19	0.42	34.76
2025 年	35.00	0.19	0.22	0.51	35.93
2030 年	36.00	0.23	0.27	0.62	37.12
2035 年	37.00	0.28	0.33	0.75	38.36
2050 年	37.50	0.37	0.44	1.01	39.32

表 8 - 6 - 16 柳州市融水苗族自治县实有人口方案二预测结果（低方案） 单位：万人

年份	户籍人口	居住半年以上流动人口	居住半年以下流动人口	旅游人口	实有人口
2020 年	52.00	0.21	0.23	1.07	53.51
2025 年	53.00	0.21	0.23	1.07	54.51
2030 年	54.50	0.21	0.23	1.07	56.01
2035 年	55.50	0.21	0.23	1.07	57.01
2050 年	56.00	0.21	0.23	1.07	57.51

表 8 - 6 - 17 柳州市融水苗族自治县实有人口方案二预测结果（中方案） 单位：万人

年份	户籍人口	居住半年以上流动人口	居住半年以下流动人口	旅游人口	实有人口
2020 年	52.50	0.23	0.25	1.15	54.12
2025 年	54.00	0.25	0.28	1.28	55.81
2030 年	55.50	0.28	0.31	1.43	57.53
2035 年	56.50	0.32	0.35	1.61	58.77
2050 年	57.00	0.38	0.41	1.90	59.69

表 8 - 6 - 18 柳州市融水苗族自治县实有人口方案二预测结果（高方案） 单位：万人

年份	户籍人口	居住半年以上流动人口	居住半年以下流动人口	旅游人口	实有人口
2020 年	53.00	0.24	0.26	1.20	54.70
2025 年	54.80	0.29	0.31	1.46	56.86
2030 年	57.00	0.35	0.38	1.77	59.50
2035 年	58.00	0.43	0.46	2.14	61.03
2050 年	58.50	0.57	0.62	2.87	62.55

表 8 - 6 - 19 柳州市三江侗族自治县实有人口方案二预测结果（低方案） 单位：万人

年份	户籍人口	居住半年以上流动人口	居住半年以下流动人口	旅游人口	实有人口
2020 年	41.20	0.15	0.17	1.57	43.09
2025 年	42.80	0.15	0.17	1.57	44.69
2030 年	44.50	0.15	0.17	1.57	46.39
2035 年	46.50	0.15	0.17	1.57	48.39
2050 年	48.50	0.15	0.17	1.57	50.39

表 8 – 6 – 20　　柳州市三江侗族自治县实有人口方案二预测结果（中方案）　单位：万人

年份	户籍人口	居住半年 以上流动人口	居住半年 以下流动人口	旅游人口	实有人口
2020 年	41.30	0.16	0.18	1.68	43.33
2025 年	42.90	0.18	0.20	1.88	45.17
2030 年	45.00	0.20	0.23	2.11	47.54
2035 年	47.00	0.22	0.26	2.36	49.84
2050 年	49.00	0.27	0.30	2.80	52.37

表 8 – 6 – 21　　柳州市三江侗族自治县实有人口方案二预测结果（高方案）　单位：万人

年份	户籍人口	居住半年 以上流动人口	居住半年 以下流动人口	旅游人口	实有人口
2020 年	41.40	0.17	0.19	1.77	43.53
2025 年	43.00	0.20	0.23	2.14	45.58
2030 年	45.40	0.25	0.28	2.60	48.52
2035 年	47.50	0.30	0.34	3.15	51.29
2050 年	50.00	0.40	0.46	4.21	55.07

三、一主三新实有人口方案二预测结果

2020～2050 年一主三新实有人口方案二低方案、中方案、高方案分别如表 8 – 6 – 22～表 8 – 6 – 33 所示。

表 8 – 6 – 22　　柳州市主城区实有人口方案二预测结果（低方案）　单位：万人

年份	户籍人口	居住半年 以上流动人口	居住半年 以下流动人口	旅游人口	实有人口
2020 年	102.96	14.23	5.11	2.96	125.26
2025 年	108.14	14.23	5.11	2.96	130.43
2030 年	113.14	14.23	5.11	2.96	135.44
2035 年	117.43	14.23	5.11	2.96	139.73
2050 年	129.12	14.23	5.11	2.96	151.42

表 8 - 6 - 23　　　　　柳州市主城区实有人口方案二预测结果（中方案）　　　　单位：万人

年份	户籍人口	居住半年以上流动人口	居住半年以下流动人口	旅游人口	实有人口
2020 年	103.07	15.23	5.47	3.16	126.93
2025 年	108.36	17.04	6.12	3.54	135.06
2030 年	113.26	19.08	6.85	3.96	143.14
2035 年	117.99	21.35	7.66	4.44	151.44
2050 年	129.67	25.30	9.08	5.26	169.32

表 8 - 6 - 24　　　　　柳州市主城区实有人口方案二预测结果（高方案）　　　　单位：万人

年份	户籍人口	居住半年以上流动人口	居住半年以下流动人口	旅游人口	实有人口
2020 年	103.18	15.98	5.73	3.32	128.21
2025 年	108.80	19.37	6.95	4.02	139.15
2030 年	113.53	23.48	8.43	4.88	150.32
2035 年	118.26	28.47	10.22	5.91	162.86
2050 年	130.79	38.10	13.68	7.92	190.48

表 8 - 6 - 25　　　　　柳州市柳江区（拉堡新兴组团）实有人口

方案二预测结果（低方案）　　　　单位：万人

年份	户籍人口	居住半年以上流动人口	居住半年以下流动人口	旅游人口	实有人口
2020 年	37.85	9.49	3.41	0.33	51.07
2025 年	39.75	9.49	3.41	0.33	52.97
2030 年	41.60	9.49	3.41	0.33	54.82
2035 年	43.17	9.49	3.41	0.33	56.39
2050 年	47.47	9.49	3.41	0.33	60.69

表 8 - 6 - 26　　　　　柳州市柳江区（拉堡新兴组团）实有人口

方案二预测结果（中方案）　　　　单位：万人

年份	户籍人口	居住半年以上流动人口	居住半年以下流动人口	旅游人口	实有人口
2020 年	37.89	10.15	3.64	0.35	52.04
2025 年	39.84	11.36	4.08	0.39	55.67
2030 年	41.64	12.72	4.57	0.44	59.35
2035 年	43.38	14.23	5.11	0.49	63.21
2050 年	47.67	16.87	6.06	0.58	71.17

表 8 - 6 - 27　　　　　柳州市柳江区（拉堡新兴组团）实有人口

方案二预测结果（高方案）　　　　单位：万人

年份	户籍人口	居住半年以上流动人口	居住半年以下流动人口	旅游人口	实有人口
2020 年	37.93	10.65	3.82	0.37	52.77
2025 年	40.00	12.91	4.64	0.44	57.99
2030 年	41.74	15.65	5.62	0.54	63.55
2035 年	43.48	18.98	6.81	0.65	69.92
2050 年	48.08	25.40	9.12	0.87	83.47

表 8 - 6 - 28　柳州市柳东新区实有人口方案二预测结果（低方案）　　　　单位：万人

年份	户籍人口	居住半年以上流动人口	居住半年以下流动人口	旅游人口	实有人口
2020 年	24.62	14.23	5.11	0.53	44.49
2025 年	25.86	14.23	5.11	0.53	45.73
2030 年	27.06	14.23	5.11	0.53	46.93
2035 年	28.08	14.23	5.11	0.53	47.95
2050 年	30.88	14.23	5.11	0.53	50.75

表 8 - 6 - 29　柳州市柳东新区实有人口方案二预测结果（中方案）　　　　单位：万人

年份	户籍人口	居住半年以上流动人口	居住半年以下流动人口	旅游人口	实有人口
2020 年	24.65	15.23	5.47	0.56	45.91
2025 年	25.91	17.04	6.12	0.63	49.71
2030 年	27.09	19.08	6.85	0.70	53.71
2035 年	28.22	21.35	7.66	0.79	58.02
2050 年	31.01	25.30	9.08	0.93	66.33

表 8 - 6 - 30　柳州市柳东新区实有人口方案二预测结果（高方案）　　　　单位：万人

年份	户籍人口	居住半年以上流动人口	居住半年以下流动人口	旅游人口	实有人口
2020 年	24.68	15.98	5.73	0.59	46.98
2025 年	26.02	19.37	6.95	0.71	53.06
2030 年	27.15	23.48	8.43	0.87	59.93
2035 年	28.28	28.47	10.22	1.05	68.02
2050 年	31.28	38.10	13.68	1.41	84.47

表 8-6-31　　柳州市北部生态新区实有人口方案二预测结果（低方案）　　单位：万人

年份	户籍人口	居住半年以上流动人口	居住半年以下流动人口	旅游人口	实有人口
2020 年	5.20	7.12	2.55	0.78	15.66
2025 年	5.47	7.12	2.55	0.78	15.92
2030 年	5.72	7.12	2.55	0.78	16.17
2035 年	5.94	7.12	2.55	0.78	16.39
2050 年	6.53	7.12	2.55	0.78	16.98

表 8-6-32　　柳州市北部生态新区实有人口方案二预测结果（中方案）　　单位：万人

年份	户籍人口	居住半年以上流动人口	居住半年以下流动人口	旅游人口	实有人口
2020 年	5.21	7.61	2.73	0.84	16.40
2025 年	5.48	8.52	3.06	0.94	18.00
2030 年	5.72	9.54	3.42	1.05	19.74
2035 年	5.96	10.67	3.83	1.18	21.65
2050 年	6.55	12.65	4.54	1.39	25.14

表 8-6-33　　柳州市北部生态新区实有人口方案二预测结果（高方案）　　单位：万人

年份	户籍人口	居住半年以上流动人口	居住半年以下流动人口	旅游人口	实有人口
2020 年	5.22	7.99	2.87	0.88	16.95
2025 年	5.50	9.68	3.48	1.07	19.73
2030 年	5.74	11.74	4.21	1.29	22.99
2035 年	5.98	14.23	5.11	1.57	26.89
2050 年	6.61	19.05	6.84	2.10	34.60

四、实有人口方案二预测结果汇总

综合各方面的因素得出柳州市各区域的实有人口方案二预测的低中高方案的结果（见图 8-6-1，如表 8-6-34～表 8-6-36 所示）。

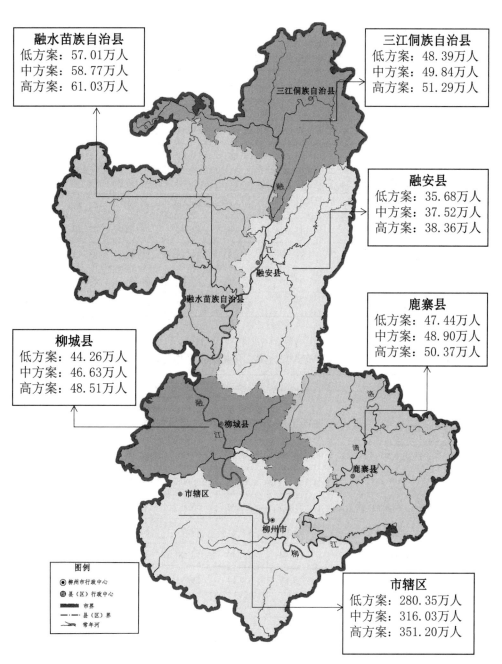

融水苗族自治县
低方案：57.01万人
中方案：58.77万人
高方案：61.03万人

三江侗族自治县
低方案：48.39万人
中方案：49.84万人
高方案：51.29万人

融安县
低方案：35.68万人
中方案：37.52万人
高方案：38.36万人

鹿寨县
低方案：47.44万人
中方案：48.90万人
高方案：50.37万人

柳城县
低方案：44.26万人
中方案：46.63万人
高方案：48.51万人

图例
◎ 柳州市行政中心
◉ 县（区）行政中心
■ 市界
— · — 县（区）界
⤳ 常年河

市辖区
低方案：280.35万人
中方案：316.03万人
高方案：351.20万人

图 8 – 6 – 1　2035 年柳州市各县区实有人口方案二低中高方案预测结果

表 8 - 6 - 34 　　　　　柳州市实有人口方案二预测结果（低方案）　　　　　单位：万人

区域			2017 年现状	实有人口方案二				
				2020 年	2025 年	2030 年	2035 年	2050 年
柳州市			447.19	450.29	464.99	481.19	494.39	520.39
市辖区	市辖区合计		256.73	254.35	263.65	272.65	280.35	301.35
	一主三新	主城区	128.23	125.26	130.43	135.44	139.73	151.42
		柳江区（拉堡新兴组团）	51.95	51.07	52.97	54.82	56.39	60.69
		柳东新区	45.62	44.49	45.73	46.93	47.95	50.75
		北部生态新区	15.04	15.66	15.92	16.17	16.39	16.98
	一主三新外		15.89	17.87	18.59	19.29	19.89	21.52
柳城县			41.91	41.96	42.76	43.76	44.26	44.76
鹿寨县			42.32	42.44	43.94	45.94	47.44	48.94
融安县			33.67	33.68	34.18	35.18	35.68	36.18
融水苗族自治县			54.14	53.51	54.51	56.01	57.01	57.51
三江侗族自治县			42.92	43.09	44.69	46.39	48.39	50.39

表 8 - 6 - 35 　　　　　柳州市实有人口方案二预测结果（中方案）　　　　　单位：万人

区域			2017 年现状	实有人口方案二				
				2020 年	2025 年	2030 年	2035 年	2050 年
柳州市			447.19	456.13	480.12	506.17	529.58	571.25
市辖区	市辖区合计		256.73	259.40	277.74	296.44	316.03	356.29
	一主三新	主城区	128.23	126.93	135.06	143.14	151.44	169.32
		柳江区（拉堡新兴组团）	51.95	52.04	55.67	59.35	63.21	71.17
		柳东新区	45.62	45.91	49.71	53.71	58.02	66.33
		北部生态新区	15.04	16.40	18.00	19.74	21.65	25.14
	一主三新外		15.89	18.13	19.31	20.50	21.72	24.32
柳城县			41.91	42.31	43.90	45.81	46.63	47.34
鹿寨县			42.32	42.80	44.62	47.25	48.90	50.66
融安县			33.67	34.23	35.31	36.71	37.52	38.21
融水苗族自治县			54.14	54.12	55.81	57.53	58.77	59.69
三江侗族自治县			42.92	43.33	45.17	47.54	49.84	52.37

表 8 - 5 - 36　　　　　　　柳州市实有人口方案二预测结果（高方案）　　　　　单位：万人

区域			2017年现状	实有人口方案二				
				2020年	2025年	2030年	2035年	2050年
柳州市			447.19	460.80	492.83	528.93	563.28	629.46
市辖区	市辖区合计		256.73	263.24	289.87	318.41	351.20	420.66
	一主三新	主城区	128.23	128.21	139.15	150.32	162.86	190.48
		柳江区（拉堡新兴组团）	51.95	52.77	57.99	63.55	69.92	83.47
		柳东新区	45.62	46.98	53.06	59.93	68.02	84.47
		北部生态新区	15.04	16.95	19.73	22.99	26.89	34.60
	一主三新外		15.89	18.33	19.95	21.62	23.51	27.63
柳城县			41.91	42.55	44.83	47.75	48.51	49.52
鹿寨县			42.32	43.05	45.27	48.54	50.37	52.51
融安县			33.67	34.76	35.93	37.12	38.36	39.32
融水苗族自治县			54.14	54.70	56.86	59.50	61.03	62.55
三江侗族自治县			42.92	43.53	45.58	48.52	51.29	55.07

第七节　柳州市实有人口规模方案三预测结果

实有人口方案三由户籍人口、流动半年以上人口、流动半年以下人口、迁徙大数据人口组成。由上文户籍人口、流动半年以上人口、流动半年以下人口、迁徙大数据人口预测结果可得出柳州市市域、市辖区及各县、一主三新的实有人口方案三的预测结果。

一、市域实有人口方案三预测结果

柳州市户籍人口由 2017 年的 386.60 万人增长到 2035 年的 440 万人左右，年增长率为 0.72% 左右。流动人口、迁徙大数据人口保持在 2010～2017 年年平均水平，即流动人口保持在 47.55 万人，迁徙大数据人口保持在日均 5.35 万人次的水平，即为实有人口方案三低方案；在中方案中，柳州市市域的流动人口和迁徙大数据人口至 2035 年年均增速为 22.8%；在高方案中，柳州市市域的流动人口和迁徙大数据人口至 2035 年年平均增速为 39.3%。柳州市市域 2035 年实有人口方案三低方案人口为 490.91 万人，中方案为 524.36 万人，高方案为 556.31 万人（如表 8 - 7 - 1～表 8 - 7 - 3 所示）。

表8-7-1　　　　　柳州市市域实有人口方案三预测结果（低方案）　　　　单位：万人

年份	户籍人口	居住半年以上流动人口	居住半年以下流动人口	旅游人口	实有人口
2020 年	393.90	32.55	15.00	5.35	446.81
2025 年	408.60	32.55	15.00	5.35	461.51
2030 年	424.80	32.55	15.00	5.35	477.71
2035 年	438.00	32.55	15.00	5.35	490.91
2050 年	464.00	32.55	15.00	5.35	516.91

表8-7-2　　　　　柳州市市域实有人口方案三预测结果（中方案）　　　　单位：万人

年份	户籍人口	居住半年以上流动人口	居住半年以下流动人口	旅游人口	实有人口
2020 年	395.80	34.83	16.05	5.61	452.29
2025 年	412.60	38.98	17.97	6.32	475.87
2030 年	430.60	43.63	20.11	7.12	501.46
2035 年	445.00	48.83	22.50	8.02	524.36
2050 年	471.00	57.87	26.67	9.61	565.15

表8-7-3　　　　　柳州市市域实有人口方案三预测结果（高方案）　　　　单位：万人

年份	户籍人口	居住半年以上流动人口	居住半年以下流动人口	旅游人口	实有人口
2020 年	397.50	36.54	16.84	5.80	456.68
2025 年	416.10	44.30	20.42	7.12	487.93
2030 年	435.90	53.70	24.75	8.73	523.08
2035 年	450.50	65.11	30.01	10.70	556.31
2050 年	478.50	87.15	40.16	14.57	620.39

二、市辖区实有人口方案三预测结果

柳州市市辖区 2010～2017 年年均流动人口 64.47 万人，旅游人口保持在日均 3.13 万人次的水平，实有人口由 2017 年的 254.27 万人增长到 2035 年的 278.60 万人，2018～2035 年，中方案流动人口和旅游人口的年均增速为 22.4‰；高方案流动人口和旅游人口的年均增速 39.3‰，2035 年实有人口中方案和高方案分别为 313.40 万人、347.71 万人。各县域具体预测结果见表 8-7-4～表 8-7-21 所示。

表 8 − 7 − 4　　　　　**柳州市市辖区实有人口方案三预测结果（低方案）**　　　单位：万人

年份	户籍人口	居住半年以上流动人口	居住半年以下流动人口	旅游人口	实有人口
2020 年	185.00	47.44	17.03	3.13	252.60
2025 年	194.30	47.44	17.03	3.13	261.90
2030 年	203.30	47.44	17.03	3.13	270.90
2035 年	211.00	47.44	17.03	3.13	278.60
2050 年	232.00	47.44	17.03	3.13	299.60

表 8 − 7 − 5　　　　　**柳州市市辖区实有人口方案三预测结果（中方案）**　　　单位：万人

年份	户籍人口	居住半年以上流动人口	居住半年以下流动人口	旅游人口	实有人口
2020 年	185.20	50.76	18.22	3.28	257.46
2025 年	194.70	56.81	20.39	3.70	275.60
2030 年	203.50	63.58	22.83	4.17	294.08
2035 年	212.00	71.17	25.55	4.69	313.40
2050 年	233.00	84.34	30.28	5.62	353.24

表 8 − 7 − 6　　　　　**柳州市市辖区实有人口方案三预测结果（高方案）**　　　单位：万人

年份	户籍人口	居住半年以上流动人口	居住半年以下流动人口	旅游人口	实有人口
2020 年	185.40	53.25	19.12	3.39	261.16
2025 年	195.50	64.56	23.18	4.16	287.40
2030 年	204.00	78.27	28.10	5.10	315.47
2035 年	212.50	94.89	34.06	6.26	347.71
2050 年	235.00	127.01	45.59	8.52	416.13

表 8 − 7 − 7　　　　　**柳州市柳城县实有人口方案三预测结果（低方案）**　　　单位：万人

年份	户籍人口	居住半年以上流动人口	居住半年以下流动人口	旅游人口	实有人口
2020 年	41.20	0.17	0.20	0.40	41.97
2025 年	42.00	0.17	0.20	0.40	42.77
2030 年	43.00	0.17	0.20	0.40	43.77
2035 年	43.50	0.17	0.20	0.40	44.27
2050 年	44.00	0.17	0.20	0.40	44.77

表 8 − 7 − 8 　　　　**柳州市柳城县实有人口方案三预测结果（中方案）**　　　　单位：万人

年份	户籍人口	居住半年以上流动人口	居住半年以下流动人口	旅游人口	实有人口
2020 年	41.50	0.18	0.22	0.42	42.32
2025 年	43.00	0.20	0.24	0.47	43.92
2030 年	44.80	0.23	0.27	0.53	45.83
2035 年	45.50	0.26	0.31	0.60	46.66
2050 年	46.00	0.30	0.36	0.72	47.38

表 8 − 7 − 9 　　　　**柳州市柳城县实有人口方案三预测结果（高方案）**　　　　单位：万人

年份	户籍人口	居住半年以上流动人口	居住半年以下流动人口	旅游人口	实有人口
2020 年	41.70	0.19	0.23	0.43	42.55
2025 年	43.80	0.23	0.28	0.53	44.84
2030 年	46.50	0.28	0.34	0.65	47.77
2035 年	47.00	0.34	0.41	0.80	48.55
2050 年	47.50	0.46	0.54	1.09	49.59

表 8 − 7 − 10 　　　　**柳州市鹿寨县实有人口方案三预测结果（低方案）**　　　　单位：万人

年份	户籍人口	居住半年以上流动人口	居住半年以下流动人口	旅游人口	实有人口
2020 年	41.50	0.18	0.19	0.43	42.31
2025 年	43.00	0.18	0.19	0.43	43.81
2030 年	45.00	0.18	0.19	0.43	45.81
2035 年	46.50	0.18	0.19	0.43	47.31
2050 年	48.00	0.18	0.19	0.43	48.81

表 8 − 7 − 11 　　　　**柳州市鹿寨县实有人口方案三预测结果（中方案）**　　　　单位：万人

年份	户籍人口	居住半年以上流动人口	居住半年以下流动人口	旅游人口	实有人口
2020 年	41.80	0.20	0.21	0.45	42.65
2025 年	43.50	0.22	0.23	0.51	44.46
2030 年	46.00	0.25	0.26	0.57	47.08
2035 年	47.50	0.28	0.29	0.64	48.71
2050 年	49.00	0.33	0.34	0.77	50.44

表 8 - 7 - 12　　　　柳州市鹿寨县实有人口方案三预测结果（高方案）　　　单位：万人

年份	户籍人口	居住半年以上流动人口	居住半年以下流动人口	旅游人口	实有人口
2020 年	42.00	0.21	0.22	0.46	42.89
2025 年	44.00	0.25	0.26	0.57	45.08
2030 年	47.00	0.30	0.32	0.70	48.32
2035 年	48.50	0.37	0.39	0.86	50.11
2050 年	50.00	0.49	0.52	1.17	52.18

表 8 - 7 - 13　　　　柳州市融安县实有人口方案三预测结果（低方案）　　　单位：万人

年份	户籍人口	居住半年以上流动人口	居住半年以下流动人口	旅游人口	实有人口
2020 年	33.00	0.14	0.17	0.36	33.67
2025 年	33.50	0.14	0.17	0.36	34.17
2030 年	34.50	0.14	0.17	0.36	35.17
2035 年	35.00	0.14	0.17	0.36	35.67
2050 年	35.50	0.14	0.17	0.36	36.17

表 8 - 7 - 14　　　　柳州市融安县实有人口方案三预测结果（中方案）　　　单位：万人

年份	户籍人口	居住半年以上流动人口	居住半年以下流动人口	旅游人口	实有人口
2020 年	33.50	0.15	0.18	0.38	34.21
2025 年	34.50	0.17	0.20	0.43	35.30
2030 年	35.80	0.19	0.22	0.49	36.69
2035 年	36.50	0.21	0.25	0.55	37.50
2050 年	37.00	0.25	0.29	0.65	38.20

表 8 - 7 - 15　　　　柳州市融安县实有人口方案三预测结果（高方案）　　　单位：万人

年份	户籍人口	居住半年以上流动人口	居住半年以下流动人口	旅游人口	实有人口
2020 年	34.00	0.16	0.19	0.40	34.74
2025 年	35.00	0.19	0.22	0.48	35.90
2030 年	36.00	0.23	0.27	0.59	37.10
2035 年	37.00	0.28	0.33	0.73	38.34
2050 年	37.50	0.37	0.44	0.99	39.31

表 8 – 7 – 16   柳州市融水苗族自治县实有人口方案三预测结果（低方案）　单位：万人

年份	户籍人口	居住半年以上流动人口	居住半年以下流动人口	旅游人口	实有人口
2020 年	52.00	0.21	0.23	0.41	52.86
2025 年	53.00	0.21	0.23	0.41	53.86
2030 年	54.50	0.21	0.23	0.41	55.36
2035 年	55.50	0.21	0.23	0.41	56.36
2050 年	56.00	0.21	0.23	0.41	56.86

表 8 – 7 – 17   柳州市融水苗族自治县实有人口方案三预测结果（中方案）　单位：万人

年份	户籍人口	居住半年以上流动人口	居住半年以下流动人口	旅游人口	实有人口
2020 年	52.50	0.23	0.25	0.43	53.41
2025 年	54.00	0.25	0.28	0.49	55.02
2030 年	55.50	0.28	0.31	0.55	56.65
2035 年	56.50	0.32	0.35	0.62	57.79
2050 年	57.00	0.38	0.41	0.74	58.53

表 8 – 7 – 18   柳州市融水苗族自治县实有人口方案三预测结果（高方案）　单位：万人

年份	户籍人口	居住半年以上流动人口	居住半年以下流动人口	旅游人口	实有人口
2020 年	53.00	0.24	0.26	0.45	53.95
2025 年	54.80	0.29	0.31	0.55	55.96
2030 年	57.00	0.35	0.38	0.68	58.41
2035 年	58.00	0.43	0.46	0.83	59.72
2050 年	58.50	0.57	0.62	1.13	60.82

表 8 – 7 – 19   柳州市三江侗族自治县实有人口方案三预测结果（低方案）　单位：万人

年份	户籍人口	居住半年以上流动人口	居住半年以下流动人口	旅游人口	实有人口
2020 年	41.20	0.15	0.17	0.61	42.13
2025 年	42.80	0.15	0.17	0.61	43.73
2030 年	44.50	0.15	0.17	0.61	45.43
2035 年	46.50	0.15	0.17	0.61	47.43
2050 年	48.50	0.15	0.17	0.61	49.43

表 8 - 7 - 20　柳州市三江侗族自治县实有人口方案三预测结果（中方案）　单位：万人

年份	户籍人口	居住半年以上流动人口	居住半年以下流动人口	旅游人口	实有人口
2020 年	41.30	0.16	0.18	0.64	42.29
2025 年	42.90	0.18	0.20	0.73	44.01
2030 年	45.00	0.20	0.23	0.82	46.25
2035 年	47.00	0.22	0.26	0.92	48.40
2050 年	49.00	0.27	0.30	1.10	50.67

表 8 - 7 - 21　柳州市三江侗族自治县实有人口方案三预测结果（高方案）　单位：万人

年份	户籍人口	居住半年以上流动人口	居住半年以下流动人口	旅游人口	实有人口
2020 年	41.40	0.17	0.19	0.67	42.43
2025 年	43.00	0.20	0.23	0.82	44.25
2030 年	45.40	0.25	0.28	1.00	46.93
2035 年	47.50	0.30	0.34	1.23	49.37
2050 年	50.00	0.40	0.46	1.67	52.53

三、一主三新实有人口方案三预测结果

主城区和三个新区在 2035 年的低方案实有人口为 137.71 万和 121.13 万人；中方案为 148.41 万人和 143.47 万人，高方案为 158.83 万人和 165.62 万人（如表 8 - 7 - 22 ~ 表 8 - 7 - 33 所示）。

表 8 - 7 - 22　柳州市主城区实有人口方案三预测结果（低方案）　单位：万人

年份	户籍人口	居住半年以上流动人口	居住半年以下流动人口	旅游人口	实有人口
2020 年	102.96	14.23	5.11	0.94	123.24
2025 年	108.14	14.23	5.11	0.94	128.42
2030 年	113.14	14.23	5.11	0.94	133.43
2035 年	117.43	14.23	5.11	0.94	137.71
2050 年	129.12	14.23	5.11	0.94	149.40

表 8 - 7 - 23 柳州市主城区实有人口方案三预测结果（中方案） 单位：万人

年份	户籍人口	居住半年以上流动人口	居住半年以下流动人口	旅游人口	实有人口
2020 年	103.07	15.23	5.47	0.98	124.75
2025 年	108.36	17.04	6.12	1.11	132.63
2030 年	113.26	19.08	6.85	1.25	140.43
2035 年	117.99	21.35	7.66	1.41	148.41
2050 年	129.67	25.30	9.08	1.69	165.75

表 8 - 7 - 24 柳州市主城区实有人口方案三预测结果（高方案） 单位：万人

年份	户籍人口	居住半年以上流动人口	居住半年以下流动人口	旅游人口	实有人口
2020 年	103.18	15.98	5.73	1.02	125.91
2025 年	108.80	19.37	6.95	1.25	136.37
2030 年	113.53	23.48	8.43	1.53	146.97
2035 年	118.26	28.47	10.22	1.88	158.83
2050 年	130.79	38.10	13.68	2.56	185.13

表 8 - 7 - 25 柳州市柳江区（拉堡新兴组团）实有人口
方案三预测结果（低方案） 单位：万人

年份	户籍人口	居住半年以上流动人口	居住半年以下流动人口	旅游人口	实有人口
2020 年	37.85	9.49	3.41	0.63	51.37
2025 年	39.75	9.49	3.41	0.63	53.27
2030 年	41.60	9.49	3.41	0.63	55.12
2035 年	43.17	9.49	3.41	0.63	56.69
2050 年	47.47	9.49	3.41	0.63	60.99

表 8 - 7 - 26 柳州市柳江区（拉堡新兴组团）实有人口
方案三预测结果（中方案） 单位：万人

年份	户籍人口	居住半年以上流动人口	居住半年以下流动人口	旅游人口	实有人口
2020 年	37.89	10.15	3.64	0.66	52.34
2025 年	39.84	11.36	4.08	0.74	56.02
2030 年	41.64	12.72	4.57	0.83	59.75
2035 年	43.38	14.23	5.11	0.94	63.66
2050 年	47.67	16.87	6.06	1.12	71.72

表 8 – 7 – 27　　　　　　柳州市柳江区（拉堡新兴组团）实有人口

方案三预测结果（高方案）　　　　　　单位：万人

年份	户籍人口	居住半年以上流动人口	居住半年以下流动人口	旅游人口	实有人口
2020 年	37.93	10.65	3.82	0.68	53.09
2025 年	40.00	12.91	4.64	0.83	58.38
2030 年	41.74	15.65	5.62	1.02	64.03
2035 年	43.48	18.98	6.81	1.25	70.52
2050 年	48.08	25.40	9.12	1.70	84.31

表 8 – 7 – 28　　柳州市柳东新区实有人口方案三预测结果（低方案）　　单位：万人

年份	户籍人口	居住半年以上流动人口	居住半年以下流动人口	旅游人口	实有人口
2020 年	24.62	14.23	5.11	0.94	44.90
2025 年	25.86	14.23	5.11	0.94	46.14
2030 年	27.06	14.23	5.11	0.94	47.34
2035 年	28.08	14.23	5.11	0.94	48.37
2050 年	30.88	14.23	5.11	0.94	51.16

表 8 – 7 – 29　　柳州市柳东新区实有人口方案三预测结果（中方案）　　单位：万人

年份	户籍人口	居住半年以上流动人口	居住半年以下流动人口	旅游人口	实有人口
2020 年	24.65	15.23	5.47	0.98	46.33
2025 年	25.91	17.04	6.12	1.11	50.19
2030 年	27.09	19.08	6.85	1.25	54.26
2035 年	28.22	21.35	7.66	1.41	58.64
2050 年	31.01	25.30	9.08	1.69	67.08

表 8 – 7 – 30　　柳州市柳东新区实有人口方案三预测结果（高方案）　　单位：万人

年份	户籍人口	居住半年以上流动人口	居住半年以下流动人口	旅游人口	实有人口
2020 年	24.68	15.98	5.73	1.02	47.41
2025 年	26.02	19.37	6.95	1.25	53.59
2030 年	27.15	23.48	8.43	1.53	60.59
2035 年	28.28	28.47	10.22	1.88	68.85
2050 年	31.28	38.10	13.68	2.56	85.62

表 8 - 7 - 31　柳州市北部生态新区实有人口方案三预测结果（低方案）　　单位：万人

年份	户籍人口	居住半年以上流动人口	居住半年以下流动人口	旅游人口	实有人口
2020 年	5.20	7.12	2.55	0.47	15.34
2025 年	5.47	7.12	2.55	0.47	15.61
2030 年	5.72	7.12	2.55	0.47	15.86
2035 年	5.94	7.12	2.55	0.47	16.08
2050 年	6.53	7.12	2.55	0.47	16.67

表 8 - 7 - 32　柳州市北部生态新区实有人口方案三预测结果（中方案）　　单位：万人

年份	户籍人口	居住半年以上流动人口	居住半年以下流动人口	旅游人口	实有人口
2020 年	5.21	7.61	2.73	0.49	16.05
2025 年	5.48	8.52	3.06	0.55	17.61
2030 年	5.72	9.54	3.42	0.62	19.31
2035 年	5.96	10.67	3.83	0.70	21.17
2050 年	6.55	12.65	4.54	0.84	24.59

表 8 - 7 - 33　柳州市北部生态新区实有人口方案三预测结果（高方案）　　单位：万人

年份	户籍人口	居住半年以上流动人口	居住半年以下流动人口	旅游人口	实有人口
2020 年	5.22	7.99	2.87	0.51	16.58
2025 年	5.50	9.68	3.48	0.62	19.28
2030 年	5.74	11.74	4.21	0.77	22.46
2035 年	5.98	14.23	5.11	0.94	26.26
2050 年	6.61	19.05	6.84	1.28	33.78

四、实有人口方案三预测结果汇总

综合各方面的因素，得出柳州市各区域的实有人口方案三预测的低中高方案的结果（见图 8 - 7 - 1，如表 8 - 7 - 34 ~ 表 8 - 7 - 36 所示）。

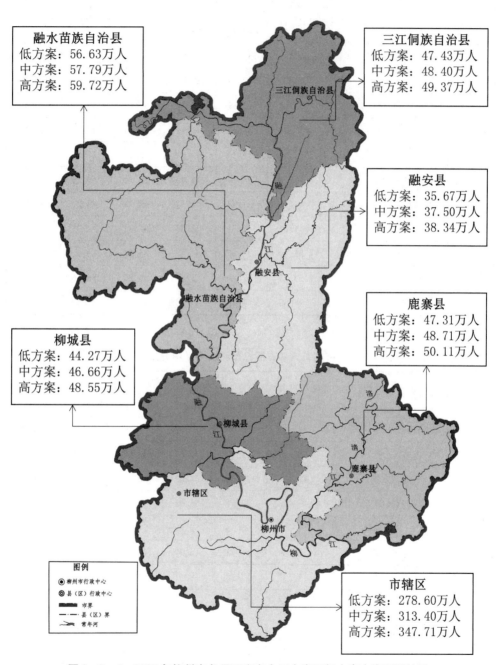

融水苗族自治县
低方案：56.63万人
中方案：57.79万人
高方案：59.72万人

三江侗族自治县
低方案：47.43万人
中方案：48.40万人
高方案：49.37万人

融安县
低方案：35.67万人
中方案：37.50万人
高方案：38.34万人

鹿寨县
低方案：47.31万人
中方案：48.71万人
高方案：50.11万人

柳城县
低方案：44.27万人
中方案：46.66万人
高方案：48.55万人

市辖区
低方案：278.60万人
中方案：313.40万人
高方案：347.71万人

图 例
◎ 柳州市行政中心
◉ 县（区）行政中心
▨ 市界
—·— 县（区）界
➤ 常年河

图 8 - 7 - 1　2035 年柳州市各县区实有人口方案三低中高方案预测结果

表8-7-34　　　　　　柳州市实有人口方案三预测结果（低方案）　　　　　单位：万人

区域			2017年现状	实有人口方案三				
				2020年	2025年	2030年	2035年	2050年
柳州市			441.47	446.81	461.51	477.71	490.91	516.91
市辖区		市辖区合计	254.27	252.60	261.90	270.90	278.60	299.60
	一主三新	主城区	125.76	123.24	128.42	133.43	137.71	149.40
		柳江区（拉堡新兴组团）	52.18	51.37	53.27	55.12	56.69	60.99
		柳东新区	46.00	44.90	46.14	47.34	48.37	51.16
		北部生态新区	14.61	15.34	15.61	15.86	16.08	16.67
		一主三新外	15.72	17.74	18.46	19.16	19.76	21.39
柳城县			41.76	41.97	42.77	43.77	44.27	44.77
鹿寨县			41.91	42.31	43.81	45.81	47.31	48.81
融安县			33.49	33.67	34.17	35.17	35.67	36.17
融水苗族自治县			53.17	52.86	53.86	55.36	56.36	56.86
三江侗族自治县			41.37	42.13	43.73	45.43	47.43	49.43

表8-7-35　　　　　　柳州市实有人口方案三预测结果（中方案）　　　　　单位：万人

区域			2017年现状	实有人口方案三				
				2020年	2025年	2030年	2035年	2050年
柳州市			441.47	452.29	475.87	501.46	524.36	565.15
市辖区		市辖区合计	254.27	257.46	275.60	294.08	313.40	353.24
	一主三新	主城区	125.76	124.75	132.63	140.43	148.41	165.75
		柳江区（拉堡新兴组团）	52.18	52.34	56.02	59.75	63.66	71.72
		柳东新区	46.00	46.33	50.19	54.26	58.64	67.08
		北部生态新区	14.61	16.76	18.27	19.97	21.77	24.73
		一主三新外	15.72	17.28	18.51	19.66	20.94	23.96
柳城县			41.76	42.32	43.92	45.83	46.66	47.38
鹿寨县			41.91	42.65	44.46	47.08	48.71	50.44
融安县			33.49	34.21	35.30	36.69	37.50	38.20
融水苗族自治县			53.17	53.41	55.02	56.65	57.79	58.53
三江侗族自治县			41.37	42.29	44.01	46.25	48.40	50.67

表 8 - 7 - 36　　　　**柳州市实有人口方案三预测结果（高方案）**　　　单位：万人

区域			2017 年现状	实有人口方案三				
				2020 年	2025 年	2030 年	2035 年	2050 年
柳州市			441.47	456.68	487.93	523.08	556.31	620.39
市辖区	市辖区合计		254.27	261.16	287.40	315.47	347.71	416.13
	一主三新	主城区	125.76	125.91	136.37	146.97	158.83	185.13
		柳江区（拉堡新兴组团）	52.18	53.09	58.38	64.03	70.52	84.31
		柳东新区	46.00	47.41	53.59	60.59	68.85	85.62
		北部生态新区	14.61	17.33	19.99	23.24	26.98	34.02
	一主三新外		15.72	17.43	19.07	20.62	22.54	27.06
柳城县			41.76	42.55	44.84	47.77	48.55	49.59
鹿寨县			41.91	42.89	45.08	48.32	50.11	52.18
融安县			33.49	34.74	35.90	37.10	38.34	39.31
融水苗族自治县			53.17	53.95	55.95	58.41	59.72	60.82
三江侗族自治县			41.37	42.43	44.25	46.93	49.37	52.53

第九章

柳州市实际服务人口规模预测

由于柳州市实际服务人口的发展与本次研究中实有人口方案三中的迁徙大数据人口概念不同，但在数据获取手段上均是基于手机信令数据，故实际服务人口主要参考迁徙大数据人口预测方法进行人口的预测。实际服务人口在扣除户籍人口部分后，则可近似认为是流动、流量等各类人口的组合，预测的基础数据采用扣除户籍人口后的人口规模。

实际服务人口方案的不同预设中，预期 2020～2050 年期间会呈现三个不同的变化趋势。在低方案中，预设柳州市产业等各方面在保持现状的基础上便可使柳州的发展达到预期发展水平，实际服务人口规模保持稳定，维持在 2019 年的平均水平。在中方案中，假设实际服务人口以平缓的增长速度发展，年均增速在 2019 年现状基础上增长至 2035 年的 25.7‰，即实际服务人口的规模在 2019～2035 年期间，将由 175.14 万人增加到 262.71 万人；2036～2050 年间，人口不再是快速增长的趋势，2050 年的人口增速放缓至 2035 年的二分之一，即 12.8‰，人口规模达 318.08 万人。在高方案中，柳州市高速发展，人口吸纳能力大幅上升，外来人口持续流入，预设 2019 年至 2035 年的年均增速增至为 44.3‰，2036～2050 年减缓到 22.1‰。全市实际服务人口规模将由 2019 年的 175.14 万人增加到 2035 年的 350.27 万人，到 2050 年达到 486.46 万人（如表 9-1～表 9-3 所示）。

表 9-1 柳州市实际服务人口预测规模（低方案） 单位：万人

区域	2019 年	低方案				
		2020 年	2025 年	2030 年	2035 年	2050 年
柳州市	175.14	175.14	175.14	175.14	175.14	175.14

续表

区域			2019 年	低方案				
				2020 年	2025 年	2030 年	2035 年	2050 年
市辖区	市辖区合计		159.70	159.70	159.70	159.70	159.70	159.70
	一主三新	主城区	35.75	35.75	35.75	35.75	35.75	35.75
		柳江区（拉堡新兴组团）	14.14	14.14	14.14	14.14	14.14	14.14
		柳东新区	60.93	60.93	60.93	60.93	60.93	60.93
		北部生态新区	45.85	45.85	45.85	45.85	45.85	45.85
	一主三新外		3.02	3.02	3.02	3.02	3.02	3.02
柳城县			1.17	1.17	1.17	1.17	1.17	1.17
鹿寨县			1.41	1.41	1.41	1.41	1.41	1.41
融安县			3.59	3.59	3.59	3.59	3.59	3.59
融水苗族自治县			0.25	0.25	0.25	0.25	0.25	0.25
三江侗族自治县			9.01	9.01	9.01	9.01	9.01	9.01

表 9-2　　　　　　　　　　柳州市实际服务人口预测规模（中方案）　　　　　　　　　单位：万人

区域			2019 年	中方案				
				2020 年	2025 年	2030 年	2035 年	2050 年
柳州市			175.14	179.63	203.90	231.44	262.71	318.08
市辖区	市辖区合计		159.70	163.80	185.93	211.04	239.55	290.04
	一主三新	主城区	35.75	36.67	41.62	47.25	53.63	64.93
		柳江区（拉堡新兴组团）	14.14	14.51	16.47	18.69	21.22	25.69
		柳东新区	60.93	62.49	70.94	80.52	91.39	110.66
		北部生态新区	45.85	47.03	53.38	60.59	68.78	83.28
	一主三新外		3.02	3.10	3.52	3.99	4.53	5.49
柳城县			1.17	1.20	1.36	1.54	1.75	2.12
鹿寨县			1.41	1.45	1.64	1.87	2.12	2.56
融安县			3.59	3.69	4.18	4.75	5.39	6.53
融水苗族自治县			0.25	0.26	0.30	0.34	0.38	0.46
三江侗族自治县			9.01	9.24	10.49	11.90	13.51	16.36

表 9-3　　　　　　　　**柳州市实际服务人口预测规模（高方案）**　　　　单位：万人

区域			2019 年	高方案				
				2020 年	2025 年	2030 年	2035 年	2050 年
柳州市			175.14	182.89	227.12	282.06	350.27	486.46
市辖区	市辖区合计		159.70	166.77	207.10	257.19	319.40	443.58
	一主三新	主城区	35.75	37.34	46.37	57.58	71.51	99.31
		柳江区（拉堡新兴组团）	14.14	14.77	18.34	22.78	28.29	39.29
		柳东新区	60.93	63.63	79.02	98.13	121.86	169.24
		北部生态新区	45.85	47.88	59.46	73.84	91.70	127.36
	一主三新外		3.02	3.15	3.92	4.86	6.04	8.39
	柳城县		1.17	1.22	1.51	1.88	2.34	3.24
	鹿寨县		1.41	1.47	1.83	2.27	2.82	3.92
	融安县		3.59	3.75	4.66	5.79	7.19	9.98
	融水苗族自治县		0.25	0.27	0.33	0.41	0.51	0.71
	三江侗族自治县		9.01	9.41	11.68	14.51	18.02	25.02

第三篇

基于人口规模的柳州市
用地预测

经济发展是建设用地规模扩张的首要驱动力，建设用地的扩张也对经济发展产生影响，二者相得益彰，相辅相成。在建设用地的扩张和经济平稳发展的过程中，城市整体实力不断上升，与之而来的，还有实体经济能力的提升和投资环境的变化。城市的发展步伐与建设用地的发展步伐稳固同驱，固定资产投资不断增加。经济发展水平带来建设用地需求量增长。

人口的增加是建设用地规模扩张的重要驱动力。随着城镇化进程的不断深入，城镇人口数量呈现逐年增长的态势。这也推动着城市各项功能走向完善，基础设施不断推新，人文关怀不断加大。城市正随着以人口为基础的第三产业链条所带动的汽车、医药等支柱产业的发展而发展。人口数量的激增也推动了建设用地走向进一步的集约化道路，在一段时期内，建设用地量的增加不可避免要与占用土地资源形成矛盾，人口增长与土地稀缺性之间的矛盾将更加敏感，土地有限资源的供求平衡将更加尖锐。

环境改善是建设用地规模扩张的另一重要驱动力。良好的居住环境，能够满足人类对物质的需求和激发对精神世界的需求，适宜人类生活、工作的性质。

随着工业和城镇化的发展，柳州市经济总量和人口规模持续增加，对城市建设用地的刚性需求将会进一步占用农用地，农用地面积将会下降。

本书拟用三种方式对柳州市城镇建设用地需求进行预测。

本篇第十章第一节基于历年城市建设用地动态演变分析，利用年均增量法，预测 2025 年、2030 年、2035 年、2050 年柳州市用地规模。第十一章、第十二章介绍"以人定地"的方法，即基于柳州市常住人口及实有人口预测的规模，分别按照广西壮族自治区国土厅、发展和改革委员会等印发的《广西城镇建设用地增加规模同吸纳农业转移人口落户数量挂钩工作实施细则》与《城市用地分类与规划建设用地标准》（GB50137–2011）的要求，测算城镇人口的用地需求。按照前文预测城镇人口数量与人均建设用地指标相乘即可求得规划期的建设用地规模。预测公式如下：

规划期城镇建设用地规模＝现状城镇建设用地规模＋预测期新增城镇人口

×新增城镇人口人均建设用地标准

第十章

柳州市用地发展现状分析

■ 第一节　柳州市城镇建设用地动态演变分析

建设用地是指建造建筑物、构筑物的土地，是付出一定的投资（土地开发建设费用），通过工程手段，为各项建设提供的土地。为便于本次研究，本书包括城镇建设用地（城市用地和建制镇用地）、农村建设用地、独立工矿用地、交通运输用地、其他用地（风景名胜及特殊用地和水利设施用地）。通过统计柳州市2017年的土地利用现状变更调查数据（见图10-1-1，如表10-1-1、表10-1-2所示），分析柳州市2017年的建设用地的结构和空间分布。

表10-1-1　　　　　　　　2017年柳州市建设用地现状统计　　　　　　单位：公顷

区域	城镇建设用地		农村建设用地	独立工矿用地	交通运输用地	其他用地
	城市用地	建制镇用地				
柳州市	16522.19	16532.06	30110.37	3110.61	12059.74	8316.32
市辖区	16511.63	9307.89	9929.47	1600.40	5142.61	3424.11
柳城县	0	2014.35	5369.54	218.16	1549.92	2303.76
鹿寨县	0.08	2064.08	4973.86	526.04	1622.65	1370.5
融安县	0	1104.54	3046.24	408.91	1300.91	682.98
融水苗族自治县	10.48	1306.66	4305.86	272.19	890.05	456.43
三江侗族自治县	0	734.54	2485.4	84.91	1553.6	78.54

资料来源：2017年土地利用现状变更数据。

表 10 – 1 – 2　　　　　2017 年柳州市各类建设用地占总建设用地现状统计　　　单位：%

区域	城市建设用地		农村建设用地	独立工矿用地	交通运输用地	其他用地
	城市用地	建制镇用地				
柳州市	19.07	19.08	34.75	3.59	13.91	9.60
市辖区	19.06	10.74	11.46	1.85	5.93	3.95
柳城县	0.00	2.32	6.19	0.25	1.79	2.66
鹿寨县	0.00	2.38	5.74	0.61	1.87	1.58
融安县	0.00	1.27	3.52	0.47	1.50	0.79
融水苗族自治县	0.01	1.51	4.97	0.31	1.03	0.53
三江侗族自治县	0.00	0.85	2.87	0.10	1.79	0.09

资料来源：2017 年土地利用现状变更数据。

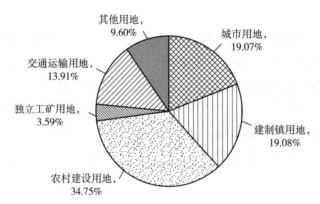

图 10 – 1 – 1　　2017 年柳州市城乡建设用地地类结构

资料来源：2017 年土地利用现状变更数据。

2017 年建设用地面积共 86651.29 公顷，其中城市用地 16522.19 公顷，占建设用地面积的 19.07%；建制镇用地 16532.06 公顷，占建设用地面积的 19.08%，主要为各县县城及乡镇镇区用地，其中鹿寨县和柳城县面积较大，分别为 2064.08 公顷和 2014.35 公顷；融水苗族自治县、融安县和三江侗族自治县面积较少，分别为 1306.66 公顷、1104.54 公顷和 734.54 公顷。农村建设用地 30110.37 公顷，占建设用地面积的 34.75%，其中市辖区、柳城县和鹿寨县面积较大，分别为 9929.47 公顷、5369.54 公顷和 4973.86 公顷。独立工矿用地 3110.61 公顷，占建设用地面积的 3.59%，主要以采矿用地为主，其中市辖区、鹿寨县和融安县面积较大，分别为 1600.40 公顷、526.04 公顷和 408.91 公顷。交通运输用地为 12059.74 公顷，占建设用地面积的 13.91%。其他用地为 8316.32 公顷。

在本书所研究的城乡建设用地地类构成中，城市建设用地占比为38.15%，农村建设用地占比为34.75%，两者占比相差不大，如果把农村道路计算在农村居民点内（在2017年11月1日施行的全国《土地利用现状分类》标准，农村道路属于农用地，故在本次研究中，农村建设用地不包括农村道路用地），其占的比重将更大，这说明柳州市农村建设用地在建设用地的构成中占的比例较大。

从城乡角度来看，即从城镇建设用地总规模看，柳州市城镇建设用地主要分布在市辖区，2017年市辖区城镇建设用地规模为25819.52公顷；各县域中鹿寨县和柳城县面积较大，分别为2064.16公顷和2014.35公顷；融水苗族自治县、融安县和三江侗族自治县面积较少，分别为1317.14公顷、1104.54公顷和734.54公顷，现状呈现南高北低的空间格局。

从城镇建设用地内部构成来看，建制镇用地比重高于城市用地，分别占比19.08%和19.07%，城市用地比例与建制镇用地规模相差不大。

通过统计柳州市2012~2017年的土地利用变更调查数据（如表10-1-3、表10-1-4所示），分析柳州市城镇建设用地在5年来数量上的变化。

表10-1-3　　　　　　　　2012~2017年柳州市城镇建设规模变化　　　　　单位：公顷

年份 区域	2012年	2013年	2014年	2015年	2016年	2017年
柳州市	25746.56	28386.96	29354.96	30971.08	31999.91	33054.25
市辖区	20267.13	22342.28	22893.06	24200.44	24972.6	25819.52
柳城县	1646.88	1752	1920.24	1978.48	2003.2	2014.35
鹿寨县	1548.55	1819.97	1900.13	1967.22	2013.66	2064.16
融安县	831.26	913.33	1009.85	1062.57	1079.24	1104.54
融水苗族自治县	1064.13	1131.87	1180.8	1195.5	1292.02	1317.14
三江侗族自治县	388.61	427.51	450.88	566.87	639.19	734.54

资料来源：2012~2017年土地利用现状变更数据。

表10-1-4　　2013~2017年柳州市城镇建设规模占总建设用地比增减变化　　　单位：%

年份 区域	2013年	2014年	2015年	2016年	2017年
柳州市	10.26	3.41	5.51	3.32	3.29
市辖区	10.24	2.47	5.71	3.19	3.39
柳城县	6.38	9.60	3.03	1.25	0.56

续表

年份 区域	2013 年	2014 年	2015 年	2016 年	2017 年
鹿寨县	17.53	4.40	3.53	2.36	2.51
融安县	9.87	10.57	5.22	1.57	2.34
融水苗族自治县	6.37	4.32	1.24	8.07	1.94
三江侗族自治县	10.01	5.47	25.73	12.76	14.92

资料来源：2012～2017 年土地利用现状变更数据。

柳州市市域城镇建设用地规模持续增长，2017 年市域城镇建设用地面积为 33054.25 公顷，5 年来城镇建设用地规模增加 7307.69 公顷，年均增加 1461.54 公顷；从增长率看，增长起伏波动较少，2013 年增长率为 10.26%，其他年份均在 3%～6%范围起伏。

市辖区及各县城镇建设用地规模中，面积最大的为市辖区。2012 年至 2017 年市辖区建设用地规模增加值为 5552.39 公顷，占全市 5 年增加值的 75%；从增长率来看，市辖区城镇建设用地增长变化起伏波动，2013 年增长率为 10.24%，2014～2017 年增长率在 2%～6%之间波动。

2012～2017 年，县域中面积及增量较大的均为柳城县和鹿寨县。建设用地规模分别增加 367.47 公顷和 515.61 公顷；融安县、融水苗族自治县、三江侗族自治县增量分别为 273.28 公顷、253.01 公顷、345.93 公顷。柳城县南与柳州市郊区、柳江区相连，是柳州万亿工业强市重要承载地，鹿寨县与柳东新区相邻，受到汽车城的辐射带动，在加快自身经济发展的同时，城市面积扩展相对较快，形成了南高北低的空间格局（见图 10－1－2、图 10－1－3）。

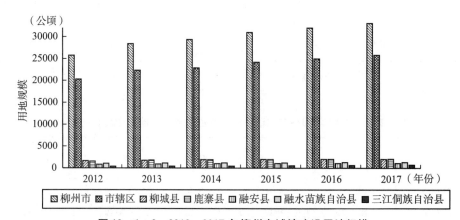

图 10－1－2　2012～2017 年柳州市城镇建设用地规模

资料来源：2012～2017 年土地利用现状变更数据。

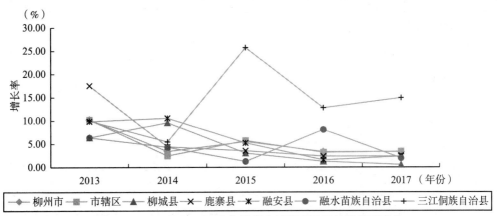

图 10 - 1 - 3 2012 ~ 2017 年柳州市城镇建设用地增长率变化

资料来源：2012 ~ 2017 年土地利用现状变更数据。

　　柳州市是人口净流入的城市，不断扩大的人口规模，为柳州市社会经济持续发展注入了活力；同时柳州是广西最大的工业城市，以发展工业为主，工业化程度高，其工业生产总值在全区最高，社会经济发展对用地的需求持续上升。

　　基于人口增长和经济发展对城镇规模扩张的双重驱动，采用"以人定地"与"以产定地"的方法对柳州市城镇建设用地规模预测，切合柳州市的实际情况。下文采用这两个方法对柳州市未来城镇建设用地规模进行预测分析。

第二节　柳州市农村建设用地动态演变分析

　　本书研究的地类是采用2017 年11 月1 日施行的全国《土地利用现状分类》标准，农村道路属于农用地，故在本次研究中，农村建设用地不包括农村道路用地，柳州市农村建设用地统计数据见图10 - 2 - 1、图10 - 2 - 2。

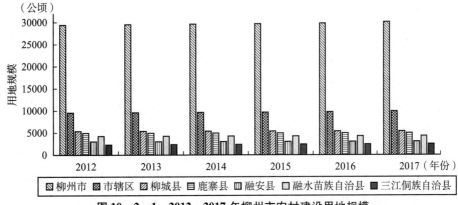

图 10 - 2 - 1 2012 ~ 2017 年柳州市农村建设用地规模

资料来源：柳州市 2017 年土地利用现状变更数据。

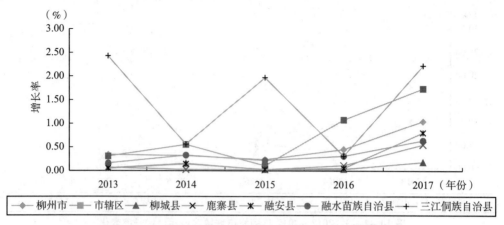

图 10 – 2 – 2　2012～2017 年柳州市农村建设用地增长率变化

资料来源：柳州市 2012～2017 年土地利用现状变更数据。

柳州市各县区农村建设用地规模逐年增加，各县（区）农村建设用地规模差距较大。2017 年，柳州市市域农村建设用地规模为 30110.37 公顷，占建设用地面积的 37.55%，其中市辖区、柳城县、鹿寨县和融水苗族自治县面积较大，分别为 9929.47 公顷、5369.54 公顷、4973.66 公顷和 4305.86 公顷，融安县、三江侗族自治县农村建设用地规模较小，分别为 3046.24 公顷和 2486.40 公顷。

从增长率来看，柳州市整体呈现小幅度上升趋势。2012～2017 年，柳州市农村建设用地增长率在 0.24%～0.45% 间波动；市辖区增长率在 0.11%～1.08% 间波动；柳城县增长率在 0.03%～0.16% 间波动；鹿寨县增长率在 0.03%～0.11% 间波动，融安县增长率在 0.03%～0.14% 间波动，融水苗族自治县增长率在 0.16%～0.33% 间波动。其中，增长幅度较大的区域为三江侗族自治县，增长幅度为 0.31%～2.43%，但由于三江侗族自治县农村建设用地基数较小，故增长总面积较小。农村建设用地增长主要是由于随着农村居民生活水平的提高和改善住宅水平的要求会不断扩大，尤其在 2014 年后，三江南站开通，农村居民收入得到提高，收入增长的农民对生活舒适度的要求提高，改善住宅需求的欲望较迫切，导致新的农村住宅建设热潮，宅基地也相应增加。

农村建设用地主要集中在柳州市南部。柳州市南部的市辖区、柳城县、鹿寨县的农村建设用地占柳州市市域的 67.34%。用地分布结构主要受制于柳州市的地形条件，柳州市地势总体呈北高南低，两极差异较为明显。北部地区以岩溶山地和丘陵山地为主，地形坡度总体较大，且该区域属于全区地质灾害易发区，极易造成水土流失、滑坡泥石流等地质灾害；中部和东南部地区属于低丘地带，柳江两岸台地为冲积平原，地势总体较为平坦，土地质量较好。优越的自然条件导致人口的聚集，从而形成用地的集中分布。

第三节 柳州市人地协调性分析

一、人口城镇化与建设用地城镇化指数

从地理学和土地资源学角度来看，城镇化主要是城镇地域空间的扩大，城镇建设用地增加，农村建设用地减少的过程。为此本书通过定义建设用地城镇化指数来表征土地城镇化水平。

建设用地城镇化指数（CLUI）主要用来反映城镇化过程中城镇建设用地在城乡建设用地中所占的比例，具体计算公式如下：

$$CLUI = (城市用地 + 建制镇用地 + 独立工矿用地) /$$
$$(农村建设用地 + 城市用地 + 建制镇用地 + 独立工矿用地)$$

利用上述计算公式，根据柳州市的 2014～2018 年的统计年鉴和 2013～2017 年的土地利用变更调查数据整理出柳州市的 CLUI 情况表（如表 10 - 3 - 1 和图 10 - 3 - 1 所示）。

表 10 - 3 - 1　　　　2012～2017 年柳州市建设用地城镇化指数　　　　单位：%

年份 区域	2012 年	2013 年	2014 年	2015 年	2016 年	2017 年
柳州市	49.46	51.58	52.26	53.42	54.05	54.57
市辖区	69.56	71.38	71.73	72.76	73.13	73.13
柳城县	25.68	26.75	28.37	28.96	29.18	29.37
鹿寨县	29.44	32.06	32.80	33.42	33.81	34.24
融安县	28.78	30.19	31.73	32.55	32.79	33.19
融水苗族自治县	23.83	24.81	25.39	25.54	26.71	26.96
三江侗族自治县	16.97	17.76	18.34	21.14	22.92	24.80

将各县区人口城镇化率与建设用地城镇化指数作对比，发现柳州市人口城镇化率与建设用地城镇化指数演变趋势基本保持一致，说明 CLUI 基本能反映人口城镇化的水平。

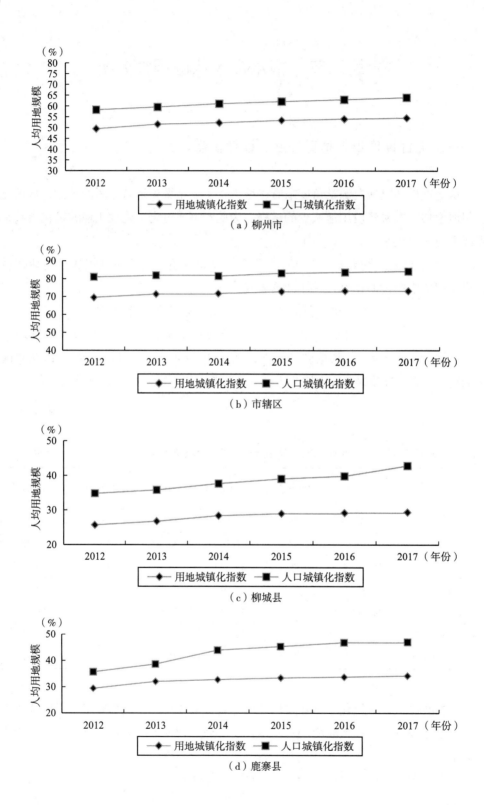

（a）柳州市

（b）市辖区

（c）柳城县

（d）鹿寨县

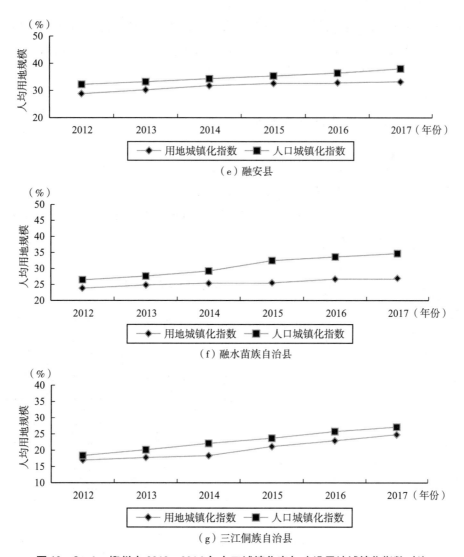

（e）融安县

（f）融水苗族自治县

（g）三江侗族自治县

图 10 – 3 – 1　柳州市 2012 ~ 2016 年人口城镇化率与建设用地城镇化指数对比

柳州市建设用地城镇化指数与人口城镇化差距较大。2012 ~ 2017 年间，柳州市市域、市辖区及各县建设用地城镇化指数小于人口城镇化率，即建设用地城镇化指数没能跟上人口城镇化，造成两者的不协调。考虑柳州市的建设用地城镇化指数低于人口城镇化率的主要原因是柳州市作为广西最大的工业城市，经济高速发展，产业对人口需求巨大，城乡收入差距日益扩大，对周边区域的人口吸引力极强，这点从柳州作为一个净流入的城市就可以看出。城市的高收入成为拉动农村人口向城市流动的驱动力，使得大量的农村人口进城务工，导致城镇人口大幅增加，城镇化进程加快。但由于农村人口进入城市，户籍依旧在农村，且具有宅基地，即形成了在城镇生活占用城镇建设用地，又在农村生活拥有宅基地的现象，导致了人口城市化的同时，相应的农村建设用地并没有城市化，致使在城市化进程加快时，建设用地城市化指数低于人口城镇化指数。这也是城市化过程中，城乡建设用地缺乏统筹互动，用地关系不够协调，大量耕地被占用的重要原因。

二、建设用地内部协调性分析

建设用地内部的协调性主要从 2012～2017 年的人均建设用地面积和人均农村建设用地面积增减关系两方面进行分析，具体数据如表 10－3－2、表 10－3－3 所示，为更为直观地表达人均建设用地面积和人均农村建设用地面积增减关系，绘制折线图（见图 10－3－2）。

表 10－3－2 柳州市 2012～2017 年人均城镇建设用地变化 单位：平方米/人

年份 / 区域	2012 年	2013 年	2014 年	2015 年	2016 年	2017 年
柳州市	115.57	123.67	123.69	127.12	128.29	129.10
市辖区	117.42	126.64	129.06	132.62	134.52	136.51
柳城县	132.07	135.60	140.78	138.74	136.92	126.69
鹿寨县	128.51	138.61	126.76	124.51	122.78	124.57
融安县	89.10	94.65	100.78	101.88	99.74	96.80
融水苗族自治县	98.71	100.17	98.32	89.15	92.29	90.40
三江侗族自治县	70.15	70.08	67.00	78.08	80.40	87.03

表 10－3－3 柳州市 2012～2017 年人均农村建设用地变化 单位：平方米/人

年份 / 区域	2012 年	2013 年	2014 年	2015 年	2016 年	2017 年
柳州市	184.11	189.01	195.56	199.58	203.50	209.14
市辖区	236.53	246.65	240.00	261.18	269.09	280.41
柳城县	228.90	231.11	237.32	240.58	242.52	253.16
鹿寨县	227.30	236.96	258.35	259.37	265.80	266.98
融安县	153.44	155.01	157.17	158.38	160.06	163.78
融水苗族自治县	141.45	143.50	146.45	152.93	154.79	156.92
三江侗族自治县	93.77	97.67	100.17	103.67	106.04	109.59

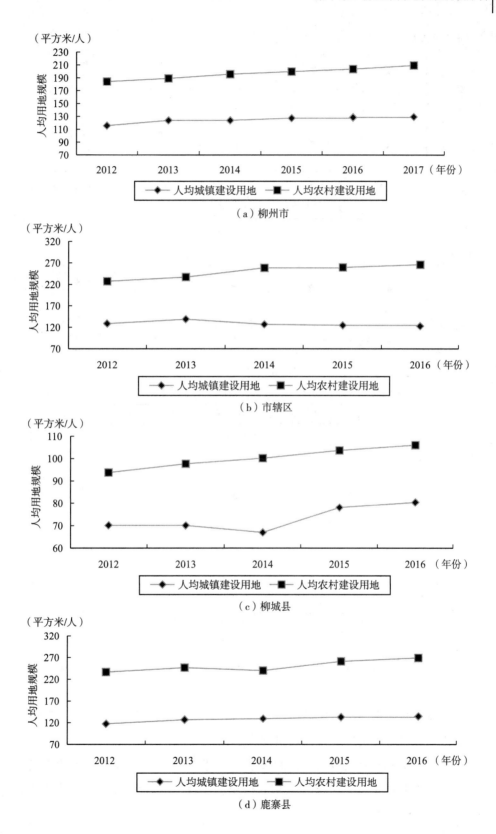

（a）柳州市

（b）市辖区

（c）柳城县

（d）鹿寨县

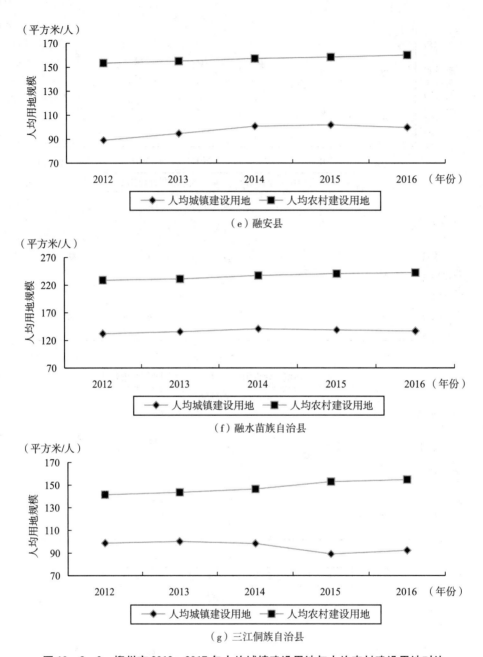

（e）融安县

（f）融水苗族自治县

（g）三江侗族自治县

图10-3-2　柳州市2012~2017年人均城镇建设用地与人均农村建设用地对比

市域及各县区人均城镇建设用地与人均农村建设用地差距呈现逐渐扩大的趋势，且人均农村建设用地规模及增量均大于人均城镇建设用地规模及增量。市域2012~2017年人均城镇建设用地由115.57平方米增加到2017年的129.10平方米，共增加13.53平方米；至2017年人均农村城镇建设用地规模达209.14平方米，6年间共增加25.03平方米。

市辖区人均城镇建设用地规模与人均农村建设用地规模变化规律与市域相似。2012～2017 年市辖区人均城镇建设用地逐年增加，从 117.42 平方米增加到 136.51 平方米，增加了 19.09 平方米，同期人均农村建设用地增量为 43.88 平方米，其中 2017 年人均农村建设用地为 280.41 平方米，其增量及人均规模均高于市域及各县，主要原因是由于市辖区包含了原柳江县，原柳江县农村建设用地规模较大。

各县人均城镇建设用地与人均农村建设用地差距呈现逐渐扩大趋势，融安县城乡建设用地差距扩大趋势较为明显，由 2012 年的 44.34 平方米增加到 66.89 平方米。

经济的带动使得农民减负增收较快。收入增加了的农民对生活舒适度的要求提高，改善住宅需求的欲望较迫切，导致大量新的农村住宅建设，宅基地相应增加。由此可见，随着经济的发展，在城市居民要求改善住宅条件，提高人均住宅面积的同时，农村居民也有着同样的需求，因此在城乡统筹规划缺位的情况下，农村居民点在城乡建设用地扩展中不但没有随着城市用地的扩展而减少，反而起到了推波助澜的作用。因此应依据新出台的城乡规划法，加快城乡规划的制定，统筹利用城乡建设用地。

第四节　柳州市工业用地现状分析

一、市辖区及各县工业用地现状分析

由于 2017 年数据缺失，因此工业用地现状数据基期年为 2016 年。

（一）工业用地规模分析

柳州市市区工业用地规模增长较快，柳州市各县（区）工业用地整体呈逐年缓慢增加趋势，各县（区）工业用地情况见图 10-4-1，工业用地规模如表 10-4-1 所示。柳州市区在 2012 年至 2013 年增加较快，从 5862 公顷增加到 7105.9 公顷；而后每年以 200 公顷的速度增加；柳江区工业用地由 2012 年的 896 公顷增加至 2016 年的 924 公顷；柳州其他各县工业用地体量较小，2016 年末鹿寨县工业用地为 710.52 公顷，柳城县、融安县和融水苗族自治县分别为 428.18 公顷、317.02 公顷和 393.13 公顷，三江侗族自治县 2016 年末工业用地为 61.89 公顷。

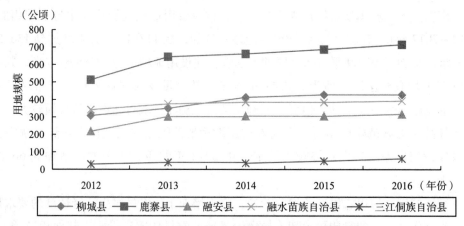

图 10 - 4 - 1　2012～2016 年柳州市各县工业用地情况

资料来源：2012～2016 年柳州市土地利用现状调查数据。

表 10 - 4 - 1　　　　　　　　　**柳州市各县（区）工业用地规模**　　　　　　　单位：公顷

区域　　　年份	2012 年	2013 年	2014 年	2015 年	2016 年
市辖区	6758.22	7977.44	8225.09	8409.6	8602.43
柳城县	308.20	312.86	412.99	428.18	428.18
鹿寨县	512.62	642.23	662.23	688.13	710.52
融安县	218.44	267.15	305.61	305.61	317.02
融水苗族自治县	341.84	360.95	384.93	384.93	393.13
三江侗族自治县	29.96	35.96	35.96	48.41	61.89

资料来源：2012～2016 年柳州市土地利用现状调查数据。

（二）地均产值变化

柳州市全市地均产值整体呈上下波动状态，除三江侗族自治县外，各县波动不大。柳州市区地均产值在 2012～2016 年间上下波动，保持在 11.45 亿元～12.92 亿元/平方公里之间；柳城县、融安县、融水苗族自治县均呈现先下降后上升趋势，融安县地均产值近年保持在 5.20 亿元～8.43 亿元/平方公里左右；鹿寨县自 2012年至 2014 年地均产值下降，2014 年后缓慢上升；三江侗族自治县地均产值逐年下降，由 2012 年的 23.26 亿元/平方公里下降到 2016 年的 5.81 亿元/平方公里（见图 10 - 4 - 2，如表 10 - 4 - 2 所示）。

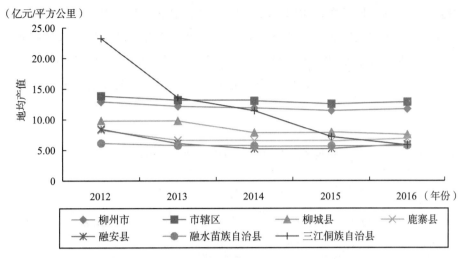

图 10 - 4 - 2　柳州市及各县（区）地均产值变化

资料来源：2012～2016 年柳州市土地利用现状调查数据。

表 10 - 4 - 2　　　　　　　　柳州市各县（区）地均产值变化　　　　　单位：亿元/平方公里

区域		2012 年	2013 年	2014 年	2015 年	2016 年
柳州市		12.92	12.16	11.88	11.45	11.72
市辖区	市区①	12.43	8.01	5.99	4.84	3.61
	柳江区	9.98	7.83	5.89	4.77	3.58
柳城县		9.79	9.79	7.83	7.93	7.52
鹿寨县		8.25	6.61	6.55	6.47	6.86
融安县		8.43	6.07	5.20	5.24	5.93
融水苗族自治县		6.12	5.75	5.63	5.67	5.74
三江侗族自治县		23.26	13.56	11.44	7.15	5.81

资料来源：2012～2016 年柳州市土地利用现状调查数据。

（三）工业用地占比变化

工业用地在城镇建设用地中占比较为稳定。根据 2012～2016 年城镇地籍调查结果，2016 年柳州市工业用地总规模为 8169.28 公顷，占柳州城镇建设用地规模的 25.53%。从表 10 - 4 - 3 可看出，柳州市市辖区及各县工业用地占比变化不大，变化幅度基本保持在 1% 左右。从各区域来看，柳州市市辖区、鹿寨县、融水苗族

---

① 市区包括城中区、鱼峰区、柳南区、柳北区。

自治县工业用地占比较大，2012～2016 年年均工业用地占比均超过 30%；其次为融安县、柳城县、三江侗族自治县，其中，工业用地占比最小的为三江侗族自治县，年均工业用地占比仅为 8.95%，其他县年均工业用地占比均在 20% 以上，分别为柳城县 20.29%、融安县 29.41%；但从历年的变化趋势来看，其工业用地占比有上升的趋势。

表 10 - 4 - 3　　　　　柳州市各县（区）工业用地占比变化统计　　　　单位：%

年份区域	2012 年	2013 年	2014 年	2015 年	2016 年	年均用地占比
市辖区	32.09	35.71	36.55	36.37	34.45	32.09
柳城县	18.84	17.86	21.68	21.69	21.37	20.29
鹿寨县	31.62	35.29	36.30	36.02	35.29	34.90
融安县	25.22	29.25	32.98	30.26	29.37	29.41
融水苗族自治县	32.12	31.89	33.63	32.20	30.43	32.05
三江侗族自治县	7.77	8.41	8.34	10.54	9.68	8.95

资料来源：2012～2016 年柳州市土地利用现状调查数据。

二、一主三新工业用地现状分析

（一）工业用地规模分析

由表 10 - 4 - 4 可看出，一主三新各区域工业用地规模中，主城区为 1059.44 公顷；柳东新区为 862.19 公顷；北部生态新区为 419.14 公顷；柳江区（拉堡新兴组团）为 324.99 公顷。工业用地多集中于主城区，其次为柳东新区，北部生态新区与柳江区（拉堡新兴组团）工业用地规模相对较少。

表 10 - 4 - 4　　　　柳州市一主三新 2016 年工业园区工业用地情况　　　　单位：公顷

区域	工业园区	工业用地规模
主城区	合计	1059.44
	柳南河西工业园	656.95
	柳北工业园	258.90
	鱼峰洛维工业园	143.60

区域	工业园区	工业用地规模
柳东新区	柳东新区	862.19
北部生态新区	阳和工业新区	419.14
柳江区（拉堡新兴组团）	柳江新兴工业园	324.99

资料来源：2016 年城镇地籍调查数据。

（二）地均产值现状分析

一主三新的地均产值存在一定差距。由表 10 - 4 - 5 可以看出，地均产值最高的为柳东新区 9914.43 万元/公顷，其次为主城区 8717.83 万元/公顷，北部生态新区为 6835.28 万元/公顷，排名最后的柳江区（拉堡新兴组团）为 6664.79 万元/公顷。

表 10 - 4 - 5　　　　柳州市一主三新 2016 年工业园区地均产值

区域	工业园区	2016 年工业产值（万元）	2016 年现状用地（公顷）	地均产值（万元/公顷）
主城区	合计	9236093	1059.4445	8717.86
	柳南河西工业园	4375963	656.9506	6661.02
	柳北工业园	3965630	258.8983	15317.33
	鱼峰洛维工业园	894500	143.5956	6229.30
柳东新区	柳东新区	8548095.31	862.1874114	9914.43
北部生态新区	阳和工业新区	2864970	419.1448	6835.28
柳江区（拉堡新兴组团）	柳江新兴工业园	2165961	324.9857	6664.79

注：主城区地均产值为柳南河西工业园、柳北工业园、鱼峰洛维工业园的工业产值总计除以现状用地的总计，这里主要分析的是一主三新，而不是单独看柳北工业园的地均产值，这只是主城区的一部分。

资料来源：2017 年柳州市统计年鉴。

第十一章

基于常住人口规模的柳州市用地规模预测

基于柳州市常住人口的预测规模，要遵照广西壮族自治区国土厅、发展和改革委员会等印发的《广西城镇建设用地增加规模同吸纳农业转移人口落户数量挂钩工作实施细则》与《城市用地分类与规划建设用地标准》（GB50137 – 2011）的要求。

（1）广西壮族自治区国土厅、发展和改革委员会等印发的《广西城镇建设用地增加规模同吸纳农业转移人口落户数量挂钩工作实施细则》（以下简称《细则》），综合考虑人均城镇建设用地存量水平，实行差别化进城落户人口城镇新增建设用地标准，重点城镇加强对城镇建设用地的集约利用，走土地集约开发的道路。

《广西城镇建设用地增加规模同吸纳农业转移人口落户数量挂钩工作实施细则》：

①现状人均城镇建设用地不超过 80 平方米的城镇，按照人均 110 平方米标准安排；

②现状人均城镇建设用地 80 ~ 100 平方米的城镇，按照人均 100 平方米标准安排；

③现状人均城镇建设用地 100 ~ 120 平方米的城镇，按照人均 88 平方米标准安排；

④现状人均城镇建设用地 120 ~ 150 平方米的城镇，按照人均 80 平方米标准安排；

⑤现状人均城镇建设用地超过 150 平方米的城镇，按照人均 55 平方米标准安排。

（2）《城市用地分类与规划建设用地标准（GB50137 – 2011）》，规划人均城市建设用地面积指标应根据现状人均城市建设用地面积指标、城市（镇）所在的气候区以及规划人口规模，按规定综合确定，并应同时符合表中允许采用的规划人均城市建设用地面积指标和允许调整幅度双因子的限制要求，如表 11 – 1 所示。

表 11 - 1　　　　　　　　　　　规划人均城市建设用地指标（平方米/人）

气候区	现状人均城市建设用地指标	允许采用的规划人均城市建设用地指标	允许调整幅度		
			规划人口规模 ≤20.0 万人	规划人口规模 20.1 万~50.0 万人	规划人口规模 >50.0 万人
I、II VI、VII	≤65.0	65.0~85.0	>0.0	>0.0	>0.0
	65.1~75.0	65.0~95.0	+0.1~+20.0	+0.1~+20.0	+0.1~+20.0
	75.1~85.0	75.0~105.0	+0.1~+20.0	+0.1~+20.0	+0.1~+20.0
	85.1~95.0	80.0~110.0	+0.1~+20.0	-5.0~+20.0	-5.0~+20.0
	95.1~105.0	90.0~110.0	-5.0~+20.0	-10.0~+15.0	-20.0~-0.1
	105.1~115.0	95.0~115.0	-10.0~-0.1	-15.0~-0.1	-20.0~-0.1
	>115.0	≤115.0	<0.0	<0.0	<0.0
III、 IV、V	≤65.0	65.0~85.0	>0.0	>0.0	>0.0
	65.1~75.0	65.0~95.0	+0.1~+20.0	+0.1~+20.0	+0.1~+20.0
	75.1~85.0	75.0~100.0	-5.0~+20.0	-5.0~+20.0	-5.0~+15.0
	85.1~95.0	80.0~105.0	-10.0~+15.0	-10.0~+15.0	-10.0~+10.0
	95.1~105.0	85.0~105.0	-15.0~+10.0	-15.0~+10.0	-15.0~+5.0
	105.1~115.0	90.0~110.0	-20.0~-0.1	-20.0~-0.1	-25.0~-5.0
	>115.0	≤110.0	<0.0	<0.0	<0.0

资料来源：《城市用地分类与规划建设用地标准（GB50137-2011）》。

第一节 广西人地挂钩预测结果

以 2017 年人均城镇建设用地面积为基准年数据，结合前文城镇人口预测结果计算得出预测期新增城镇人口，按照《广西城镇建设用地增加规模同吸纳农业转移人口落户数量挂钩工作实施细则》的新增城镇人口人均建设用地安排标准，预测规划期内柳州市各县（区）及一主三新的城镇建设用地规模，即在 2017 年城镇建设用地面积的基础上，增加 2017 年至规划期之间增加的城镇人口的建设用地面积，从而预测规划期 2025 年、2030 年、2035 年与 2050 年的城镇建设用地面积。本着集约节约用地的原则，同时充分考虑未来柳州市各县（区）建设发展用地需求，确定不同年限内新增城镇人口的人均建设用地标准，然后进行预测（如表 11 - 1 - 1、表 11 - 1 - 2 所示，见图 11 - 1 - 1、图 11 - 1 - 2）。

表 11 - 1 - 1   "广西人地挂钩"——柳州市各县（区）新增城镇人口
人均城镇建设用地规模预测   单位：平方米/人

区域			2017 年人均城镇建设用地	新增城镇人口人均城镇建设用地规模			
				2025 年	2030 年	2035 年	2050 年
市辖区	一主三新	市辖区合计	136.51	80	80	80	80
		主城区	121.36	80	80	80	80
		柳江区（拉堡新兴组团）	110.34	88	88	88	88
		柳东新区	132.65	80	80	80	80
		北部生态新区	256.96	55	55	55	55
柳城县			126.69	80	80	80	80
鹿寨县			124.57	80	80	80	80
融安县			96.80	100	100	100	100
融水苗族自治县			90.40	100	100	100	100
三江侗族自治县			87.03	100	100	100	100

表 11 - 1 - 2   "广西人地挂钩"——柳州市各县（区）城镇建设用地需求

区域			城镇建设用地面积预测（公顷）				预测期人均建设用地面积（平方米/人）			
			2025 年	2030 年	2035 年	2050 年	2025 年	2030 年	2035 年	2050 年
市辖区	一主三新	市辖区合计	28859	30912	32892	35288	129.05	124.00	120.02	116.08
		主城区	14655	15581	16500	17350	116.17	113.13	110.58	108.55
		柳江区（拉堡新兴组团）	4081	4492	4823	5129	105.69	103.78	102.52	101.52
		柳东新区	5291	5752	6228	6837	123.54	118.37	114.19	110.00
		北部生态新区	768	809	846	904	167.46	151.62	140.93	127.94
柳城县			2530	2827	3081	3555	120.04	114.05	110.18	104.91
鹿寨县			2634	2900	3168	3565	111.98	108.01	104.91	101.39
融安县			1544	1865	2145	2746	101.48	101.22	101.06	100.83
融水苗族自治县			1901	2083	2262	2685	95.82	96.17	96.47	97.01
三江侗族自治县			1291	1504	1653	1964	95.53	96.14	96.47	97.01
柳州市			38758	42091	45200	49802	122.35	118.01	114.72	111.12

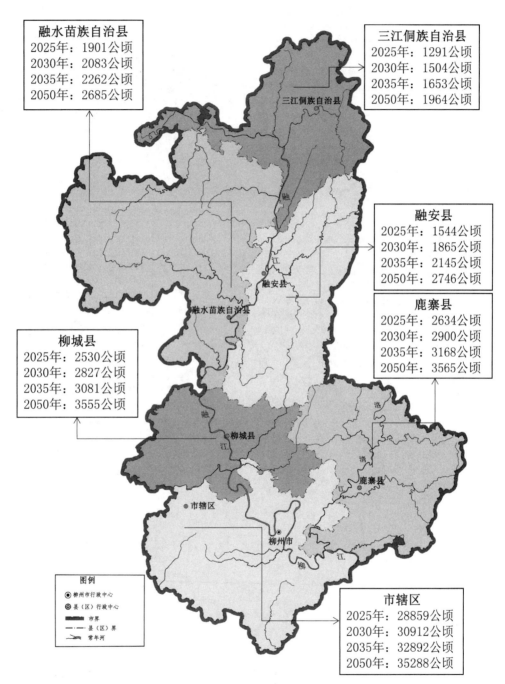

融水苗族自治县
2025年：1901公顷
2030年：2083公顷
2035年：2262公顷
2050年：2685公顷

三江侗族自治县
2025年：1291公顷
2030年：1504公顷
2035年：1653公顷
2050年：1964公顷

融安县
2025年：1544公顷
2030年：1865公顷
2035年：2145公顷
2050年：2746公顷

鹿寨县
2025年：2634公顷
2030年：2900公顷
2035年：3168公顷
2050年：3565公顷

柳城县
2025年：2530公顷
2030年：2827公顷
2035年：3081公顷
2050年：3555公顷

市辖区
2025年：28859公顷
2030年：30912公顷
2035年：32892公顷
2050年：35288公顷

图例
◉ 柳州市行政中心
◎ 县（区）行政中心
▬ 市界
—·— 县（区）界
⤳ 常年河

图 11 – 1 – 1 "广西人地挂钩"——柳州市市辖区及各县城镇建设用地面积

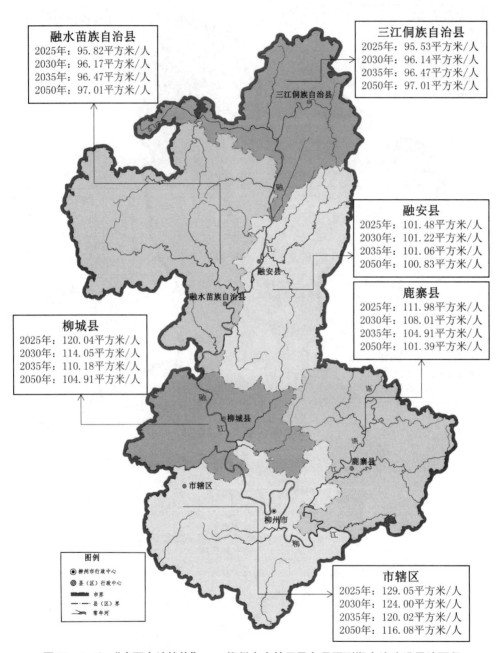

融水苗族自治县
2025年：95.82平方米/人
2030年：96.17平方米/人
2035年：96.47平方米/人
2050年：97.01平方米/人

三江侗族自治县
2025年：95.53平方米/人
2030年：96.14平方米/人
2035年：96.47平方米/人
2050年：97.01平方米/人

融安县
2025年：101.48平方米/人
2030年：101.22平方米/人
2035年：101.06平方米/人
2050年：100.83平方米/人

鹿寨县
2025年：111.98平方米/人
2030年：108.01平方米/人
2035年：104.91平方米/人
2050年：101.39平方米/人

柳城县
2025年：120.04平方米/人
2030年：114.05平方米/人
2035年：110.18平方米/人
2050年：104.91平方米/人

市辖区
2025年：129.05平方米/人
2030年：124.00平方米/人
2035年：120.02平方米/人
2050年：116.08平方米/人

图例
◎ 柳州市行政中心
◎ 县（区）行政中心
市界
县（区）界
常年河

图 11-1-2 "广西人地挂钩"——柳州市市辖区及各县预测期人均建设用地面积

第二节　城市建设用地分类标准预测结果

根据柳州的地理位置，可判断柳州属于Ⅳ气候区，因此，根据《城市用地分类与规划建设用地标准》（GB50137－2011）规划人均城市建设用地面积指标，结合柳州市各县（区）的人均用地规模现状，基于上文常住城镇人口，求出用地需求规模（见图11-2-1、图11-2-2，如表11-2-1、表11-2-2所示）。

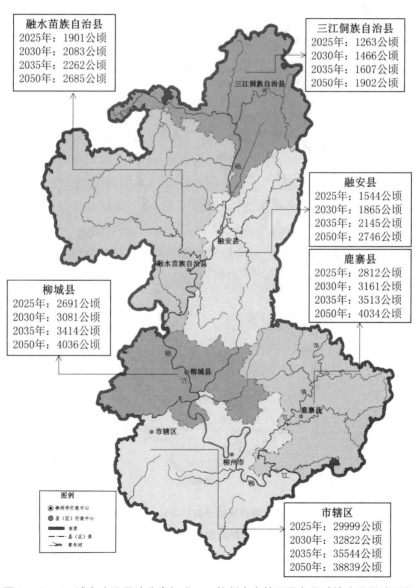

图11-2-1　城市建设用地分类标准——柳州市市辖区及各县城镇建设用地面积

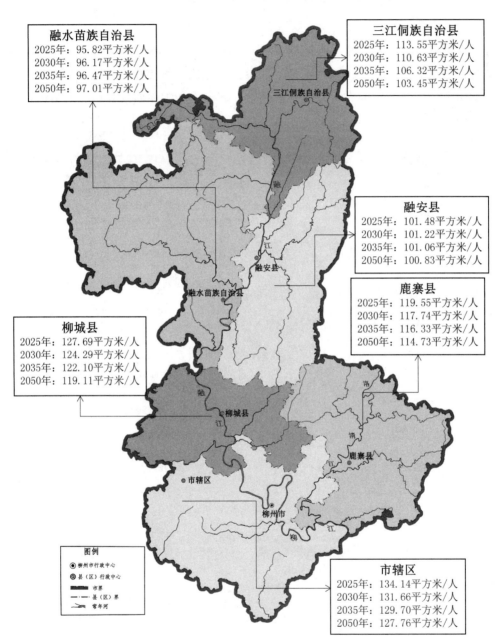

融水苗族自治县
2025年：95.82平方米/人
2030年：96.17平方米/人
2035年：96.47平方米/人
2050年：97.01平方米/人

三江侗族自治县
2025年：113.55平方米/人
2030年：110.63平方米/人
2035年：106.32平方米/人
2050年：103.45平方米/人

融安县
2025年：101.48平方米/人
2030年：101.22平方米/人
2035年：101.06平方米/人
2050年：100.83平方米/人

鹿寨县
2025年：119.55平方米/人
2030年：117.74平方米/人
2035年：116.33平方米/人
2050年：114.73平方米/人

柳城县
2025年：127.69平方米/人
2030年：124.29平方米/人
2035年：122.10平方米/人
2050年：119.11平方米/人

市辖区
2025年：134.14平方米/人
2030年：131.66平方米/人
2035年：129.70平方米/人
2050年：127.76平方米/人

图例
◎ 柳州市行政中心
◉ 县（区）行政中心
▬▬ 市界
—·— 县（区）界
✈ 常年河

图 11 - 2 - 2　城市建设用地分类标准——柳州市市辖区及各县预测期人均建设用地面积

表 11-2-1　　　"城市建设用地分类"——柳州市各县（区）新增城镇

人口人均城镇建设用地规模　　　　　　　单位：平方米/人

区域			2017 年人均城镇建设用地	新增城镇人口人均城镇建设用地规模			
				2025 年	2030 年	2035 年	2050 年
市辖区	市辖区合计		136.51	110	110	110	110
	一主三新	主城区	121.36	110	110	110	110
		柳江区（拉堡新兴组团）	110.34	105	105	105	105
		柳东新区	132.65	105	105	105	105
		北部生态新区	256.96	105	105	105	105
柳城县			126.69	105	105	105	105
鹿寨县			124.57	105	105	105	105
融安县			96.80	100	100	100	100
融水苗族自治县			90.40	100	100	100	100
三江侗族自治县			87.03	95	95	95	95

表 11-2-2　　　　　"城市建设用地分类"——柳州市各县（区）

城镇建设用地需求结果

区域			城镇建设用地面积预测（公顷）				预测期人均建设用地面积（平方米/人）			
			2025 年	2030 年	2035 年	2050 年	2025 年	2030 年	2035 年	2050 年
市辖区	市辖区合计		29999	32822	35544	38839	134.14	131.66	129.70	127.76
	一主三新	主城区	15130	16404	17667	18836	119.94	119.10	118.40	117.84
		柳江区（拉堡新兴组团）	4218	4708	5103	5468	109.23	108.77	108.47	108.23
		柳东新区	5476	6081	6706	7506	127.87	125.15	122.96	120.75
		北部生态新区	869	948	1018	1130	189.62	177.70	169.65	159.88
柳城县			2691	3081	3414	4036	127.69	124.29	122.10	119.11
鹿寨县			2812	3161	3513	4034	119.55	117.74	116.33	114.73
融安县			1544	1865	2145	2746	101.48	101.22	101.06	100.83
融水苗族自治县			1901	2083	2262	2685	95.82	96.17	96.47	97.01
三江侗族自治县			1263	1466	1607	1902	93.47	93.68	93.79	93.98
柳州市			40210	44477	48484	54242	126.93	124.71	123.06	121.02

第三节 农村建设用地预测结果

根据我国当前实施的《镇规划标准》(GB 50188 - 2007)(对《村镇规划标准》(GB 50188 - 93)的修编),本着高效集约用地的原则,同时充分考虑现状及未来柳州市城镇化发展趋势及新农村建设用地需求,本专题设定规划期内柳州市内各县(区)农村人均平均建设用地面积在 2017 年的人均基础上,依据各县(区)所属人口发展类型进行适当调整,人口集聚区加强农村建设用地集约利用,人口疏散区可适当放宽农村建设用地的人均标准,人口稳定区基本保持原有人均建设用地标准。

基于预测的柳州市各县(区)常住农村人口数量,结合人均建设用地标准,计算得到柳州市各县(区)2025 年、2030 年、2035 年和 2050 年农村建设用地规模(如表 11 - 3 - 1、表 11 - 3 - 2 所示)。

表 11 - 3 - 1　　　　　　　　人均农村建设用地预测结果　　　　　　单位:平方米/人

预测方法	区域	2017 年现状	人均农村建设用地预测值			
			2025 年	2030 年	2035 年	2050 年
按照《镇规划标准》(GB 50188 - 2007)	柳州市	209.14	136	135	135	140
	市辖区	280.41	140	140	140	140
	柳城县	253.16	140	140	140	140
	鹿寨县	266.98	130	130	130	130
	融安县	163.78	120	120	120	120
	融水苗族自治县	156.92	130	130	130	130
	三江侗族自治县	109.59	115	115	115	115

表 11 - 3 - 2　　　　　　　　农村建设用地预测结果　　　　　　单位:公顷

预测方法	区域	2017 年现状	农村建设用地预测值			
			2025 年	2030 年	2035 年	2050 年
按照《镇规划标准》(GB 50188 - 2007)	柳州市	30110	16314	14882	13779	11191
	市辖区	9929	4391	3878	3564	2240
	柳城县	5370	2579	2270	1965	1416
	鹿寨县	4974	1948	1839	1730	1669
	融安县	3046	2015	1750	1534	1052
	融水苗族自治县	4306	3141	3035	2932	2772
	三江侗族自治县	2485	2241	2110	2055	2042

第十二章

基于实有人口规模的柳州市用地规模预测

基于实有人口的城镇建设用地需求预测标准如下：

（1）户籍人口、居住半年以上流动人口：按 1 个标准人口来配套城镇建设用地；

（2）居住半年以下流动人口：按 0.65 个标准人口来配套城镇建设用地；

（3）流量人口：按 0.35 个标准人口来配套城镇建设用地。

根据上文，实有人口方案一的中方案为本次研究的推荐方案，现以实有人口方案一的中方案人口预测数据测算 2025 年、2030 年、2035 年及 2050 年柳州市各县（区）城镇建设发展用地需求。

实有人口方案一由户籍人口、流动人口（居住半年以上流动人口与居住半年以下流动人口组成）及流量人口构成，其中户籍人口是指依据《中华人民共和国户口登记条例》在经常居住地的公安户籍管理机关登记了常住户口的人，无论公民是否外出或外出时间长短，只要在某地注册有常住户口，皆为该地区的户籍人口，因此为户籍人口安排一个单位标准城市建设用地；流动人口包括在本市居住半年以上及半年以下的外来流动人口，依据前文分析可知在本市居住半年以上的外来流动人口是常住人口的一部分（见图 12 - 1），综合考虑为其安排一个单位标准城市建设用地；居住半年以下的流动人口在该地区居住不满六个月，大多是为城市服务的有关部门的劳动人口，属于城市服务人口的一部分，应配建相关用地，依据《城市用地分类与规划建设用地标准》中的规划城市建设用地结构（如表 12 - 1 所示），同时考虑到流动半年以下的流动人口在区域的停留时间，因此预测配套 0.65 个单位标准城市建设用地；流量人口是指在柳州市内的公路、铁路、水运、航空的日均客流量之和，即柳州市平均每天的客流量，在预测期内按 0.35 个单位标准城市配套建设用地（如表 12 - 2 所示）。

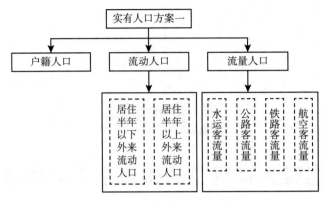

图 12 – 1 实有人口方案一人口组成图

表 12 – 1　　　　　　　　规划建设用地结构　　　　　　　　单位：%

用地名称	占城市建设用地比例（%）
居住用地	25.0～40.0
公共管理与公共服务建设用地	5.0～8.0
工业用地	15.0～30.0
道路与交通设施用地	10.0～25.0
绿地与广场用地	10.0～15.0

资料来源：城市用地分类与规划建设用地标准。

表 12 – 2　　　　　　　　预测规划建设用地结构　　　　　　　　单位：%

用地名称	预测居住半年以上流动人口用地占城市建设用地比例	预测流量人口用地占城市建设用地比例
居住用地	10.0	0
公共管理与公共服务建设用地	5.0	5
工业用地	20.0	0
道路与交通设施用地	20.0	25
绿地与广场用地	10.0	5
合计	65	35

第一节　广西人地挂钩预测结果

以 2017 年人均城镇建设用地面积为基准年数据，结合前文城镇人口预测结果计算得出预测期新增城镇人口，本着集约节约用地的原则，同时充分考虑未来柳州市各县（区）建设发展用地需求，按照《广西城镇建设用地增加规模同吸纳农业转移人口落户数量挂钩工作实施细则》的新增城镇人口人均建设用地安排标准，以及上文确定的新增人口人均建设用地标准，预测得到规划期内柳州市各县（区）及一主三新的城镇建设用地规模，即在2017年城镇建设用地面积的基础上，增加2017年至规划期之间增加的城镇人口的建设用地面积，从而预测规划期2025年、2030年、2035年与2050年的城镇建设用地面积（见图12-1-1、图12-1-2，如表12-1-1、表12-1-2所示）。

规划期城镇建设用地规模＝现状城镇建设用地规模＋预测期新增城镇人口

×人均建设用地标准

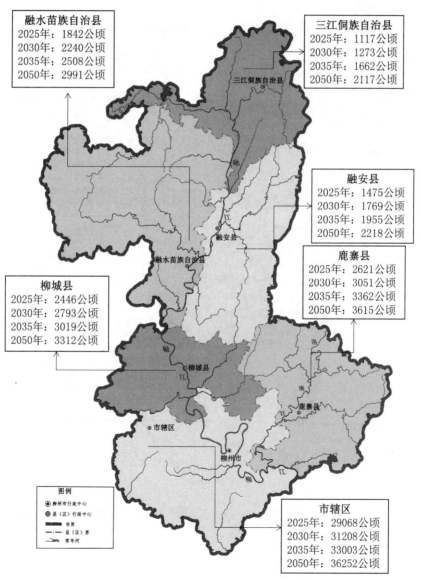

图12-1-1 "广西人地挂钩"——柳州市市辖区及各县城镇建设用地面积

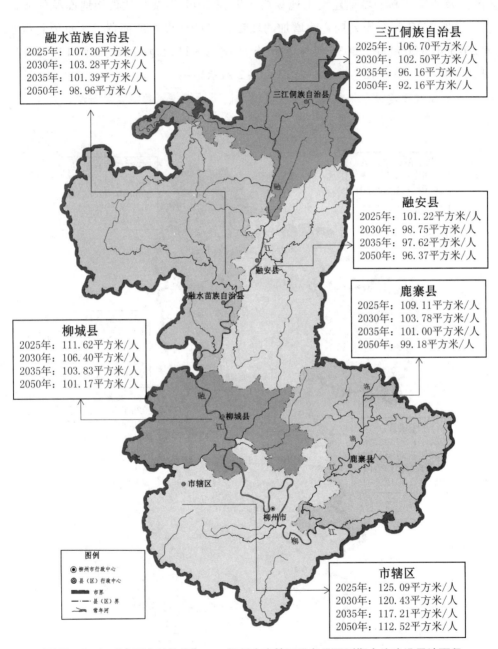

融水苗族自治县
2025年：107.30平方米/人
2030年：103.28平方米/人
2035年：101.39平方米/人
2050年：98.96平方米/人

三江侗族自治县
2025年：106.70平方米/人
2030年：102.50平方米/人
2035年：96.16平方米/人
2050年：92.16平方米/人

融安县
2025年：101.22平方米/人
2030年：98.75平方米/人
2035年：97.62平方米/人
2050年：96.37平方米/人

鹿寨县
2025年：109.11平方米/人
2030年：103.78平方米/人
2035年：101.00平方米/人
2050年：99.18平方米/人

柳城县
2025年：111.62平方米/人
2030年：106.40平方米/人
2035年：103.83平方米/人
2050年：101.17平方米/人

市辖区
2025年：125.09平方米/人
2030年：120.43平方米/人
2035年：117.21平方米/人
2050年：112.52平方米/人

图例
◎ 柳州市行政中心
◉ 县（区）行政中心
▨ 市界
—·—· 县（区）界
➤ 常年河

图 12 – 1 – 2 "广西人地挂钩"——柳州市市辖区及各县预测期人均建设用地面积

表 12 - 1 - 1 **"广西人地挂钩"——柳州市各县（区）新增实有城镇人口**

人均城镇建设用地规模结果 单位：平方米/人

区域			2017 年人均实有城镇建设用地	新增实有城镇人口人均城镇建设用地规模			
				2025 年	2030 年	2035 年	2050 年
市辖区		市辖区合计	134.63	80	80	80	80
	一主三新	主城区	114.66	88	88	88	88
		柳江区（拉堡新兴组团）	110.78	88	88	88	88
		柳东新区	148.69	80	80	80	80
		北部生态新区	68.53	110	110	110	110
柳城县			121.96	80	80	80	80
鹿寨县			120.98	80	80	80	80
融安县			106.59	88	88	88	88
融水苗族自治县			117.57	88	88	88	88
三江侗族自治县			129.11	80	80	80	80

表 12 - 1 - 2 **"广西人地挂钩"——柳州市各县（区）实有**

人口城镇建设用地需求

区域			城镇建设用地面积预测（公顷）				预测期人均建设用地面积（平方米/人）			
			2025 年	2030 年	2035 年	2050 年	2025 年	2030 年	2035 年	2050 年
市辖区		市辖区合计	29068	31208	33003	36252	125.09	120.43	117.21	112.52
	一主三新	主城区	14395	15146	15848	17329	112.28	110.77	109.51	107.27
		柳江区（拉堡新兴组团）	4460	5085	5609	6490	104.21	101.91	100.43	98.54
		柳东新区	5577	6021	6456	7195	130.97	125.09	120.51	114.56
		北部生态新区	1301	1498	1701	2081	88.74	91.06	92.97	95.68
柳城县			2446	2793	3019	3312	111.62	106.40	103.83	101.17
鹿寨县			2621	3051	3362	3615	109.11	103.78	101.00	99.18
融安县			1475	1769	1955	2218	101.22	98.75	97.62	96.37
融水苗族自治县			1842	2240	2508	2991	107.30	103.28	101.39	98.96
三江侗族自治县			1117	1273	1662	2117	106.70	102.50	96.16	92.16
柳州市			38569	42335	45510	50505	120.33	115.41	112.10	108.01

■ 第二节 城市建设用地分类结果

从地理位置看，柳州属于Ⅳ气候区，根据《城市用地分类与规划建设用地标准》（GB50137‑2011）规划人均城市建设用地面积指标，结合柳州市各县（区）人均用地规模现状，基于上文实有人口预测，求出用地需求规模（见图12‑2‑1、图12‑2‑2，如表12‑2‑1、表12‑2‑2所示）

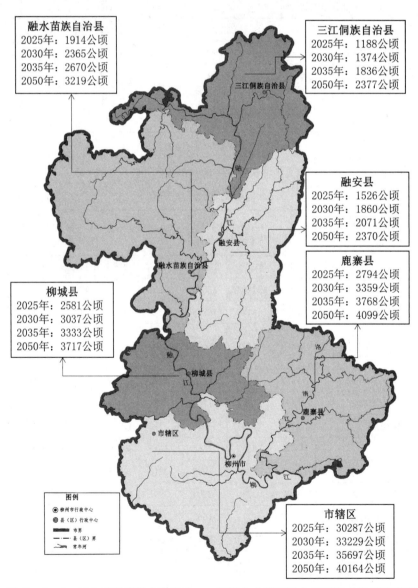

融水苗族自治县
2025年：1914公顷
2030年：2365公顷
2035年：2670公顷
2050年：3219公顷

三江侗族自治县
2025年：1188公顷
2030年：1374公顷
2035年：1836公顷
2050年：2377公顷

融安县
2025年：1526公顷
2030年：1860公顷
2035年：2071公顷
2050年：2370公顷

鹿寨县
2025年：2794公顷
2030年：3359公顷
2035年：3768公顷
2050年：4099公顷

柳城县
2025年：2581公顷
2030年：3037公顷
2035年：3333公顷
2050年：3717公顷

市辖区
2025年：30287公顷
2030年：33229公顷
2035年：35697公顷
2050年：40164公顷

图12‑2‑1 城市建设用地分类标准——柳州市市辖区及各县城镇建设用地面积

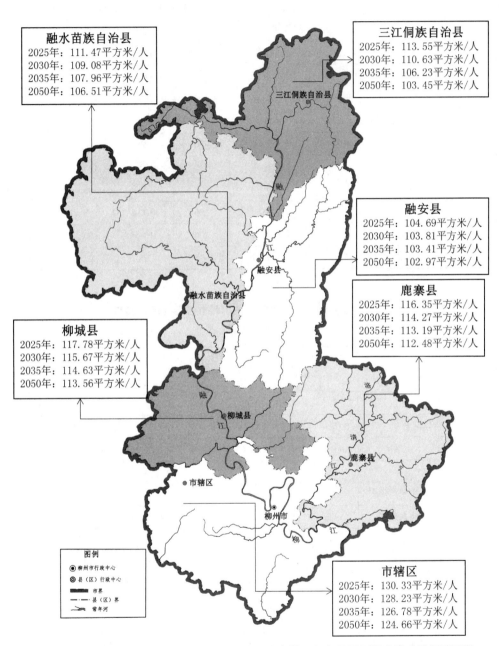

融水苗族自治县
2025年：111.47平方米/人
2030年：109.08平方米/人
2035年：107.96平方米/人
2050年：106.51平方米/人

三江侗族自治县
2025年：113.55平方米/人
2030年：110.63平方米/人
2035年：106.23平方米/人
2050年：103.45平方米/人

融安县
2025年：104.69平方米/人
2030年：103.81平方米/人
2035年：103.41平方米/人
2050年：102.97平方米/人

鹿寨县
2025年：116.35平方米/人
2030年：114.27平方米/人
2035年：113.19平方米/人
2050年：112.48平方米/人

柳城县
2025年：117.78平方米/人
2030年：115.67平方米/人
2035年：114.63平方米/人
2050年：113.56平方米/人

市辖区
2025年：130.33平方米/人
2030年：128.23平方米/人
2035年：126.78平方米/人
2050年：124.66平方米/人

图例
◎ 柳州市行政中心
◉ 县（区）行政中心
▬ 市界
‒‒ 县（区）界
～ 常年河

图 12 - 2 - 2　城市建设用地分类标准——柳州市市辖区及各县预测期人均建设用地面积

表 12 - 2 - 1　　　"城市建设用地分类标准" ——柳州市各县（区）

新增实有城镇人口人均城镇建设用地规模结果　　　单位：平方米/人

区域			2017 年人均实有城镇建设用地	新增实有城镇人口人均城镇建设用地规模			
				2025 年	2030 年	2035 年	2050 年
市辖区		市辖区合计	134.63	110	110	110	110
	一主三新	主城区	114.66	110	110	110	110
		柳江区（拉堡新兴组团）	110.78	105	105	105	105
		柳东新区	148.69	110	110	110	110
		北部生态新区	68.53	80	80	80	80
柳城县			121.96	105	105	105	105
鹿寨县			120.98	105	105	105	105
融安县			106.59	100	100	100	100
融水苗族自治县			117.57	100	100	100	100
三江侗族自治县			129.11	95	95	95	95

表 12 - 2 - 2　　　"城市建设用地分类标准" ——柳州市各县（区）实有

人口城镇建设用地需求

区域			城镇建设用地面积预测（公顷）				预测期人均建设用地面积（平方米/人）			
			2025 年	2030 年	2035 年	2050 年	2025 年	2030 年	2035 年	2050 年
市辖区		市辖区合计	30287	33229	35697	40164	130.33	128.23	126.78	124.66
	一主三新	主城区	14647	15585	16463	18314	114.24	113.98	113.76	113.37
		柳江区（拉堡新兴组团）	4670	5415	6041	7092	109.11	108.53	108.15	107.67
		柳东新区	5906	6517	7116	8131	138.71	135.40	132.82	129.47
		北部生态新区	1086	1230	1377	1654	74.12	74.76	75.29	76.04
柳城县			2581	3037	3333	3717	117.78	115.67	114.63	113.56
鹿寨县			2794	3359	3768	4099	116.35	114.27	113.19	112.48
融安县			1526	1860	2071	2370	104.69	103.81	103.41	102.97
融水苗族自治县			1914	2365	2670	3219	111.47	109.08	107.96	106.51
三江侗族自治县			1188	1374	1836	2377	113.55	110.63	106.23	103.45
合计			40290	45225	49376	55946	125.70	123.29	121.62	119.65

第四篇

基于产业发展的柳州市
用地规模预测

第十三章

柳州市产业发展现状分析

本章工业发展现状数据来自《柳州市创建"中国制造 2025"国家级示范区建设现代中国制造城 打造万亿工业强市行动计划》文件、广西柳州市人民政府门户网站中的 2010～2016 年工作报告与工作总结以及柳州市统计年鉴。

■ 第一节 柳州市工业园区发展分析

一、产业定位分析

(一) 市域、市辖区及各县工业园区产业定位

工业园区产业定位明确。《柳州市创建"中国制造 2025"国家级示范区 建设现代中国制造城 打造万亿工业强市行动计划》中对柳州市内各工业园区产业定位明确。市辖区内各工业园区主要以汽车产业、钢铁产业及机械产业为主,并伴有食品产业、智能装备产业等,市辖区为柳州市工业发展的主要阵地,该区域的工业园区产业等级定位较高,带动柳州的工业发展。柳城县及鹿寨县工业园区产业定位主要以化工、新材料等产业为主,同时伴有农产品加工等传统产业,及生物制药等新兴产业。融安县、融水苗族自治县及三江侗族自治县工业园区主要以农产品加工业等传统产业为主,产业等级较低,但兼并发展新材料产业、中草药加工及制药产业等新兴产业,为该地区工业园区产业转型升级奠定基础(如表 13 - 1 - 1 所示)。

表 13 – 1 – 1　　　　　　　　柳州市工业园区产业定位

园区名称	产业定位
柳东新区	重点发展汽车整车及零部件、电子信息、城市轨道交通等产业，布建新能源汽车产业示范基地、汽车电子产业园、智能交通产业园
北部生态新区（阳和工业新区）	北部生态新区重点发展智能电网、智能装备产业，布建智能电网产业园。阳和工业新区重点发展汽车及零部件、机械装备制造、铝深加工产业
柳南河西高新技术产业开发区	重点发展汽车、工程机械零部件，培育高新技术产业和先进装备制造业
柳北工业园	重点发展钢铁深加工、汽车和工程机械配件、节能环保和纺织服装产业，布建装配式建筑产业园
柳江新兴工业园	重点发展汽车及零部件、机械制造、食品、医药产业，布建食品加工产业园
鱼峰洛维工业集中区	重点发展特色食品、智能电网配套设备产业，布建螺蛳粉产业园
鹿寨经济开发区	重点发展化工、汽配、新材料、茧丝绸产业，布建化工循环经济产业园
柳城县工业园	重点发展农产品加工、生物制药、化工和新材料产业，布建糯米滩精线微丝产业园
融安县工业园	重点发展农产品加工、竹木深加工、中草药加工及制药产业
融水县工业园	重点发展竹木加工、特色农产品加工产业
三江县工业园	重点发展茶叶、茶油加工、竹木精深加工、旅游品加工产业

资料来源：《柳州市创建"中国制造2025"国家级示范区　建设现代中国制造城　打造万亿工业强市行动计划》。

（二）一主三新工业园区产业定位

一主三新工业园区产业定位明确。《柳州市创建"中国制造2025"国家级示范区　建设现代中国制造城　打造万亿工业强市行动计划》中对柳州市内各工业园区产业定位明确。一主三新各工业园区主要以汽车产业、钢铁产业及机械产业为主，并伴有食品产业、智能装备产业等，为柳州市工业发展的主要阵地，该区域的工业园区产业等级定位较高，带动柳州的工业发展（如表13 – 1 – 2所示）。

表 13 – 1 – 2　　　　　　　　柳州市工业园区产业定位

园区名称	产业定位
柳东新区	重点发展汽车整车及零部件、电子信息、城市轨道交通等产业，布建新能源汽车产业示范基地、汽车电子产业园、智能交通产业园
北部生态新区（阳和工业新区）	北部生态新区重点发展智能电网、智能装备产业，布建智能电网产业园。阳和工业新区重点发展汽车及零部件、机械装备制造、铝深加工产业

续表

园区名称	产业定位
柳南河西高新技术产业开发区	重点发展汽车、工程机械零部件，培育高新技术产业和先进装备制造业
柳北工业园	重点发展钢铁深加工、汽车和工程机械配件、节能环保和纺织服装产业，布建装配式建筑产业园
柳江新兴工业园	重点发展汽车及零部件、机械制造、食品、医药产业，布建食品加工产业园

资料来源：《柳州市创建"中国制造2025"国家级示范区 建设现代中国制造城 打造万亿工业强市行动计划》。

二、主导产业分析

工业园区主导产业符合园区产业定位要求。根据《柳州市全域空间规划 (2016－2035年)》，柳州市主要工业园区主导产业类型如表13－1－3所示，明确了各工业园区主导产业类型。由此可见，市区及柳江区工业园区主要以汽车产业、钢铁产业、机械制造业为主，同时新能源汽车产业等新型产业，以及能源汽车产业等优势产业均集聚在中心城区及柳江区工业园区内。柳城县、鹿寨县工业园区主要以化工产业及机械制造为主，主要受到市区工业园区产业辐射，带动柳城县、鹿寨县工业园区的发展。融安县、融水苗族自治县、三江侗族自治县工业园区主要以农产品加工业等传统工业为主，同时发展有生物与制药产业等新型产业。工业园区主导产业类型与工业园区产业定位相对应，且产业园区主导产业之间既具有相似性，又具有差异性，既有竞争又有合作。如何在注重生产高效集约的同时，兼顾分工联动合作，逐步推进园区整合，成为柳州市工业园区急需解决的主要问题。

表13－1－3　　　　柳州市工业园区主导产业统计

区域	产业园名称	级别	主导产业
市区	高新技术产业园	国家级	整车及零部件制造、新能源汽车
	阳和工业园	自治区级	汽车及零部件、装备制造、铝深加工
	河西工业区	自治区级	汽车、工程机械整机和零部件
	柳北工业区	自治区级	智能制造、航空航天、电子信息
	洛维工业集中区	A类	电子信息、新材料
柳江区	柳江新兴工业园	自治区级	汽车及零部件、机械、食品加工
鹿寨县	鹿寨经济开发区	自治区A类	化工、机械制造、农产品加工

续表

区域	产业园名称	级别	主导产业
柳城县	柳城县工业区	自治区A类	农产品加工、机械汽配、化工
融安县	融安工业集中区	自治区A类	农产品和竹木深加工、中草药
融水苗族自治县	融水县工业区	自治区A类	竹木、农副产品加工、非金属开发及深加工
三江侗族自治县	三江县工业园	自治区B类	茶叶、茶油、竹木

资料来源：《柳州市全域空间规划（2016－2035年）》。

三、工业园区产值分析

工业园区产值大体为增长趋势，但多数工业园区产值增长速度缓慢。由图 13－1－1 可以看出多数工业园区一直保持增长趋势，基本保持稳定的年增长率，但增长幅度不大，需要提高其工业发展的速度。柳东新区增长速度较快，2012～2016 年保持高增长率持续增长，增长速度在所有工业园区中居首位。柳南河西工业园、柳北工业园与鱼峰洛维工业园增长后出现小幅度的回落，应提升这类园区的产业竞争力，调整产业结构，提升工业园区的整体实力。2012～2016 年，三江县工业园产值呈逐步减少的趋势，从其工业园区主导产业分析可知，该工业园区主导产业为茶叶、茶油、竹木生产等传统工业，竞争实力不强，导致该工业园区产值逐年减少。

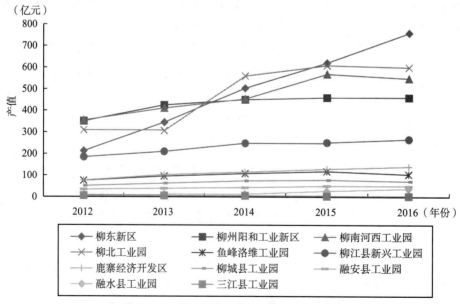

图13－1－1 柳州市主要工业园区产值变化图

资料来源：2013～2017年各园区工作报告。

《柳州市创建"中国制造 2025"国家级示范区 建设现代中国制造城 打造万亿工业强市行动计划》为柳州市内主要工业园区作出工业产值计划，由表 13 - 1 - 4 可知，柳东新区是工业园区中产值目标最高的工业园区，2020 年柳东新区的产值目标约占所有工业园区产值目标的 27%，至 2025 年其产值目标仍处于第一的位置，达到 2000 亿元，约占所有园区工业总产值的 25%，说明柳州市对柳东新区的工业发展期待较高，是未来柳州工业发展的重点区域。从整体看来，2020 年目标为 1000 亿元以上的园区仅有柳东新区一个，500 亿～1000 亿元的园区有 3 个，100 亿～500 亿元的有 4 个工业园区，100 亿元以下的有 3 个工业园区；2025 年，柳东新区、阳和工业新区、柳南高新技术产业开发区产值目标均达到 1000 亿元以上，其中柳东新区工业产值目标达到 2000 亿元，500 亿～1000 亿元的工业园区有 5 个，100 亿～500 亿元的工业园区有 3 个，而工业产值目标在 100 亿元以下的仅有三江县工业园区。综上所述，市辖区的工业园区产值目标均较高，大部分工业园区到 2025 年产值目标均达到 500 亿元以上，县（区）的工业园区除柳城县工业园区外，其余县域的工业产值目标均较低，基本为 150 亿元以下，其中三江县工业园区的产值目标最低，在 2020 年与 2025 年均为 50 亿元以下。

表 13 - 1 - 4　　　　柳州市工业园区 2020 年与 2025 年工业产值目标　　　　单位：亿元

园区名称	2020 年产值	2025 年产值
柳东新区	1200	2000
北部生态新区（阳和工业新区）	800	1800
柳南河西高新技术产业开发区	700	1000
柳北工业园	500	800
柳江新兴工业园	400	600
鱼峰洛维工业园	150	300
鹿寨经济开发区	300	500
柳城县工业园	200	500
融安县工业园	80	150
融水县工业园	80	150
三江县工业园	10	50
合计	4420	7850

资料来源：《中共柳州市委办公室　柳州市人民政府办公室关于印发〈柳州市创建"中国制造 2025"国家级示范区 建设现代中国制造城 打造万亿工业强市行动计划〉的通知》。

第二节 柳州市工业总产值分析

一、市域工业总产值分析

柳州市工业总体发展形势良好，工业总产值稳步上升。2016 年柳州市全市工业总产值实现 4807.48 亿元，比上年增长 5.75%，较 2007 年全市工业总产值增加 3416.55 亿元（见图 13-2-1）。

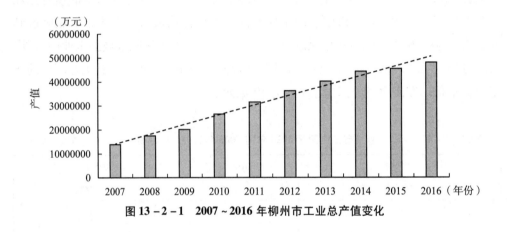

图 13-2-1　2007~2016 年柳州市工业总产值变化

二、市辖区及各县工业总产值分析

柳州市市辖区与各县工业总产值保持同步增长趋势，柳州市市辖区工业总产值增加明显，2016 年较 2007 年增加 3176.8 亿元，柳城县、融水苗族自治县和融安县工业总产值较 2007 年分别增加了 51.25 亿元、52.49 亿元和 35.65 亿元，鹿寨县的雒容镇 2011 年划至柳州市鱼峰区，但鹿寨县经济增长仍旧保持迅猛之势，2016 年工业总产值较 2011 年 5 年间增加了 67 亿元。三江侗族自治县产值波动较大，2007~2016 年经历了先升后降的过程，但 2016 年产值较 2007 年仍增加了 3.4 亿元（见图 13-2-2）。

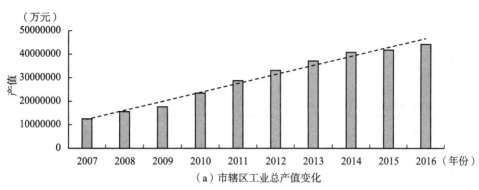

（a）市辖区工业总产值变化

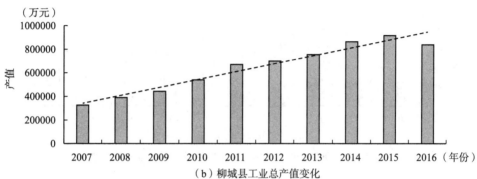

（b）柳城县工业总产值变化

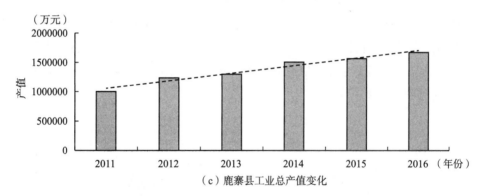

（c）鹿寨县工业总产值变化

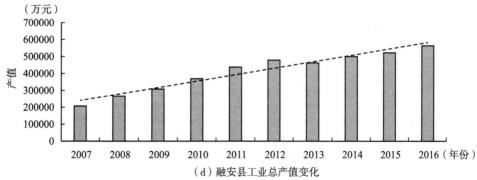

（d）融安县工业总产值变化

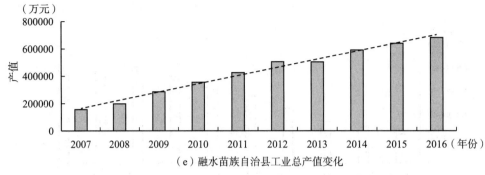

（e）融水苗族自治县工业总产值变化

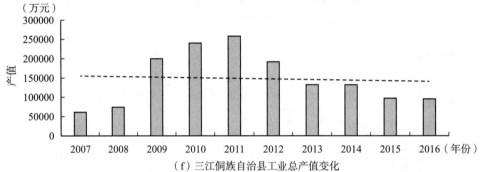

（f）三江侗族自治县工业总产值变化

图 13 - 2 - 2　2007～2016 年柳州市市辖区及各县工业总产值变化

　　柳州市市辖区工业总产值在全市工业总产值中的比重不断增加。2007 年柳州市市辖区工业总产值占比为 89.56%，2016 年占比为 91.99%。鹿寨县工业总产值体量突出，与市辖区工业总产值总量相加，2016 年在全市工业总产值中的占比约达 95%（见图 13 - 2 - 3）。

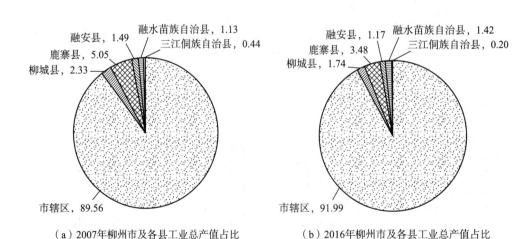

（a）2007年柳州市及各县工业总产值占比　　　　（b）2016年柳州市及各县工业总产值占比

图 13 - 2 - 3　柳州市及各县工业总产值占比变化

资料来源：2008～2017 年柳州市统计年鉴。

第三节　柳州市工业增加值分析

一、市域工业增加值分析

柳州市工业增加值总体呈增长的趋势。2016 年柳州市全市工业增加值实现1232.5161 亿元，比上年增长 11.15%，较 2007 年全市工业总产值增加 3416.55 亿元（见图 13 - 3 - 1）。

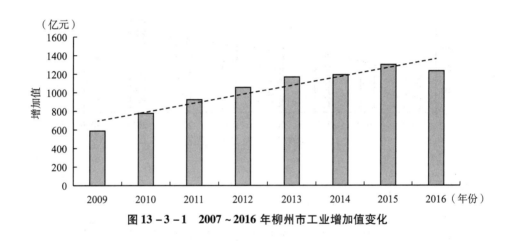

图 13 - 3 - 1　2007～2016 年柳州市工业增加值变化

二、市辖区及各县工业增加值分析

2009～2016 年柳州市市辖区、柳城县、融安县与融水苗族自治县工业增加值总体上扬，鹿寨县工业增加值增长幅度不大，三江侗族自治县工业增加值呈负增长。柳州市市辖区与柳城县工业增加值增长明显，2009～2016 年分别增长了612.7695 亿元、14.8938 亿元；鹿寨县因受行政区划调整的影响，工业增加值增长较为缓慢，2010 年工业增加值为 45.2401 亿元，到 2016 年工业增加值仅为48.78396 亿元，仅增长了 3.4995 亿元。融安县、融水苗族自治县及三江侗族自治县，均属于柳州北部地区，但其工业增加值的增长规模不尽相同，其中融安县与融水苗族自治县工业增加值发展趋势向好，均呈上扬的趋势，2016 年融安县与融水苗族自治县工业增加值分别达到 18.8029 亿元与 22.579 亿元；而三江侗族自治县却有降低的趋势，2010 年工业增加值为 7.5286 亿元，至 2016 年仅为 3.5934 亿元，减少了 3.9352 亿元（见图 13 - 3 - 2）。

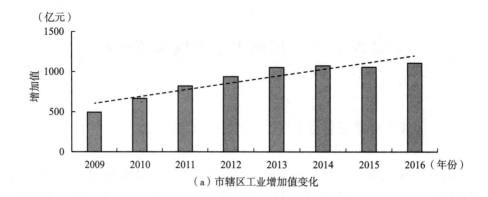

（a）市辖区工业增加值变化

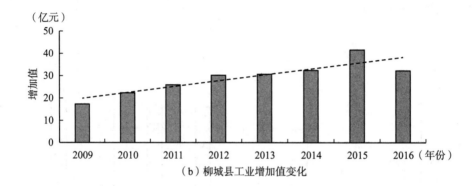

（b）柳城县工业增加值变化

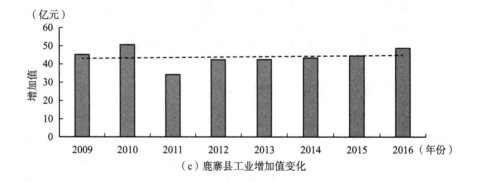

（c）鹿寨县工业增加值变化

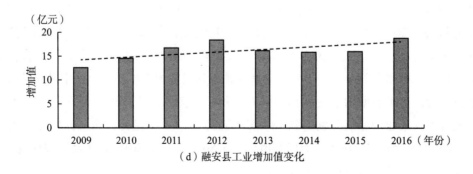

（d）融安县工业增加值变化

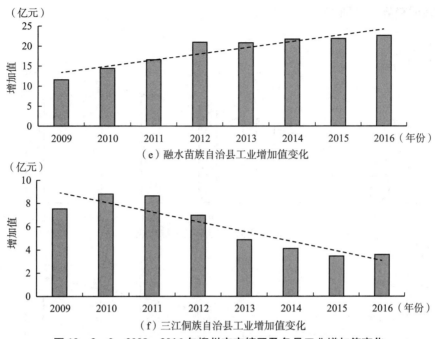

（e）融水苗族自治县工业增加值变化

（f）三江侗族自治县工业增加值变化

图 13 - 3 - 2 2009～2016 年柳州市市辖区及各县工业增加值变化

2009～2016 年柳州市市辖区、柳城县、融安县、融水苗族自治县、三江侗族自治县工业增加值增长率呈现出先上升后下降的趋势，2009 年增长率分别为 28.41%、22.55%、10.53%、39.49%、36.25%、86.48%，2016 年增长率分别为 4.87%、- 5.09%、9.55%、17.32%、3.54%、3.82%。市辖区、柳城县、融水苗族自治县虽中间年份增加值偶有提升，但提升程度不明显。鹿寨县 2011 年增加值明显下降，2012 年增长显著，2013 年后增长率逐渐平稳，保持在 2%～9% 之间。融安县与三江侗族自治县工业增加值增长率总体虽呈下降趋势，但不难看出，2013 年后工业增加值的增长率显著提升，由 2013 年的 - 11.94% 与 - 30.06%，提升为 2016 年的 17.32% 与 3.82%，基本呈直线增长。

三、一主三新工业总产值分析

一主三新区域内，工业发展主要以各大工业园区为主，通过分析各区域工业园区发展情况，可知各区域工业发展情况。其中，主城区工业园区包括柳南河西工业园、柳北工业园及鱼峰洛维工业园[①]，北部生态新区为阳和工业新区，柳江区（拉堡新兴组团）为柳江新型工业园。各个工业园区的发展均呈增长趋势，其中，柳东新区的发展最为迅速，其余各个工业园区产值增长速度均小于柳东新区，并呈逐

---

① 无鱼峰洛维工业园 2010 年工业总产值数据。

渐放缓的趋势（见图 13 - 3 - 3）。

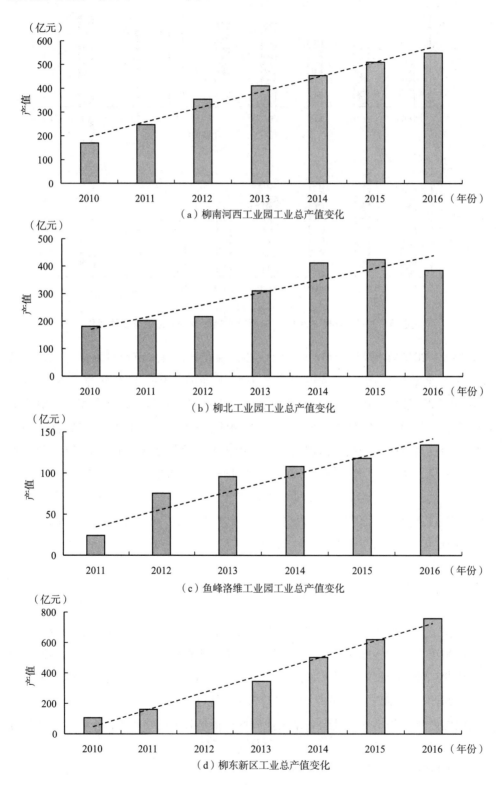

（a）柳南河西工业园工业总产值变化

（b）柳北工业园工业总产值变化

（c）鱼峰洛维工业园工业总产值变化

（d）柳东新区工业总产值变化

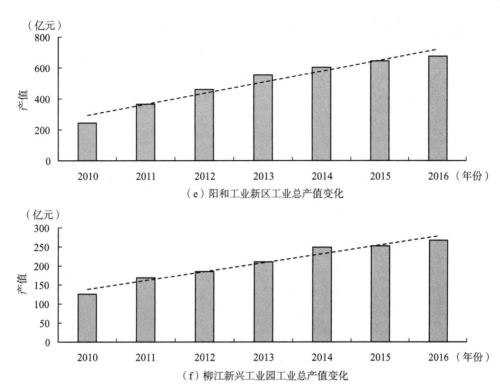

（e）阳和工业新区工业总产值变化

（f）柳江新兴工业园工业总产值变化

图 13 - 3 - 3　2010～2016 年一主三新各工业园区工业总产值变化

资料来源：2010～2016 年工作报告与工作总结。

第四节　柳州市工业结构分析

　　2016 年柳江区汽车制造业一枝独秀，产值达 193.59 亿元，占工业产值比重达 65%，柳江区工业行业种类较多，但规模远比汽车制造业要小；柳城县农副食品加工业和化学原料化学制品制造业规模突出，占比分别达到 22.54% 和 18.58%，此外食品制造业、纺织业、医药制造业金属制品业和汽车制造业也分别约有 7% 的产值贡献，柳城县工业行业各种类规模较为均衡；鹿寨县纺织业产值突出，在全县工业产值中的占比达 30%，此外农副食品加工业占比 9.44%，化学原料化学制品制造业、非金属矿物制品业占比均为 14%；融安县木材加工和木、竹、藤、棕、草制品业产值占全县总产值的 49.9%，纺织业、非金属矿物制品业和有色金属冶炼和压延加工业分别为 7.44%、9.81%、8.37%；融水苗族自治县木材加工和木、竹、藤、棕、草制品业产值占工业总产值比重高达 55.56%，此外化学原料化学制品制造业也较为突出，占工业总产值的 15.5%；三江侗族自治县工业行业较少，仅有酒品饮料和精制茶制造业、木材加工和木、竹、藤、棕、草制品业与电力热力生产和供应业三个行业，产值占比分别为 27.8%、21.6%、50.6%（见图 13－4－1）。

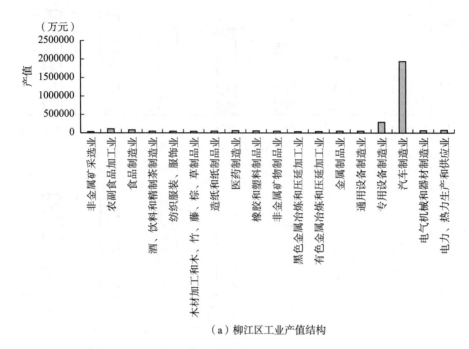

（a）柳江区工业产值结构

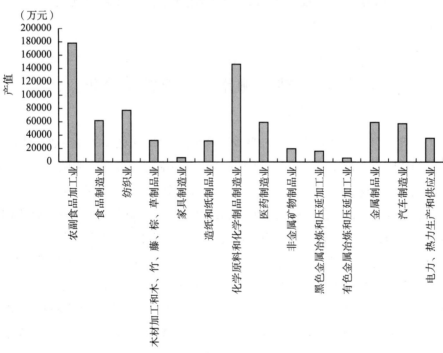

（b）柳城县工业产值结构

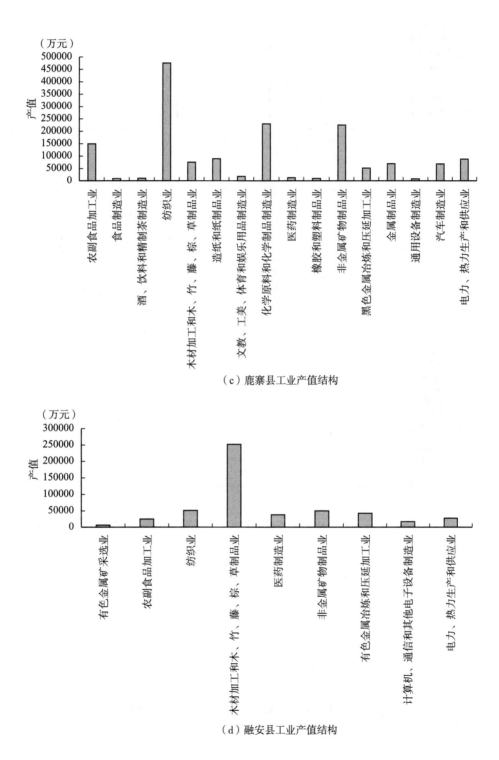

（c）鹿寨县工业产值结构

（d）融安县工业产值结构

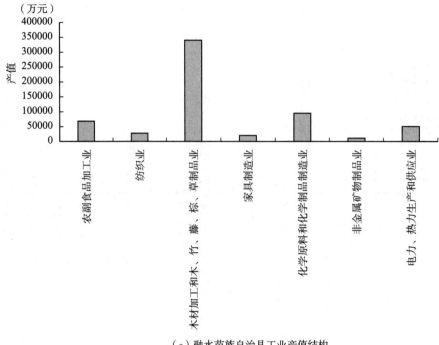

（e）融水苗族自治县工业产值结构

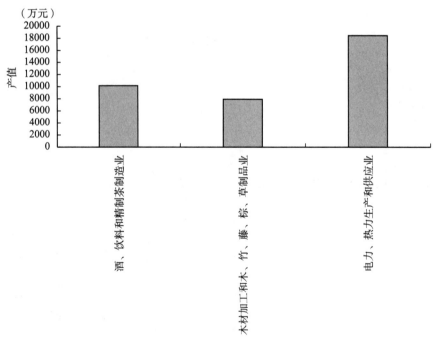

（f）三江侗族自治县工业产值结构

图 13－4－1 2016 年柳州市各县（区）工业产值结构

资料来源：2017 年柳州市统计年鉴。

2016 年柳州市市辖区重工业产值占比高达 91.68%，工业重型化特征突出，轻工业发展则较为滞后，在工业产值中仅占8.32%；柳城县、鹿寨县和三江侗族自治县轻重工业产值较为均衡，产值贡献各半；融安县和融水苗族自治县重工业产值贡献分别为68.44%和78.18%。可见，柳州市工业总体上以重工业为主（见图13-4-2）。

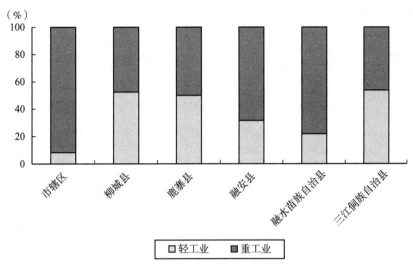

图13-4-2　2016年柳州市及各县（区）工业产值轻重结构

资料来源：2017年柳州市统计年鉴。

■ 第五节　柳州市工业化阶段分析

一、工业化阶段划分标准

从国际社会发展的客观规律来看，工业化是一个不可逾越的阶段，它反映的是一个地区的工业在国民经济中的发展过程。对工业化阶段和时期的划分，经济学家如钱纳里、霍夫曼、库兹涅茨、克拉克等人已分别对其确立了相应的标准理念，我国学者也结合我国国情和不同地区的发展进程给出了相应的划分方式，目前普遍采用的是以下评判标准表（如表13-5-1所示）。

表13-5-1 工业化阶段划分标准参照

指标	工业化起始阶段	工业化实现阶段			后工业化阶段
		初期阶段	中期阶段	后期阶段	
人均GDP（美元/人）	660~1310	1310~2630	2630~5250	5250~9800	9800以上
地区增加值构成	一产占支配优势，S<20%	P>20%，S值较低，但超过20%	P<20%，S>T且在GDP中最大	P<10%，S>T且在GDP中最大	S值相对稳定或降低，T>S
二、一产业产值比	2以下	2~4	4~6	6~8	8以上
城镇化率（%）	10~30	30左右	30~70	70~80	80以上
工业内部结构变化	—	以原料加工为重心的重工业化阶段	以加工装配工业为重心的高加工度阶段	技术、集约化阶段	—

注：表中P、S、T分别代表第一产业、第二产业、第三产业；人均GDP基于钱纳里标准按1美元=6.33元人民币汇率计算而来。

二、工业化阶段划分结果

根据柳州市产业发展现状数据，得出柳州市市辖区及各县的工业化基本情况（如表13-5-2所示）。

表13-5-2 柳州市及各县工业化基本情况

区域	人均GDP（美元/人）	地区增加值构成（%）			二、一产业产值比	城镇化率（%）
		第一产业	第二产业	第三产业		
市区	17759.72	0.88	60.12	39.00	68.27	97.55
柳江区	5731.91	18.11	48.23	33.66	2.66	46.51
柳城县	5193.52	35.00	32.79	32.21	0.94	39.83
鹿寨县	6252.13	22.64	46.34	31.01	2.05	46.84
融安县	3456.40	26.07	35.79	38.13	1.37	36.43
融水苗族自治县	3172.20	19.03	42.12	38.85	2.21	33.62
三江侗族自治县	2419.27	37.97	20.50	41.53	0.54	25.74

资料来源：2017年柳州市统计年鉴。

根据各县工业化的基本数据，参照工业化阶段标准，确定柳州市各县的工业化进程（如表 13 – 5 – 3 所示）：

表 13 – 5 – 3 柳州市及各县工业化进程

区域	工业化进程
市区	后工业化阶段
柳江区	工业化实现阶段 – 中期阶段
柳城县	工业化实现阶段 – 初级阶段
鹿寨县	工业化实现阶段 – 中期阶段
融安县	工业化实现阶段 – 初级阶段
融水苗族自治县	工业化实现阶段 – 中期阶段
三江侗族自治县	工业化起始阶段

柳州市市区第三产业增加值尚未超过第二产业增加值，其他指标均符合后工业化阶段特征，属于后期阶段向后工业化阶段转变期；柳江区人均 GDP 已达后期标准，但地区增加值和城镇化率尚处于中期阶段，第二产业与第一产业产值之比处于初级阶段，柳江区整体上达到工业化实现中期阶段；柳城县与融安县人均 GDP 和城镇化已达工业化实现中期阶段，但地区增加值构成处于工业化实现初级阶段，第二产业与第一产业产值之比处于工业化实现阶段初级标准，两县整体上处于工业化实现阶段初级阶段；鹿寨县人均 GDP 达到工业化实现后期阶段，城镇化率处于中期阶段，地区增加值构成和第二产业与第一产业产值之比均处于初级阶段，整体上属于工业化实现中期阶段；融水苗族自治县人均 GDP、地区增加值构成和城镇化率均处于中期阶段，第二产业与第一产业之比处于初级阶段，融水苗族自治县整体上处于中期阶段；三江侗族自治县人均 GDP 和地区增加值构成处于初级阶段，第二产业与第一产业之比处于起始阶段，结合工业内部结构变化，三江侗族自治县整体处于工业化起始阶段。

根据日本、中国香港地区和台湾地区等地的历史经验，工业化发展阶段中经济发展变化有以下几个特点：（1）工业化初期经济刚刚起步，虽然增长速度较快，但经济总量不大，主导产业大多为劳动密集型产业，对土地的需求有限，因此这一阶段建设用地的扩张速度相对较低；（2）工业化中期，经济高速增长，经济总量大幅增加，产业结构向多元化发展，主导产业向重化工业演进，这一阶段成为建设用地扩张最快的阶段；（3）工业化后期，完成了经济增长方式的转变和产业结构的转型，高新技术产业和生产服务业成为经济发展的动力，这一阶段建设用地扩张速度减缓。工业化完成以后，经济进入新的发展阶段，不依靠增加要素投入规模来推动经济增长，建设用地的扩张几乎停止。

第十四章

柳州市产业发展预测

第一节　柳州市工业发展预测方法

一、增长率法

增长率按下式计算：

$$P = P_0(1 + a)^n$$

式中：P——规划末工业增加值；

P_0——基准年工业增加值；

a——年平均综合增长率；

n——规划期年限。

（一）柳州市各县工业增加值增长率预测

根据柳州市及各县（区）历年工业增加值变化趋势，增长率参考《柳州市创建"中国制造2025"国家级示范区　建设现代中国制造城　打造万亿工业强市行动计划》、各地"十三五"规划提出的工业增加值增长率目标，并结合我国经济发展逐渐放缓的趋势确定（如表14-1-1所示）。《柳州市创建"中国制造2025"国家级示范区　建设现代中国制造城　打造万亿工业强市行动计划》指出，到2020年，全市工业增加值年均增长6.5%，到2025年，工业增加值年均增长7%。各地"十三五"规划工业增加值目标：到2020年，柳城县、鹿寨县、融安县、融水苗族自治县工业增加值年均增长率分别为8%、9%、8.5%、10%。

表 14 - 1 - 1　　　　　柳州市及各县（区）工业增加值增长率预测结果　　　　　单位：%

区域	工业增加值增长率预测				
	2020 年	2025 年	2030 年	2035 年	2050 年
柳州市	6.50	7.00	6.50	6.00	5.00
市区	6.00	6.50	6.10	5.50	4.50
柳江区	9.00	9.00	8.00	8.20	6.50
柳城县	8.00	8.00	7.50	6.50	5.50
鹿寨县	9.00	8.00	8.50	7.50	6.50
融安县	8.50	8.50	8.00	7.00	6.40
融水苗族自治县	10.00	9.00	8.00	7.60	6.50
三江侗族自治县	5.00	4.00	3.50	3.00	2.00

（二）柳州市各县工业规模预测结果

根据增长率法预测柳州市各县 2020 年、2025 年、2030 年、2035 年和 2050 年工业增加值，预测结果如表 14 - 1 - 2 所示。

表 14 - 1 - 2　　　　柳州市及各县（区）工业增加值增长率法预测结果统计

区域	工业增加值预测（亿元）				
	2020 年	2025 年	2030 年	2035 年	2050 年
柳州市	1585.59	2223.87	3046.90	4077.44	8476.70
市辖区	1410.64	1954.39	2652.49	3517.91	7082.80
柳城县	43.82	64.38	92.43	126.64	282.71
鹿寨县	68.80	105.86	159.17	228.51	587.70
融安县	26.06	39.18	57.57	80.75	204.76
融水苗族自治县	33.06	50.86	74.74	107.79	277.22
三江侗族自治县	4.37	5.31	6.31	7.32	9.85

二、时间序列法

（一）一主三新工业产值预测结果

根据工业产值变化（如表 14 - 1 - 3 所示），预测一主三新各区域工业总产值（如表 14 - 1 - 4 所示）。

表 14－1－3　　　　　　　　柳州市一主三新 2010～2016 年工业产值　　　　　　单位：亿元

区域	工业园区	2010 年	2011 年	2012 年	2013 年	2014 年	2015 年	2016 年
主城区	合计	350.1667	471.7549	646.295	816.8832	973.942	1051.885	1068.456
	柳南河西工业园	169.73	246.58	354.37	410.74	453.98	510	549
	柳北工业园	180.4367	201.1749	216.525	310.5432	411.962	423.885	385.136
	鱼峰洛维工业园	—	24	75.4	95.6	108	118	134.32
柳东新区	柳东新区	106	161.19	212.7	345	503.89	621.29	758.98
北部生态新区	阳和工业新区	244.0633	365.7051	460.475	553.7568	603.538	645.315	675.564
柳江区（拉堡新兴组团）	柳江新型工业园	125.54	168.3	185	210.46	248.85	252.1	267

表 14－1－4　　　　　　　柳州市一主三新时间序列法工业产值预测结果

区域	工业园区	预测结果（亿元）					增速（%）				
		2020 年	2025 年	2030 年	2035 年	2050 年	2020 年	2025 年	2030 年	2035 年	2050 年
主城区	柳南河西工业园	711	1019	1341	1678	2786	6.69	7.46	5.64	4.58	3.44
	柳北工业园	521	710	899	1087	1647	7.87	6.38	4.82	3.87	2.81
	鱼峰洛维工业园	186	282	384	491	849	8.44	8.73	6.34	5.05	3.72
柳东新区	柳东新区	1207	2049	2984	4033	7988	12.30	11.17	7.81	6.21	4.66
北部生态新区	阳和工业新区	800	1078	1364	1658	2590	4.32	6.15	4.81	3.98	3.02
柳江区（拉堡新兴组团）	柳江新兴工业园	400	665	1031	1532	4364	10.61	10.71	9.18	8.25	7.23

（二）一主三新工业产值预测结果模拟检验

对一主三新各区域原始工业总产值和时间序列预测工业产值进行线性拟合（见图 14－1－1）。

通过对一主三新各区域基础数据与预测数据做线性模拟检测，可知若无重大政策转变、重大科技突破或经济危机影响，一主三新工业增加值将保持现有的变化趋势，（如表 14－1－5 所示）。

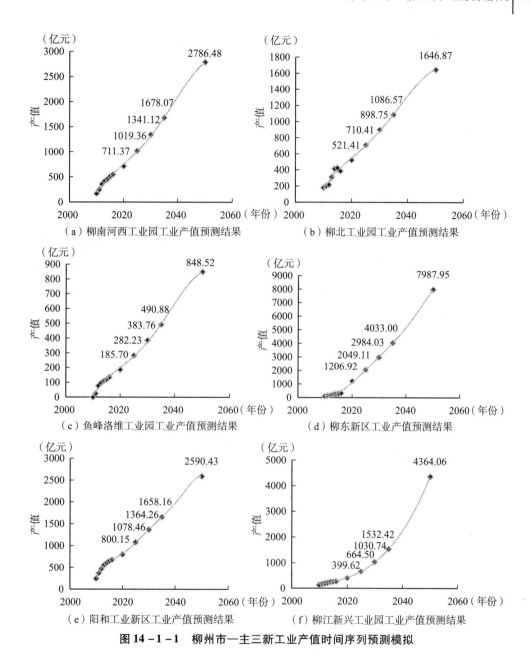

图 14 - 1 - 1　柳州市一主三新工业产值时间序列预测模拟

表 14 - 1 - 5　柳州市及各县（区）时间序列法工业增加值增长率校核结果　　　单位：%

区域	工业增加值增长率校核				
	2020 年	2025 年	2030 年	2035 年	2050 年
柳州市	12.13	7.94	5.96	4.82	3.60
市辖区	22.41	15.84	11.88	9.61	7.19
柳城县	12.78	7.65	5.80	4.72	3.55

续表

区域	工业增加值增长率校核				
	2020 年	2025 年	2030 年	2035 年	2050 年
鹿寨县	9.20	6.77	5.30	4.40	3.38
融安县	10.98	8.15	6.33	5.27	4.12
融水苗族自治县	12.75	8.08	6.03	4.86	3.62
三江侗族自治县	13.80	3.26	3.02	2.76	2.39

通过对柳州市各县基础数据与预测数据做线性模拟检测，可知若无重大政策转变、重大科技突破或经济危机影响，柳州市各县工业增加值将保持现有趋势，如时间序列预测所示。三江侗族自治县由于近年工业增加值波动较大，其时间序列预测结果精确性有待考究。

第二节　柳州市工业发展环境分析

一、国际形势

近年我国工业生产整体呈缓中趋稳、稳中有进、稳中提质的态势，从工业经济发展所处的国际形势看，发达经济体不确定性增强，但新兴经济体面临资本流出和货币贬值压力，趋弱态势依然难以扭转；从国内三大需求看，预计未来一段时间我国出口将呈低速增长趋势，投资增速小幅回升，消费总体略显乏力。当前工业运行中仍存在一些需要关注的问题：民间投资意愿不高、高端产品供给不足、实体经济过度金融化等。赛迪智库认为，2017 年全球经济将呈现缓慢复苏态势，我国经济内生增长动力继续增强，工业经济将保持平稳增长。

全球经济缓慢复苏，外贸呈低速增长。发达经济体方面，美国增加中国商品关税，导致从中国购买商品成本增加，从而使美国对中国商品的需求减少。欧洲方面，英国脱欧使得欧洲贸易保护主义重新抬头，经济复苏存在变数。尽管欧洲经济的核心德国保持稳步增长，但难民问题将继续困扰德国，甚至影响其经济复苏速度。日本经济依然疲弱，经济观察家现况指数和前景指数均较 2016 年同期水平有所下降，表明未来日本工业生产和投资活动将持续偏弱。

新兴经济体方面，2016 年新兴经济体整体表现不佳。巴西和南非 PMI 均处于荣枯线之下；俄罗斯 GDP 指数和工业生产指数均为负增长；仅有印度表现尚可，制造业 PMI 呈上升趋势。尽管大宗商品价格持续回升，但此轮回升主要是由于供给收缩而非需求扩张，因此对于经济发展主要依赖于大宗商品出口的新兴经济体而言，仍难以构成有力支撑。同时，由于美国货币政策的逐步转向，新兴国家还将面临资本外流、本币贬值等压力，预计新兴经济体的经济增长将持续走弱。

综合判断，发达经济体不确定性增强，但新兴经济面临资本流出和货币贬值压力，趋弱态势扭转难度加大。2017 年德国大选、法国大选等事件，也加大了国际贸易格局走势的不确定性。从我国国内来看，资源、人工、物流等价格上涨不断推高我国加工贸易成本，传统的外贸竞争优势不断减弱的同时，新的竞争优势尚未形成，产业发展面临"双向挤压"。

二、国内形势

我国工业经济增长动能转换加速，工业生产将保持平稳增长。投资增长有望筑底，实现小幅回升。近年来，工业投资增长呈阶梯状下行的趋势，2016 年仅有 3%左右的增长水平，明显低于全国固定资产投资增速。在"十三五"的带动下，规划投资热点集中涌现，PPP 项目、专项建设债等融资工具将进一步发挥引导投资方向的作用。

政策因素叠加，零售消费增长略显乏力。近几年，消费增速缓慢下行，2016年 1 ~ 10 月，社会消费品零售总额同比增长 10.3%，增速比 2015 年同期有所下降。消费整体下行的背景下，部分行业仍保持了较快增长，尤其是享受型消费和新兴领域消费比较活跃。"互联网 +""宽带中国"等战略的实施将进一步刺激新的消费需求的产生，尤其是网上零售将保持快速增长，成为支撑消费平稳增长的利好因素。由于汽车购置税减半政策年底到期，汽车销量将难以延续 2016 年的增长趋势，整体趋稳，增长动力有所不足。综合来看，我国工业经济增长动能转换加速迹象明显，有望保持平稳增长。

三、政策导向

2018 年 4 月 15 日上午，柳州市市委书记郑俊康主持召开市委常委会，审议一批事项。其中审议的《中共柳州市委　柳州市人民政府关于创建"中国制造 2025"国家级示范区　建设现代中国制造城　打造万亿工业强市的决定》《柳州市创建"中国制造 2025"国家级示范区　建设现代中国制造城　打造万亿工业强市行动计划》给柳州定下了大志向，目标要成为引领广西工业发展的万亿工业强市。

柳州要全面推动工业经济提质增效、转型升级，全力推进"三大建设"，积极创建"中国制造2025"国家级示范区、建设现代中国制造城，加快打造万亿工业强市。柳州要贯彻落实自治区"双核驱动""三大生态""两个建成"等战略部署，紧紧抓住国家高度重视发展实体经济、推进制造强国、创新型国家建设等重大战略机遇，深度融入国家"一带一路"建设和珠江—西江经济带开放发展，按照新发展理念和高质量发展要求，深入实施"实业兴市，开放强柳"战略，坚持存量增效益、增量扩规模，以供给侧结构性改革为主线，扎实推进工业发展"十大行动"，全面加快产业转型升级、提质增效，积极推动工业向高端化、智能化、绿色化、服务化迈进，不断增强工业经济综合实力、可持续发展能力，全力推动质量变革、效率变革、动力变革，努力创建"中国制造2025"国家级示范区，具有创新引领能力和明显竞争优势。

四、阶段目标

到2020年，力争实现工业总产值突破6400亿元，工业供给侧结构性改革取得阶段性成效，产业结构不断优化，自主创新力持续增强，发展质量、效益、动力显著提升，成为"中国制造2025"国家级示范区，为建设现代中国制造城、打造万亿工业强市打下坚实基础。

到2025年，力争实现工业总产值突破10000亿元大关，工业结构进一步优化，主导产业优势突出，战略性新兴产业蓬勃发展，中高端产品和服务供给有效扩大，自主创新进一步增强，掌握一批重点领域关键核心技术，两化融合迈上新台阶，制造业数字化、网络化、智能化取得明显进展；发展质量、效益、动力进一步提升，制造业整体素质显著增强等。

五、科技支撑

北部生态新区签约一批智能制造项目。2017年12月，在首届广西智能制造论坛上，北部生态新区与多家智能制造领域的权威机构和领军企业就涵盖智能制造全产业链的11个项目集中签约，这些项目将扎根新区成为"拓荒者"，助力广西智能制造城。

柳东新区成为广西可持续发展实验区创建单位。2017年，广西科学技术厅官方网站发布通知公告，柳州高新区（柳东新区）被确认为第二批广西可持续发展实验区创建单位，到2020年，柳东新区将完成技术创新平台和信息服务平台、创新创业和人才引进平台、创新融资平台等建设。

　　柳州智能交通产业园加快建设。城市轨道交通产业是柳州实现"增量崛起"的战略性新兴产业，2018 年 3 月 15 日广西壮族自治区人民政府与中国中车集团在北京正式签署战略合作协议，柳州智能交通产业园将按照双方战略协议加快建设。

　　智能电网产业园（一期）。位于北部生态新区沙塘镇的产业园以建设智慧城市为契机，开展发、变、输、配、用、检测等电网智能设备制造及信息通信平台建设，着力发展园区产业高端制造。

　　柳州启迪科技城。建成后的启迪科技城汇集创新科技领域的研发、孵化、成果转化、综合服务等功能，重点围绕战略新兴产业、汽车工业、大健康生物医药、金融等现代高端产业，打造特色鲜明、功能完善的科技创新平台、科技成果产业化基地。

第三节　柳州市工业发展规模预测结果

　　综合考虑时间序列法和增长率法两种方法的特点，由于时间序列法对远期预测误差较大，而增长率法的预测结果较符合柳州市的工业发展前景，故最终采用增长率法的结果，各年限工业园区工业产值预测值结果如表 14 - 3 - 1 所示，各年限一主三新各区域工业产值具体预测结果如表 14 - 3 - 2 所示。

表 14 - 3 - 1　　　　柳州市各工业园区工业产值预测综合评估结果　　　　单位：亿元

区域	方法	工业产值预测				
		2020 年	2025 年	2030 年	2035 年	2050 年
柳南河西工业园	增长率法	700	1000	1389	1886	3810
	时间序列法	711	1019	1341	1678	2786
	综合预测结果	700	1000	1389	1886	3810
柳北工业园	增长率法	500	800	1231	1809	4990
	时间序列法	521	710	899	1087	1647
	综合预测结果	500	800	1231	1809	4990
鱼峰洛维工业园	增长率法	150	300	529	851	2701
	时间序列法	186	282	384	491	849
	综合预测结果	150	300	529	851	2701
柳东新区	增长率法	1200	2000	3250	5187	18382
	时间序列法	1207	2049	2984	4033	7988
	综合预测结果	1200	2000	3250	5187	18382

续表

区域	方法	工业产值预测				
		2020 年	2025 年	2030 年	2035 年	2050 年
阳和工业新区	增长率法	800	1800	3172	5109	16206
	时间序列法	800	1078	1364	1658	2590
	综合预测结果	800	1800	3172	5109	16206
柳江新兴工业园	增长率法	400	600	882	1266	3255
	时间序列法	400	665	1031	1532	4364
	综合预测结果	400	600	882	1266	3255
合计		3750	6500	10453	16108	49344

表 14 - 3 - 2　　柳州市一主三新各区域工业产值预测综合评估结果　　单位：亿元

区域	方法	工业产值预测				
		2020 年	2025 年	2030 年	2035 年	2050 年
主城区	增长率法	1350	2100	3149	4546	11501
	时间序列法	1418	2012	2624	3256	5282
	综合预测结果	1350	2100	3149	4546	11501
柳东新区	增长率法	1200	2000	3250	5187	18382
	时间序列法	1207	2049	2984	4033	7988
	综合预测结果	1200	2000	3250	5187	18382
北部生态新区	增长率法	800	1800	3172	5109	16206
	时间序列法	800	1078	1364	1658	2590
	综合预测结果	800	1800	3172	5109	16206
柳江区（拉堡新兴组团）	增长率法	400	600	882	1266	3255
	时间序列法	400	665	1031	1532	4364
	综合预测结果	400	600	882	1266	3255
合计		3750	6500	10453	16108	49344

第十五章

柳州市用地需求预测

本章采用"以产定地"的用地预测方法。柳州市是一个工业城市，工业用地是城镇建设用地的重要组成部分，根据前文对产业发展的预测，确定工业用地规模，在此基础上，参考《城市用地分类与规划建设用地标准》里"工业用地占城市建设用地比例的 15.0% ~ 30.0%"的标准，并根据城市历年工业用地占城镇建设用地比重的变化情况，通过以下公式计算未来城镇建设用地规模：

预测期城镇建设用地需求 = 预测期工业用地预测规模/预测期工业用地占比

■ 第一节 柳州市工业用地需求预测

一、地均产值确定

(一) 柳州市各县 (区) 地均产值预测结果

通过对柳州市产业结构分析，确定柳州市各县主导产业及其潜力，与前文中产业发展环境相结合，预测各县工业未来发展趋势，按照单位地区生产总值耗地量下降的要求，根据历年的产出强度变化趋势，将历年产出强度进行线性拟合。根据线性拟合的结果，预测 2020 年、2025 年、2030 年、2035 年、2050 年工业产出强度。其中，由于市辖区工业发展势头良好，伴随着汽车产业与智能产业的不断发展，其地均产值确定数将在线性拟合结果的基础上小幅度的提高。确定各县工业用地产出强度如表 15 - 1 - 1 所示。

表 15-1-1 　　　　柳州市各县（区）工业用地产出强度预测结果　　　单位：亿元/平方公里

预测方法	区域	历年工业用地产出强度					工业用地产出强度预测值				
		2012年	2013年	2014年	2015年	2016年	2020年	2025年	2030年	2035年	2050年
综合预测结果	合计	12.92	12.16	11.88	11.45	11.72	13	15	18	20	23
	市辖区	13.86	13.18	13.05	12.55	12.86	15	16	19	22	25
	柳城县	9.79	9.79	7.83	7.93	7.52	8	9	9	10	11
	鹿寨县	8.25	6.61	6.55	6.47	6.86	8	10	12	14	20
	融安县	8.43	6.07	5.20	5.24	5.93	8	12	15	18	29
	融水苗族自治县	6.12	5.75	5.63	5.67	5.74	6	6	6	7	8
	三江侗族自治县	23.26	13.56	11.44	7.15	5.81	5	7	8	9	12

（二）一主三新各区域地均产值预测结果

根据《柳州市创建"中国制造2025"国家级示范区　建设中国制造城　打造万亿工业强市行动计划》可知各园区类型，结合《广西壮族自治区建设用地控制指标（修订版)》，确定各园区产出强度指标范围，并根据现状确定产出强度，如表15-1-2所示。

表 15-1-2 　　　　柳州市一主三新工业园区产出强度指标确定　　　单位：万元/公顷

区域	工业园区	工业园区类型	指标	2016年产出强度	产出强度			
					2025年	2030年	2035年	2050年
主城区	柳南河西工业园	自治区级	>2800	6661.02	6661.02	6661.02	6661.02	6661.02
	柳北工业园	自治区级	>2800	15317.33	15317.33	15317.33	15317.33	15317.33
	鱼峰洛维工业园	A类	>2200	6229.30	6229.30	6229.30	6229.30	6229.30
柳江区（拉堡新兴组团）	柳江新兴工业园	自治区级	>2800	6664.79	6664.79	6664.79	6664.79	6664.79
柳东新区	柳东新区	国家级	>6300	9914.43	9914.43	9914.43	9914.43	9914.43
北部生态新区	阳和工业园	自治区级	>2800	6835.28	6835.28	6835.28	6835.28	6835.28

二、工业用地需求预测

(一) 柳州市各县 (区) 工业用地预测结果

根据产值结构分析和发展趋势确定工业用地产出强度,并根据前文预测得到的工业增加值计算柳州市各县工业用地规模,结合柳州市各县工业化发展阶段的用地需求特点,得到工业用地需求结果,如表 15 - 1 - 3 所示。

表 15 - 1 - 3　　　柳州市及各县 (区) 工业用地需求　　　单位:公顷

区域	工业用地需求 (公顷)			
	2025 年	2030 年	2035 年	2050 年
市辖区	18793	26262	33841	68069
柳城县	784	1152	1454	3400
鹿寨县	1108	1421	1831	3536
融安县	334	393	459	683
融水苗族自治县	908	1397	1759	4246
三江侗族自治县	73	76	78	79
合计	22000	30700	39423	80014

(二) 一主三新工业用地预测结果

根据一主三新各区域历年工业用地产出强度、工业发展趋势来确定工业用地产出强度,并根据前文预测得到的一主三新工业产值综合预测结果计算一主三新工业园区工业用地规模,结合一主三新各工业园区工业化发展阶段的用地需求特点,得到工业用地需求结果,如表 15 - 1 - 4 所示。

表 15 - 1 - 4　　　柳州市一主三新各工业园区工业用地规模　　　单位:公顷

区域	工业园区	2016 年工业用地规模	工业用地规模			
			2025 年	2030 年	2035 年	2050 年
主城区	合计	1059.4445	2505	3738	5379	13314
	柳南河西工业园	656.9506	1501	2086	2831	5720
	柳北工业园	258.8983	522	804	1181	3258
	鱼峰洛维工业园	143.5956	482	849	1367	4336

续表

区域	工业园区	2016年工业用地规模	工业用地规模			
			2025年	2030年	2035年	2050年
柳江区（拉堡新兴组团）	柳江新兴工业园	324.9857	900	1323	1899	4884
柳东新区	柳东新区	862.1874	2017	3278	5232	18540
北部生态新区	阳和工业园	419.1448	2633	4641	7474	23710

第二节 基于产业发展的柳州市城镇建设用地预测

根据未来工业发展所需用地预测工业用地规模。主要方法是按照工业用地占城镇建设用地比重要求测算工业用地规模。预测公式如下：

预测期城镇建设用地需求 = 预测期工业用地预测规模/预测期工业用地占比

工业用地在城镇建设用地中的占比：根据历年工业用地规模与城镇建设用地规模的比值，可知工业用地占比基本维持稳定，变化量不大，根据2012~2016年各县（区）工业用地占比平均值，结合现城镇工业用地规模变化趋势，即逐渐减少，预测2025年、2030年、2035年、2050年工业用地占比，城镇建设用地规模分别为66896公顷、94027公顷、120381公顷、255704公顷（如表15-2-1、表15-2-2所示）。

表15-2-1 柳州市各县（区）工业用地在城镇用地中的占比预测结果 单位：%

区域	工业用地在城镇用地中的现状占比					2012~2016年工业用地年均占比	工业用地在城镇用地中的占比预测值			
	2012年	2013年	2014年	2015年	2016年		2025年	2030年	2035年	2050年
柳州市	30.67	33.81	34.89	34.60	32.85	33.06	33	33	33	31
市辖区	32.09	35.71	36.55	36.37	34.45	34.70	34	34	34	33
柳城县	18.84	17.86	21.68	21.69	21.37	20.29	20	19	19	17
鹿寨县	31.62	35.29	36.30	36.02	35.29	34.90	35	34	34	31
融安县	25.22	29.25	32.98	30.26	29.37	29.41	29	28	28	26
融水苗族自治县	32.12	31.89	33.63	32.20	30.43	32.05	30	29	29	26
三江侗族自治县	7.77	8.41	8.34	10.54	9.68	8.95	9	9	9	8

表 15 – 2 – 2　　　　　"以产定地"——柳州市各县（区）
城镇建设用地规模预测结果　　　　　单位：公顷

区域	2017 年	城镇建设用地预测值			
		2025 年	2030 年	2035 年	2050 年
柳州市	33054	66896	94027	120381	255704
市辖区	25820	54820	76723	98767	204350
柳城县	2014	3920	6064	7654	20001
鹿寨县	2064	3166	4179	5385	11408
融安县	1105	1152	1403	1639	2626
融水苗族自治县	1317	3026	4816	6065	16332
三江侗族自治县	735	812	844	869	987

第十六章

基于年均增量法的柳州市用地需求预测

柳州市是人口净流入的城市，不断扩大的人口规模，为柳州市社会经济持续发展注入了活力；同时柳州是广西最大的工业城市，以发展工业为主，工业化程度高，其工业生产总值位于全区最高，社会经济发展对用地的需求持续上升。

基于人口增长和经济发展对城镇规模扩张的双重驱动，采用"以人定地"与"以产定地"的方法对柳州市城镇建设用地规模预测，切合柳州市的实际情况。前文已引入这两个方法对柳州市未来城镇建设用地规模进行预测分析。同时，年均增量法是预测城镇建设用地的基本方法，采用年均增量法作为用地规模预测的补充，可以科学预测柳州市用地需求。年均增量法即利用现状的城镇建设用地规模和历年的城镇建设用地变化量，对未来的城镇建设用地加以外推：城镇用地规模 = 现状城镇建设用地规模 + 年均城镇建设用地变化量 × 规划年限。根据以上对柳州市 2006 ~ 2016 年城镇建设用地的动态分析，得知柳州市城镇建设用地变化趋势，剔除变化异常的数值后，求历年变化量的平均值，最后将所得的平均值乘规划年限，即可求出基于年均增量法规划期城镇建设用地规模，如表 16 - 1 所示。

表 16 - 1 　　　　　　柳州市城镇建设用地年均增量法预测结果 　　　　　单位：公顷

区域	2006 ~ 2016 年均用地变化量	城镇建设用地预测结果			
		2025 年	2030 年	2035 年	2050 年
柳州市	—	43612	50063	56515	75868
市辖区	877. 65	33628	38436	43244	57669
柳城县	62. 99	2570	2885	3200	4145
鹿寨县	121. 31	3105	3712	4318	6138
融安县	38. 42	1425	1617	1809	2386
融水苗族自治县	65. 33	1880	2207	2533	3513
三江侗族自治县	40. 53	1004	1207	1409	2017

第五篇

柳州市人产地布局引导建议

第十七章

柳州市工业发展与工业园区布局优化建议

■ 第一节　柳州市工业发展建议

一、有序推进工业结构优化升级

围绕柳州市建设现代中国制造城，打造万亿工业强市的行动计划，有序推进工业结构优化升级。第一突出先导，做强做大新兴产业，增加基础装备、核心技术的研发投入，形成一批具有前瞻性和竞争力的智能制造业。遵循产业发展规律，围绕新能源、新材料、节能环保等领域，挖掘和培育一批具有高附加值和成长潜力的产业。第二突出带动，着力打造产业集群区。依托特色产业基地、产业园区等载体形成一批创新型产业集群，以提高产品的技术含量和制造能力为重点，加大对传统产业技术、产品的支持力度，推进知识、产品、技术等创新资源与传统产业的融合。

二、优化主导产业结构

主导产业引领工业经济发展，优化产业结构，提升主导产业比重，对产业经济发展具有重要作用。以机械制造为主导的城镇，积极引导企业引进高新技术和高科技机械装备设备，提升现有企业的制造能力，重点发展汽车零部件、机械零部件等产品制造业；积极培育大型铸锻件、基础零部件等项目，鼓励支持开发机电一体化高新技术项目，重点培育自动化、大型化、连续化和高效成套机电设备。以矿产开发为主导产业的城镇，要优先考虑让能延长产业链的投资商进入矿产资源开发领域，努力引进具有雄厚资金和技术实力的企业进行矿产资源开发及精深加工，推进资源就地转化，最大限度地延长产业链，提升产品的附加值，使矿产品加工产业形成有特色的产业集群。以农林产品深加工为主导产业的城镇，要从本地实际出发，充分利用各种有利条件，实现农林初级产品向精深加工产品转变，提升高档优质产品产出规模，增加整体资源经济效益。

三、推进"绿色园区"建设

有序推进工业园区生态化改造，发展主导产业链型生态园区，培育一批循环经济示范企业和循环经济示范园区。推进资源再生利用产业化、规模化发展，引导企业积极采用先进适用的节能降耗技术、工业和装备提高大宗工业固体废弃物、废旧金属、废弃电器电子产品等综合利用水平，鼓励企业积极开发绿色产品，加快建设绿色工厂。以汽车零部件、工程机械、大型工业设备及其关键零部件等为重点，实施高端再制造、智能再制造等，促进再制造产业规范化、规模化发展。严格控制高能耗、高排放行业，加强对重点行业和重点企业节能工作的动态指导和监督，全面落实企业节能目标责任制、超能耗企业挂牌督办等各项节能管理制度，建立健全节能管理、监察、服务"三位一体"的节能管理体系，做好节能降耗减排工作。

四、加快推动传统产业转型升级

做大做强汽车产业，巩固提升柳州市在国内汽车行业的战略地位，努力打造国际知名、国内一流的中高端汽车制造基地，强化整车生产能力，以广西柳州汽车城为主要承载地，强化上汽通用五菱汽车股份有限公司、东风柳州汽车有限公司的龙头带动作用。加快推动钢铁产业转型升级和机械产业"二次创业"，建设我国重要的工程机械生产基地，形成柳工机械、欧维姆两个国际知名品牌。加快推动轻工业振兴，重点发展干米粉、袋装螺蛳粉等方便食品，培育壮大酸笋、豆角、腐竹、木耳等食材基地和原料加工企业，打造螺蛳粉全产业链。

五、大力发展重点新兴产业

柳州市应大力发展高端装备制造业，以广西智能制造城建设为载体，重点发展轨道交通装备、智能电网装备、机器人等产业，打造柳州高端装备产业集群。培育柳州轨道交通产业发展有限公司，加快柳州市北部生态新区智能电网产业园建设，加强与中国南方电网有限责任公司合作。争取引进智能产业骨干企业，重点发展智能楼宇、智能家居、虚拟电厂等智能用电设备以及智能变电站、智能变压器等输变电设备，打造智能电网研发制造全产业链。大力发展新一代电子信息技术产业、节能环保产业、生物与制药产业和生产服务业。

六、推动现有制造体系信息化和智能化改造升级

推进重点领域智能制造，开展智能化改造升级行动，实施"机器换人、设备换芯、生产换线"，全面改造传统产业现有的制造体系。大力发展智能制造装备，加快智能制造核心技术攻关和关键零部件研发，推动制造技术向自动化、数字化、信息化、智能化转变。推动互联网与制造业融合创新，积极推进"互联网＋智能制造"，加快建设智能制造云服务中心、大数据中心等线上平台，构建市场需求、原料供给、市场消费、售后服务为一体的智能制造产业生态系统。

七、加强创新引领，激发工业活力

加强科技创新，建设完善的产业、企业、产品创新链，支持和鼓励企业建设高水平技术中心、工程（技术）研究中心、重点（工程）实验室，建立博士后工作站、院士工作站；加强制度创新，以企业为主体，以打造企业创新的动力机制、运行机制和发展机制为核心，加快建立产权明晰、权责明确、政企分开、管理科学的现代企业制度；加强政策创新，研究制定支持柳州市工业高质量发展的若干政策措施，结合国家产城融合示范区和空间规划试点建设，强化工业用地保障，完善产业用地供地管理流程，建立以单位土地面积投资强度、产出效益、创造税收等为指标的分区域、分行业工业用地标准体系；加强管理创新，构建完善质量监管体系、品牌创建体系；加强环境创新，进一步简政放权、优化服务，推行行政审批无差异化服务，对涉及重大产业项目，开辟"绿色通道"，提高审批效率。

■ 第二节　柳州市工业园区布局优化建议

一、因地制宜，充分考虑用地存量

产业用地应布置在地质条件稳定地带，将易造成大气污染的工业用地布置在城市下风向，充分考虑主导风向、风速、季节及局部环流等因素，一类工业可布置在城市主导风向的上风向，二类及三类工业应布置在城市主导风向侧面，三类工业不

宜集中布置；将易造成水体污染的工业用地布置在城市下游，大量排放污水的企业可集中布置，对排放的污水进行集中处理；城区内污染较大的工业应逐步向外围工业园区搬迁，充分考虑用地存量，集约发展，以便于实现生产协作，发挥规模效应。

二、划分产业园区类型，引导产业集聚

积极响应总体产业发展战略，顺应城市和产业园区发展规律，将全市产业园区分为三类：大力推进类、适度控制类和限制发展类。其中，大力推进类是柳州工业转型突破发展的"主战场"；适度控制类应限制进行大规模开发，因地制宜地发展资源环境可承载的适宜产业；限制发展类严控发展规模，远期逐步退出。按照空间集聚发展、生产集约高效、分工联动合作、适度产城融合的原则，整合产业链，推动产业集聚，全面落实"实业兴市、开放强柳"战略。引导柳城、融安、融水和三江工业园集约高效发展，加快形成完整的产业链和特色优势产业集群，重点生态功能区要严格实行产业准入负面清单制度，原则上不再新建工业园区和扩大园区面积。

三、保障工业园区用地供应

用地指标优先保障工业园区用地，对工业园区用地开辟"绿色通道"。国土部门统筹安排全市工业建设用地指标，适应工业园区建设的实际需求，加强对县级工业园区的土地保障；建立工业园区企业退出机制，对逾期不开发建设、土地闲置满一年的，按照国家相关规定征收土地闲置费，引导工业园区集约布局。

第三节　柳州市一主三新工业发展优化建议

柳州市市辖区为自治区重点开发区，是柳州城市发展的核心，也是区域人口、产业、交通枢纽的集聚中心。未来应充分发挥市辖区的引领功能，推动柳东新区、北部生态新区、柳江区（拉堡新兴组团）与中心城区一体化发展，打造服务水平高、容纳能力强的辐射带动中心，建设柳州都市区。加速市辖区扩容提质，改造提升市辖区功能，重点优化城市产业结构，强化城市产业就业支撑；积极培育新兴产业，发展多种功能的城市综合体，促进城市功能的有机扩散；优化城市空间结构，加速城乡基础设施建设，提升城市基本公共服务水平，建设绿色、智慧、人文等新型城市。

一、柳江区（拉堡新兴组团）

柳江区（拉堡新兴组团）围绕"东进西扩，南延北联，重点向南"的城市发展布局，按照"高起点、高水平、高质量、前瞻性"的规划建设要求，统筹安排城市资源，重点引进商贸物流、生物医药、高新技术、大型城市综合体、电子信息、新型材料等产业，推动产城融合发展。围绕创新驱动、转型升级这条主线，推进工业提质增效、扩大规模，巩固提升和拓展完善汽车及零部件、机械制造、食品加工三大支柱产业，以先进装备制造、生物医药、电子信息为三大战略性新兴产业，以建材、电力为两大传统产业的"332"现代工业产业体系，推动柳江工业创新升级，建设区域性先进制造业配套基地，打造柳州工业发展次中心。全力加快推进"一园八区"的开发建设，拓展工业发展平台，积极培育战略性新兴产业和新业态、新模式，提升产业竞争力，打造柳江产业发展升级版；加快智能制造转型，以"互联网＋工业"为重点加快新一代信息技术与制造业深度融合。

二、柳东新区

加快工业产业转型升级，构建现代化智能产业体系。柳东新区以"南建北扩，东进西连，中心提升"为近期建设策略，以开拓中欧产业园、建设粤桂黔高铁经济带广西园为契机，延伸广西柳州汽车城辐射力，坚持"产城融合"的发展道路。柳东新区今后要创新发展汽车整车及零部件制造业，发展新能源汽车产业，研发一系列新能源产品，积极培育机械装备制造业、有色金属及新材料、电子信息、生物医药、节能环保等特色及新兴产业，培育一批具有较强竞争力的高新技术企业，以重大技术突破和重大发展需求为基础，促进科技与产业的深度融合，促进产城人融合，实现柳东新区跨越式发展。

三、北部生态新区

北部生态新区担负传统产业转型升级和探索未来经济发展模式的重任，助力柳州市打造万亿工业强市。北部生态新区是柳州传统的农业区，工业较为薄弱，城镇化水平低，传统发展方式遗留的包袱少，有利于统筹城市周边地区发展的城镇化新路径，打造工业柳州智能制造的新坐标。随着广西智能制造城落户北部生态新区，产业转型升级的要素开始集聚，逐渐发展成为柳州经济的新引擎，打造出一个以国家级经济技术开发区、中国工业2025示范基地、广西智能制造城为发展目标的智慧城市新区。

第十八章

柳州市人口集聚及布局引导建议

■ 第一节　柳州市城镇人口集聚引导建议

一、加强产业在城镇的集聚，增加就业机会

产业与人口之间是相互作用的，产业集聚会带来人口的集聚，人口的集聚又进一步加强产业集聚。柳州市以汽车、机械制造等产业为主，对人口资源的需求一般；而在未来的发展中，柳州市将结合产业转型和升级等方面的要求，重点发展第三产业，对人口资源的需求不断增大，就业吸纳能力增强，从而吸引城镇人口的集聚。根据柳州市各城镇的综合承载能力，以产业园区为载体，引导各类企业向园区集中，促进人口与产业协同集聚、产业发展与城镇建设有机融合，形成产业聚人、城市留人的发展格局，实现人、产、城互动融合。

二、加强基础设施和公共服务设施建设，提升城市品质

根据城镇和产业发展需要规划好城镇道路、供水、供电、通信、污水垃圾处理、物流等基础设施，加强城镇与周边交通干线和大中小城市的交通衔接，增加对外交通的便利性；加强公共服务设施的人性化建设，从教育、居住、社会保障、就业创业、建设保障性住房等方面提供优质的公共服务，让外来人口"进得来、住得下、融得进、能就业、能创业"，增强城镇居民的归属感，确保"吸引人、留住人"，全面提高城镇居民居住、生活便利性，从而吸引人口集聚。

（一）深化户籍制度改革，消除外来人口市民化障碍

户籍制度能够使公民的身份得到充分的认证，能够保证市民在参加社会活动中得到公平、公正的对待。柳州市是人口净流入的城市，流动人口近四成来自县域，其余来自市外，以进城就业居多。而目前我国的户籍制度实施的是以家庭为单位的户口管理，这是一种静态管理。随着经济社会的发展，人口流动的加快，单纯地依靠户口的静态管理很难对流动人口进行有效的管理和监控，导致大量人户分离现象的出现。因此柳州市户籍管理模式应该逐步过渡到以人为主，即从户口管理过渡到人口管理，从静态管理过渡到动态管理，减小外来人口的迁徙自由受附加在户口之上的其他制度的限制，充分实现外来人口迁徙自由，确保外来劳动力落户城镇。

（二）建立农村转移人口住房保障体系

不断完善进城农村转移人口住房保障体系和政策支持体系，逐步解决进城农村转移人口的居住问题。以"高端有市场、中端有支持、低端有保障"为目标，面向高收入、中等收入、低收入三种层次人群，提供不同的住房条件，规范满足高收入家庭需求的商品房制度，建立满足中等收入家庭需求的安居房制度，完善满足低收入家庭需求的基本住房保障制度。在小区内建设不同层次的住房类型，以满足不同层次居民的住房需求，促进社会不同阶层之间的交流互动，提升城市融合度。

（三）完善农村转移人口子女教育政策

在义务教育方面，保障农业转移人口子女平等享有受教育权利。市县政府要将农业转移人口及其他常住人口随迁子女义务教育纳入公共财政保障范围，实行就近划片入学政策。公办学校积极接纳农业转移人口子女的同时，鼓励民办学校接收农业转移人口子女，切实保障农业转移人口子女接受九年义务教育的权利。逐步完善并落实中等职业教育、高中教育和普惠性学前教育学生资助政策，农业转移人口及其他常住人口随迁子女同等享受相应的资助政策。

（四）完善农村转移人口就医政策

全面建立城乡统一的，多层次、开放性的居民基本医疗保险制度。对于居住证持有人选择参加居民医保的，个人缴费标准和财政补助标准均相同，实现在待遇标准上的城乡统一。实行全市城乡医疗保险参保就医"一卡通"，避免重复参保、重复补助。建立"分档选择"和政府补贴相辅相成的城乡医疗保险，以家庭为单位的全民医保，不分城乡、年龄和职业，根据家庭经济承受能力选择相应的保障待遇层次，以此为保险基数，政府给予适当的财政补贴，实现医疗保险一体化，并尽可

能实现同等标准下保障水平的一致性，消除城乡间医疗保障差距，实现城乡协调发展。加快落实医疗保险关系转移接续办法，实现参保人跨制度、跨地区转移接续。加快落实异地就医结算办法，实现省内异地就医即时结算，推进省外异地就医联网结算。实施统一的城乡医疗救助制度，统筹使用城乡医疗救助资金。

（五）加强农村转移人口职业培训

农村转移人口能否由"乡下人"转变为真正的"城里人"，除了制度、法律、资金等因素之外，还取决于农村转移人口自身的素质和能力。城市公共职业教育和培训服务向进城农村劳动力充分开放；政府要增加对农民工职业培训的财政补贴，降低农村转移人口的职业培训负担。积极促进政府、企业与社会的参与，发挥资源配置的优势，努力构建全方位、多层次、全形式的农业转移人口职业培训体系，健全与规范农业转移人口培训市场，制定农业转移人口培训激励政策。

三、提高市民化能力，促进城镇化高质量发展

柳州市城镇化率在全区排名领先，城市承载力不断提高，在未来需提高城镇化质量，继续推进城镇化向健康合理方向发展。提高城镇化质量就是要让乡—城流动人口获得作为城市居民的身份和平等权利，融入城市社会，成为真正意义上的"市民"阶层。当前乡—城流动人口文化素质和劳动技能很难适应产业经济转型和升级的需要，通过加大人力资本投入，逐步建立城乡统一、公平竞争的劳动力市场，提升乡—城流动人口发展能力。乡—城流动人口难以融入城市社会的原因有两方面，一方面是由于制度上的排斥，这部分人口在城镇化发展相配套的各种制度方面安排滞后，从而导致职业与身份转换不同步；另一方面是乡—城流动人口自身的政治意识较为薄弱，难以与本地人公平、公正、公开地参与公会、党团组织、社区活动，缺乏城市主人翁意识，需要增强归属感和责任感。因此应明确乡—城流动人口的政治定位，提高文体公益活动的社会参与度。

四、完善养老制度及政策，逐步实现健康老龄化

柳州现在老年人口的比例不断上升，意味着每年会有更多的人进入退休养老的状态，如果养老制度不够完善，这些"退休"人员上升的负担会加到"在职人员"的身上，所以柳州市未来在养老制度方面应该在建立面向整个人群的医疗保险制度的同时，有必要针对老年人制定有关政策，以保障老年人医疗的基本需求。对于城镇人口，需要完善职工基本医疗保险制度，建立多层次的医疗保障体系；而对于农

村人口，可以探索多种形式的健康保障方法。在养老设施建设方面可积极引导由家庭式的养老向社会式养老过渡。在养老机构上，我国现存的养老机构全是政府融资建设的，但随着老龄化的加剧，我国的养老机构供不应求，政府的力量远远不够，需要我们调动各方面的因素，建立由个人、企业、社会、政府各方面力量相结合的养老机构。除此之外，也可实行弹性退休年龄制度，充分发挥老年人力资源优势。

■ 第二节　柳州市一主三新城镇人口集聚发展建议

柳州市一主三新是柳州市未来区域人口的集聚中心，在集聚发展的同时，也要致力提升柳州市城乡基础设施建设，提升城市基本公共服务水平，建设绿色、智慧、人文的新型城市。

一、柳江区（拉堡新兴组团）

改善人居环境，完善城市功能，吸引人口集聚。柳江区（拉堡新兴组团）是柳州市未来人口和产业转移承接区，其主导产业为物流、居住及商贸。柳江区（拉堡新兴组团）的各类设施按照市辖区标准进行规划设计，并以整体推进的方式进行建设，包括学校、公园、城市道路和基础设施等，持续提升城市品位，让新城以优美宜居的环境吸引老城区居民。坚持产城融合，继续扩大产业规模，创造就业机会，推进城镇人口集聚和农业转移人口市民化；结合小城镇建设、城乡建设用地增减挂钩、农村土地综合治理等工作，加大人口集聚、资金集聚和技术集聚力度，促进现有农业人口向城镇集聚。

二、柳东新区

加快基础设施建设步伐，以产业集聚促进人口集聚。高标准建设雒容镇、洛埠镇道路交通、供排水、公共卫生、文化教育等基础配套设施，完善公共配套，进一步增强柳东新区聚集、辐射、带动的能力，促进农村人口向城镇集中，成为带动周边农村发展的区域中心。加快汽车城物流、金融、科技等生产性服务业发展，同步推进商贸、旅游、文化等生活性服务业，以现有的与汽车产业相关的院校为依托，建设综合性大学，制定相关优惠政策，营造新环境，实施人才战略，吸纳高质量高素质人才，全面带动人口的聚集。

三、北部生态新区

北部生态新区相较于其他新区处于起步阶段，因此，应在未来几年加快城镇人口的聚集和新区的建设。北部生态新区规划以高新技术、休闲经济、高端服务等新型产业为主，既是集聚战略性新兴产业和城镇化发展人口的主要区域，又是柳州中心城区和汽车城向北纵深发展的后备地。北部生态新区要依据各乡镇资源禀赋及区位优势等条件，完善各镇公共及基础设施服务建设，改善交通条件，出台相关人才政策，将新区打造成为一个"磁场"，不断吸引人才进入"绿色洼地"，从而促进柳州市市辖区及各县、来宾、河池等地的人口在北部生态新区流动，推进乡镇产业、人口及各生产要素在北部生态新区的集聚。

■ 第三节　柳州市农村人口流动引导

一、"出得去"——促进农村人口迁移

（一）有序推进农业转移人口市民化，加快户籍制度改革步伐

根据柳州市各个城镇不同的功能定位，分类制定差别化落户政策。降低城镇落户门槛，对已在城镇稳定就业、举家在城镇居住生活的农业转移人口等调整、出台相关户口政策，为这些群体在城镇定居落户打通通道，确保农村劳动力落户城镇。制定出台符合回乡落户条件群众的回迁落户政策。开展"互联网＋"户政业务工作，逐步实现全部户籍业务网上受理、网上审核、一次办理，最大限度地方便群众。结合柳州的实际情况，柳州市市辖区可以制定相关的户籍制度，主要考虑人才素质及投资能力等。柳州市下属县，放宽户籍制度的制约，更大限度吸引农村转移人口，确保农村劳动力落户城镇。

（二）保护农村人口在农村的各项合法权益

加快推进确权工作，明晰农村产权。扩大确权范围，包括农村土地承包经营权、宅基地使用权和集体建设用地使用权、房屋所有权等确权登记颁证，实现"应确尽确"。推动农村集体资产股份化改革，对不能确权到农户的集体所有土地、房屋和其他资产进行股份量化，并颁发股权证，让进城农民带权、带资进城。

二、"留得下"——提升农村人口生活品质

(一) 关注农村活力建设，培育村庄发展动力——产业振兴

村庄人口凋零，空心化现象严重，村庄活力渐渐衰弱。产业是乡村振兴的基础，经济与产业作为乡村振兴的重要支撑，伴随着现代农业、绿色休闲农业等复合功能的农业发展，农村地区的经济将会被进一步带动，发展潜力将会被进一步挖掘，为乡村发展注入新的活力。乡村旅游是旅游精准扶贫的核心，是乡村振兴战略的重要抓手，特色小镇、田园综合体作为当前社会的发展热点，兼顾了生态、生产、生活"三生合一"，不仅可以促进一、二、三产业融合发展，结合美丽乡村建设，而且对扶贫攻坚、全域旅游以及城乡一体化协调发展，也起到积极作用。

创新农村电商模式，发展"新零售"等业态，大力发展新产业新业态，实施"互联网+"现代农业行动，探索农产品个性化定制服务、会展农业、农业众筹等新型业态，推进农产品电商物流配送和综合服务网络建设，建立符合电商行业及消费需求的农产品供给体系。培育农村电商示范村镇，培育一批特色电商镇、电商村。着力推动农产品上线，加快培育一批农产品电商平台企业和农村电商服务企业，推进将供销社基层网点、村邮站、乡村农家店等改造为农村电商服务点，加快与快递企业、农村物流网络的共享衔接，打造工业品、消费品下乡和农产品、旅游纪念品进城双向流通渠道。

不断深化农业产业化经营，加快推动农业"接二连三"，促进立体化、复合式全产业链发展，推进不同类型农业产业链延伸整合，提升产业链整体竞争力。支持企业与农户、合作社、家庭农场联合建设原料基地和营销设施，围绕当地有发展潜力的主导产业、特色品牌产业等，通过订单生产、合作协议、产供销对接等方式，强化一二三产业的有机融合，形成完整产业链；发挥农业龙头企业在全产业链布局中的关键作用，培育产业链领军企业，促进农业生产、加工、物流、研发和服务相互融合，推动产前、产中、产后一体化发展；发挥农村一二三产业融合发展的乘数效应，推进农业与旅游、教育、文化、康养等产业的深度融合，充分开发农业多种功能和多重价值，打造提升农业发展价值链。

柳州市各村庄可结合自身实际情况，大力发展传统特色农产品与高效经济作物种植业、农副产品深加工产业，挖掘农村潜质，重点发展绿色休闲农业、乡村旅游以及农村服务业，促进农村生产关系变革与农村生产力的发展，拓展农村非农就业空间，科学规划布局乡村旅游产业，改变过去乡村从属于城市的现实，建立全新的城乡关系和发展方向，积极探索特色小镇和田园综合体建设，有利于形成"村镇

化"与"城镇化"的双轮驱动,形成城乡经济社会一体化的新格局。

(二) 关注村庄特色经营、文化保护和传承——文化振兴

文化是村庄建设的灵魂,自然资源是村庄建设的基地,加速乡村文化振兴,是全面推动乡村振兴、建设美丽乡村的必由之路。为了挖掘村庄特色,在新型城镇化背景下,柳州市各村庄应突出文化元素,因地制宜培育"文化 + 特色小镇",提高农村经济文化发展水平,打造具有乡土风情和辨识度的美丽村庄风貌,同时重点加强农村文化设施、文化场所建设,让村庄既有田园风光,又有生态景观环境,更有文化气息和文化品位,以此提升柳州市农村居民的生活品质,留住乡村记忆,营造浓厚的乡村文化氛围。

(三) 关注农村人才培育,集聚职业型农业人才——人才振兴

人才是乡村振兴第一要素,要把人力资本开发放在首要位置,畅通智力、技术、管理下乡通道,造就更多乡土人才,聚社会人才而用之。柳州市应推动建立新型职业农民、专业人才、乡土人才三支农村人才队伍,并通过培训等政府行为,促使乡村振兴的主体能够初步满足现代农业发展的需要。加大村庄投资,开拓乡村旅游新功能与新业态,有效地引导城乡的社会资金与社会人才向乡村流动,吸引务工青年返乡,培养一批懂技术、善管理、能够适应未来农业规模化经营的"职业农民"。各类人才集聚乡村,有助于提升农民的生产技术,推动传统产业发展,促进农村生活水平的提高。

(四) 关注村庄生态环境,坚持绿色发展——生态振兴

良好的生态是乡村振兴的有力支撑点,其本质就是绿色发展,着重解决好生态退化、资源粗放利用、过度开发和环境污染问题。柳州市各村庄应坚持"绿水青山就是金山银山"的发展理念,狠抓生态保护,推动农村生态环境质量提升;狠抓环境治理,注重从根源上化解农村环境问题,推进生态人居、生态环境建设,促使农村居民生活舒适度稳步提高;狠抓绿色转化,探索完善生态补偿机制,释放生态建设红利,将生态优势转化为经济效益。

(五) 加强农村基层组织建设——组织振兴

随着社会的不断发展,基层组织出现了许多新的问题、特点和变化,针对基层党员干部队伍的现状,加强基层党组织队伍建设显得尤为重要。从源头抓起,选优配强基层党组队伍。做好思想政治理论学习,提升专业能力和综合素质,时刻在政治立场、政治方向、政治原则、政治道路上同党中央保持高度一致。改变传统的落后工作方式，敢于突破常规，创新工作方法，切实提高党员干部的执政能力，加强基层党员作风建设。柳州市各乡村应加强乡村基层党组织建设，建立一支素质过硬、能力过硬的基层组织队伍，健全自治、法治、德治相结合的乡村治理体制，加强农村公共事业建设，提高农民获得感。

第十九章

柳州市用地空间布局建议

■ 第一节　柳州市城镇用地布局建议

一、优化城镇土地利用结构

（一）健全完善城镇建设用地增加规模与吸纳农业转移人口落户数量挂钩机制

完善年度土地利用计划指标分配机制，保障农业转移人口在城镇落户的合理用地需求。规范推进城乡建设用地增减挂钩工作，建立健全城镇低效用地再开发激励约束机制。严格控制城乡建设用地规模，促进城镇紧凑发展、工业园区集中发展、农村居民点集聚发展，提高土地利用率。柳州市各县（区）的城镇建设用地规模需根据实际人口数量和发展速度进行合理规划调控，不能盲目扩建。

同时，城镇新增用地布局依托现有的基础设施，最大限度减少对耕地和水域的占有，避让基本农田、地质灾害危险区、泄洪滞洪区和重要的生态环境区。合理调整采矿用地结构和布局，及时开展废弃土地复垦，科学配置其他独立建设用地。

（二）构建国土空间开发保护格局，制定差异化发展目标

城镇空间的城镇建设用地增长重点将集中在市辖区以及鹿寨县，中心城区的发展框架将进一步扩展到整个市辖区范围，实现由单核心向多核心组团布局转变。农业空间方面要保护优质耕地，统筹优化，缩减农村居民点，市辖区以及柳城、融安

和鹿寨三个县城将成为承载农村人口就近转移的主要承载地。生态空间方面重点推进生态保护和修复工程，三江和融水作为重要的生态功能区和北部生态屏障，应严格控制区域的开发建设活动，鼓励人口适度迁出。

二、节约和集约利用土地资源，提升其综合承载效力

（一）优化配置城乡建设用地

加强城乡建设用地内部挖潜，优化城乡建设用地结构。挖掘城乡建设用地节约集约利用潜力，规范推进城乡建设用地增减挂钩，对旧村庄、旧宅基地和闲置农村建设用地进行整理复垦，促进农村居民点的合理布局。适度缩减农村建设用地，为城市建设提供更多的用地空间，使城乡资源形成互惠互补的格局，实现土地城镇化与人口城镇化的协调，达到城乡统筹发展。

（二）强化存量建设用地挖潜

尤其对市辖区等建设用地需求量较大的地区，应制定和完善盘活存量建设用地的有效措施，建立盘活存量建设用地的激励机制，加大盘活存量建设的用地力度。首先，将土地供应率指标纳入考核范围，建立奖罚制度，积极消化批而未用的土地；其次，制定和完善闲置土地处置办法，根据实际多途径、多手段灵活处置盘活现有闲置土地，实施建设用地开竣工申报制度，加大土地例行巡查力度，加大土地供后监管力度，防止新的闲置土地产生。此外，建立农村空闲宅基地、低效企业工业用地退出机制，扩大建设用地退出范围，将闲置的学校、医院、加油站、机关团体等用地纳入建设用地退出范围，提高存量建设用地利用效率。

（三）积极拓展土地利用新空间

适应新型城镇化发展需要，强化大资源、大环境、大数据理念，开展城市地质资源、环境、空间、权属等的全面调查；鼓励工业、仓储、商业等经营性项目合理开发利用地下空间，推进城市朝立体型发展；激励原地下建设用地使用权人，结合城市更新改造，进行地下空间再开发。

第二节 柳州市农村用地布局建议

一、农村建设用地规模建议

城镇和农村的用地应从注重增量向注重存量转变，应优先利用现有建设用地和闲置土地。城镇更新建设应充分考虑区域的历史文化保护与传承，禁止破坏性建设，对具有历史文化保护价值的街区必须予以保留保护。农村居民点整治，要严格控制并逐步缩减农村居民点建设规模，重点对现有农村居民点进行搬迁引导，集中集聚建设，严禁"城中村""园中村"规模扩大，并逐步改造。

二、农村产业用地布局建议

农村产业融合发展需要一定规模的土地，因此要积极争取在年度建设用地指标中单列一定比例。通过城乡建设用地增减挂钩、工矿废弃地复垦利用、直接利用存量建设用地等途径，保障产业融合用地需求，并将产业融合用地用于新型农业经营主体进行农产品加工、仓储物流、产地批发市场等辅助设施建设。

通过"点供地"方式，解决新型农业主体建设用地问题，并将农村闲置宅基地整理、土地整治等新增的耕地和建设用地优先用于农村产业融合发展。对社会资本建设投资连片面积达到一定规模的高标准农田、生态公益林等，允许在符合土地利用总体规划的情况下，依法办理建设用地审批手续；在坚持节约集约利用用地的前提下，用一定比例的土地来发展观光农业、休闲旅游、农产品加工经营等活动。针对休闲农业、设施农业等不同类型项目，实施差别化的土地用途管制政策。完善农村新增用地保障机制，优化城乡建设用地布局。市、县需将年度新增建设用地计划指标确定一定比例用于支持农村住房建设和农村新产业新业态发展。

三、农村用地布局优化建议

开展城乡建设用地增减挂钩，释放农村建设用地潜力，促进土地集约节约利用，优化农村建设用地布局，拓展乡村用地空间，推动乡村振兴。增减挂钩指标应优先用于农民生产生活、农村新兴社区、农村基础设施和公益设施建设，并留足农村非农产业发展建设用地空间，支持农村新产业新业态发展和农民就近就地就业。

提高闲散宅基地的使用效益，减少新宅基地对耕地的占用。

　　严格保护耕地，按照乡镇总体规划确定的耕地指标、基本农田指标，积极推进土地整治，提高耕地质量，同时促进耕地和基本农田集中分布。合理扩大园地规模，加强防护林和农田林网建设，集中布局园、林、牧用地，改善生态环境。加强农业基础设施建设，大力发展主要粮食作物种植与特色农产品种植业，并优化其他农用地结构。适度调整其他农村用地，引导非农建设合理利用未利用地，适度开发未利用地，适当提高土地利用率。

参 考 文 献

［1］曹文莉，张小林，潘义勇，等．发达地区人口、土地与经济城镇化协调发展度研究［J］．中国人口·资源与环境，2012，22（2）：141-146.

［2］陈春，冯长春．中国建设用地增长驱动力研究［J］．中国人口·资源与环境，2010，20（10）：72-78.

［3］陈国建，刁承泰，黄明星，等．重庆市区城市建设用地预测研究［J］．长江流域资源与环境，2002：403.

［4］陈红霞．土地集约利用背景下城市人口规模效益与经济规模效益的评价［J］．地理研究，2012，31（10）：1887-1894.

［5］陈卫．中国未来人口发展趋势：2005~2050年［J］．人口研究，2006（4）：93-95.

［6］陈肖飞，姚士谋，张落成．新型城镇化背景下中国城乡统筹的理论与实践问题［J］．地理科学，2016，36（2）：188-195.

［7］代富强，吕志强，周启刚．生态承载力约束下的重庆市适度人口规模情景预测［J］．人口与经济，2012（5）：80-86.

［8］丁成日，石晓冬，牛毅，等．城市人口预测及其城市规划意义——以北京为例［J］．城市规划，2018，42（9）：21-27.

［9］樊杰，刘毅，陈田，等．优化我国城镇化空间布局的战略重点与创新思路［J］．中国科学院院刊，2013，28（1）：20-27.

［10］樊杰．人地系统可持续过程、格局的前沿探索［J］．地理学报，2014，69（8）：1060-1068.

［11］范进，赵定涛．土地城镇化与人口城镇化协调性测定及其影响因素［J］．经济学家，2012（5）：61-67.

［12］范毅．当前我国城市人口规模统计的若干问题及建议［J］．规划师，2015，31（10）：5-9.

［13］方创琳．区域人地系统的优化调控与可持续发展［J］．地学前缘，2003（4）：629-635.

［14］方创琳．中国人地关系研究的新进展与展望［J］．地理学报，2004

（S1）：21 – 32.

[15] 龚建华, 承继成. 区域可持续发展的人地关系探讨 [J]. 中国人口·资源与环境, 1997 (1)：11 – 15.

[16] 郭文华, 郝晋珉, 覃丽, 等. 中国城镇化过程中的建设用地评价指数探讨 [J]. 资源科学, 2005：66.

[17] 姜海, 曲福田. 建设用地需求预测的理论与方法——以江苏省为例 [J]. 中国土地科学, 2005 (2)：44 – 51.

[18] 李平星, 孙伟. 经济发达城市人口承载力预测及其经济合理性评价——以无锡市区为例 [J]. 长江流域资源与环境, 2014, 23 (8)：1045 – 1050.

[19] 李小建. 经济地理学 [M]. 北京：高等教育出版社, 2006.

[20] 李小云, 杨宇, 刘毅. 中国人地关系演进及其资源环境基础研究进展 [J]. 地理学报, 2016, 71 (12)：2067 – 2088.

[21] 李晓梅. 人口预测模型研究及应用 [M]. 成都：西南财经大学出版社, 2011.

[22] 李昕, 文婧, 林坚. 土地城镇化及相关问题研究综述 [J]. 地理科学进展, 2012, 31 (8)：1042 – 1049.

[23] 李裕瑞, 刘彦随, 龙花楼. 中国农村人口与农村居民点用地的时空变化 [J]. 自然资源学报, 2010, 25 (10)：1629 – 1638.

[24] 梁进社, 王旻. 城市用地与人口的异速增长和相关经验研究 [J]. 地理科学, 2002：649.

[25] 刘涛, 曹广忠. 城市用地扩张及驱动力研究进展 [J]. 地理科学进展, 2010, 29 (8)：927 – 934.

[26] 刘彦随. 中国东部沿海地区乡村转型发展与新农村建设 [J]. 地理学报, 2007 (6)：563 – 570.

[27] 刘云刚, 王丰龙. 快速城市化过程中的城市建设用地规模预测方法 [J]. 地理研究, 2011, 30 (7)：1187 – 1197.

[28] 吕利丹, 段成荣, 刘涛, 等. 对我国流动人口规模变动的分析和讨论 [J]. 南方人口, 2018, 33 (1)：20 – 29.

[29] 吕添贵, 吴次芳, 李洪义, 等. 人口城镇化与土地城镇化协调性测度及优化——以南昌市为例 [J]. 地理科学, 2016, 36 (2)：239 – 246.

[30] 罗罡辉, 吴次芳. 建设用地需求预测方法研究 [J]. 中国土地科学, 2004 (6)：14 – 17.

[31] 孟旭光. 我国国土资源安全面临的挑战及对策 [J]. 中国人口·资源与环境, 2002 (1)：49 – 52.

[32] 彭冲，陈乐一，韩峰. 新型城镇化与土地集约利用的时空演变及关系 [J]. 地理研究，2014，33（11）：2005 – 2020.

[33] 秦佳，李建民. 中国人口城镇化的空间差异与影响因素 [J]. 人口研究，2013，37（2）：25 – 40.

[34] 荣联伟，师学义，杨静. 土地利用规划中建设用地预测方法比较 [J]. 中国人口·资源与环境，2014，24（S3）：199 – 203.

[35] 石崧. 城市人口规模预测方法范式转型及上海实践 [J]. 规划师，2015，31（10）：22 – 27.

[36] 石忆邵. 中国新型城镇化与小城镇发展 [J]. 经济地理，2013，33（7）：47 – 52.

[37] 谈明洪，吕昌河. 城市用地扩展与耕地保护 [J]. 自然资源学报，2005（1）：52 – 58.

[38] 陶然，曹广忠."空间城镇化""人口城镇化"的不匹配与政策组合应对 [J]. 改革，2008（10）：83 – 88.

[39] 陶然，徐志刚. 城市化、农地制度与迁移人口社会保障——一个转轨中发展的大国视角与政策选择 [J]. 经济研究，2005（12）：45 – 56.

[40] 田光进，刘纪远，庄大方. 近10年来中国农村居民点用地时空特征 [J]. 地理学报，2003（5）：651 – 658.

[41] 童玉芬，单士甫，宫倩楠. 产业疏解背景下北京市人口保有规模测算 [J]. 人口与经济，2020（2）：1 – 11.

[42] 王博，姜海，冯淑怡，等. 基于多情景分析的中国建设用地总量控制目标选择 [J]. 中国人口·资源与环境，2014，24（3）：69 – 76.

[43] 王筱明，郑新奇. 基于效益分析的济南市城市合理用地规模研究 [J]. 中国人口·资源与环境，2010，20（6）：160 – 165.

[44] 吴次芳，陆张维，杨志荣，等. 中国城市化与建设用地增长动态关系的计量研究 [J]. 中国土地科学，2009：18.

[45] 吴中元，许捍卫，胡钟敏. 基于腾讯位置大数据的精细尺度人口空间化——以南京市江宁区秣陵街道为例 [J]. 地理与地理信息科学，2019，35（6）：61 – 65.

[46] 薛德升，曾献君. 中国人口城镇化质量评价及省际差异分析 [J]. 地理学报，2016，71（2）：194 – 204.

[47] 杨军昌. 区域人口与社会发展问题研究 [M]. 北京：知识产权出版社，2009.

[48] 杨艳昭，封志明，赵延德，等. 中国城市土地扩张与人口增长协调性研

究［J］. 地理研究，2013：1668.

［49］杨震，荣玥芳，田林，等. 京津冀城市网络协同发展分析及雄安新区人口规模研究［J］. 干旱区资源与环境，2019，33（12）：8－15.

［50］姚士谋，张平宇，余成，等. 中国新型城镇化理论与实践问题［J］. 地理科学，2014，34（6）：641－647.

［51］余长坤，宋文博，吴次芳，等. 基于岭回归与灰色耦合模型的建设用地规模预测——以河南省焦作市为例［J］. 地域研究与开发，2015，34（1）：155－159.

［52］余庆年，赵登辉. 我国各级城市用地规模合理性的比较研究［J］. 中国人口·资源与环境，2001（2）：40－43.

［53］曾毅，李玲，顾宝昌，等.21世纪中国人口与经济发展［M］. 北京：社会科学文献出版社，2006.

［54］张春梅，张小林，吴启焰，等. 城镇化质量与城镇化规模的协调性研究——以江苏省为例［J］. 地理科学，2013，33（1）：16－22.

［55］张利，雷军，李雪梅，等.1997～2007年中国城市用地扩张特征及其影响因素分析［J］. 地理科学进展，2011，30（5）：607－614.

［56］张颖，王群，王万茂. 中国产业结构与用地结构相互关系的实证研究［J］. 中国土地科学，2007（2）：4－11.

［57］赵明华，韩荣青. 地理学人地关系与人地系统研究现状评述［J］. 地域研究与开发，2004（5）：6－10.

［58］赵荣. 人文地理学［M］. 北京：高等教育出版社，2006.

［59］郑度，陈述彭. 地理学研究进展与前沿领域［J］. 地球科学进展，2001（5）：599－606.

［60］中国人口与发展研究中心课题组，桂江丰，马力，等. 中国人口城镇化战略研究［J］. 人口研究，2012，36（3）：3－13.

［61］钟水映. 人口、资源与环境经济学［M］. 武汉：科学出版社，2011.

［62］周天勇，王元地. 繁荣的轮回：人口变动与经济增长的一个逻辑解释［M］. 北京：中国财富出版社，2017.

［63］周祝平. 中国农村人口空心化及其挑战［J］. 人口研究，2008（2）：45－52.

［64］朱传耿，顾朝林，马荣华，等. 中国流动人口的影响要素与空间分布［J］. 地理学报，2001（5）：548－559.

［65］朱杰. 多源数据融合的市县国土空间规划人口城镇化模式——以扬州市为例［J］. 自然资源学报，2019，34（10）：2087－2102.

［66］朱英明，姚士谋，李玉见．我国城市化进程中的城市空间演化研究［J］．地理学与国土研究，2000（2）：12－16．

［67］朱跃龙，吴文良，霍苗．生态农村——未来农村发展的理想模式［J］．生态经济，2005（1）：64－66．

［68］左学金．中国人口城市化和城乡统筹发展［M］．上海：学林出版社，2007．